死ぬこと
And Now,
生きること
And Here
vol.2

市民出版社

Originally English title: AND NOW AND HERE vol.2

Japanese translation rights arranged with OSHO International Foundation
through Owls Agency Inc.

死ぬこと　生きること

◉目　次

Contents

第一章

生を知らずは死なり

Ignorance of Life is Death

人間は生とは何かさえ知らない。そして生とは何かを知ることができないなら、死を知る可能性もない。生そのものが熟知されないまま、謎のままである限り、人が死を熟知する方法はない。死とは何かを知る方法さえない。本当のところ、死が起こるように見えるのは、生とは何かが私たちには全くわからないからだ。生を知る人にとって、死とはあり得ない言葉だ。それは決して起こったこともなく、決して起こっていないし、決して起こり得ないものだ。

絶対的に偽りであり、真実が少しも含まれていない特定の言葉が存在する。死という言葉がその一つで、それは完全に誤った言葉だ。死の出来事は、どこにも起こらない。それでも私たちは、毎日死んでいく人々を見る。毎日、死は私たちの周り中で起こっているように見える。

すべての村には火葬場がある。正しく理解するなら、自分たちがどこに立っていようと、まさにその場で無数の人々の死体が火葬されてきたことに、はっきり気づくようになるだろう。私たちが家を建ててきたかもしれない土地のまさにその場所は、かつては墓地だった。数え切れないほどの人々が死に、かつ毎日死につつある。にも関わらず、人間のあらゆる言語の中で「死」よりも偽りの言葉はない、と私が言えば驚くだろう。

チベットにマルパという名の神秘家がいた。あるとき誰かが、彼のところに来て言った。

「私は生と死について、尋ねに来ました」。マルパは大笑いをして言った。

「もし生を知りたいのなら、あなたは大歓迎だ。なぜなら私は、生とは何かを知っているからだ。死に関する限り、私は死と出会ったことがない。私は死をよく知らない。もし死を知りたいのなら、死んだも同然の人、あるいはすでに死んでいる人のところへ尋ねに行くがいい。私は生についてはよく知っていて、生について話すことはできる。私は生とは何かを示すことはできるが、死についてはよく知らないのだ」


この物語は、闇と光の物語に似ている。おそらく、あなたはそれを聞いたことがあるだろう。

あるとき、闇が神に会いに行って懇願した。

「主よ、あなたの太陽が私を捕まえようとします。私は疲れ果てています。彼は夜明けになると私を追いかけ始め、さんざん困らせたあげく、夕方になってやっと私を解放します。私はどんな誤りを犯したのでしょうか？　これはどういう類の敵意ですか？　なぜ、太陽は私の後をついて来て、うるさくつきまとうのでしょうか？　私は、夜明けに私の扉のところに立っている彼をもう一度見つける目まぐるしい一日を終えて何とか休息します。またもや私は、必死で走らねばなりません。またもや逃げねばなりません――これはずっと以前から続いています。私はもう我慢できません。もうこれ以上は無理です。お願いします。どうか、彼をわからせてやってください」

神は太陽を呼んでこう言った、と言われている。「なぜお前は闇の後を追うのだ？　彼はどんな誤りを犯した？　なぜ敵意を持つのか。彼にどんな不満があるのだ？」

「闇？」と太陽は尋ねた。「私は大昔から宇宙をさまよってきましたが、これまで闇に出くわしたことがありません。私は闇が誰なのか知りません。彼はどこにいるのですか？　私の前に彼を連れて来てください。彼の許しを得られるように、彼を知ることができるように、そして彼の邪魔にならないようにするために」

この事件が生じてから無限の時間が経過した。問題はいまだに、神のファイルの中で懸案中のまだ。彼はまだ、太陽の前に闇を連れて来ることができない。彼は決してできない。そしてこの問題は決して解決されない。どうやって、太陽の前に闇を連れて来ることができる？　闇それ自体には肯定的実存がない。闇とは単に光の欠如だ。どうやって、太陽の不在を太陽の存在に持ち込むことができるだろう？　いや、闇は太陽の前には決して連れて来れない。闇を小さなランプの前に持って来ることさえ難しい。太陽は言うまでもない、それはずっと広大だ。闇が、ランプの周りの光の範囲に侵入するのは困難だ。闇が、ランプと遭遇するのは難しい。どうして光が在るところに闇が存在できるだろう？　どうして生が在るところに死が存在できるだろう？　生は全く存在しないか、死は存在しないかのどちらかだ。両方が、同時に真実ということはあり得ない。

私たちは生きてはいるが、生とは何かを知らない。そしてこの無知ゆえに、私たちは死の確実性を信じる。無知が死だ。生そのものを知らないことが、死という現象になる。もしうまくいって、私たちが内側にある生を知ったら――その知るという一筋の光線が、『人は死ぬ、あるいは以前に死んだことがあった、あるいはいつか将来には死ぬだろう』というこの無知を、永遠に破壊するだろう。私たちは、自分自身である光を知らない。そして私たちは、自分ではない闇を怖れている。私たちは、自分の生命エネルギー、自分の生、自分の存在である光を知り損ない、自分ではない闇に怯えている。

人間は死すべきものではない。人間は不死だ。生のすべてが不死だが、私たちは不死を見たことがない。私たちは生の方向に探求したことがない。私たちはそれに向けて、一歩を踏み出すことさえない。私たちは生をよく知らずにいるので、死を怖がっているように見える。だから問題は生と死に関するものではなく、ただ、生に関するものだ。

私は生と死について話すよう求められたが、これは不可能だ。問題はただ生に関するもので、死のようなものは全くない。人が生とは何かを知る時、その時はじめて生は存在するが、生が未知のままである時、そこにはただ死だけがある。問題として、生と死は両方同時には存在しない。私たちは、自分たちが生であると知っているか――それなら全く死はない――または自分たちが生であると知らないかだ。その場合、死だけがあり、そこに生はない。それらは両方一緒には存在しない

――それらは存在できない。しかし、私たちはみんな死を恐れている。

恐怖そのものが、私たちが死をよく知らないことを示している。死の恐怖が意味するのはたったひとつ、それは生についてよく知らないということだ。そして実際には、生はすべての瞬間に私たちの内側で流れている。それはすべての呼吸の中に、すべての粒子の中に、あたり一面に、内側や外側で流れている――にも関わらず、それが私たちに知られていないとはどういうことだろう？これはたった一つのことを意味する。それは、人間は深い眠りの中にいる、ということだ。ただ眠りの中でのみ、自分とは誰かを知らずにいることが可能だ。要するに、人間は深い無意識状態にあるということだ。それは、すべての生命エネルギーを意識していないこと、目を覚ましていないことにほかならない。

眠っている時、人は自分が誰なのか、自分とは何なのか、自分はどこから来たのかを、知らない――すべては眠りの闇の中に失われている。自分が存在しているのかどうかさえ知らない。人は目覚めた後にはじめて、自分の眠りに気づくようになる。その時はじめて、自分が眠っていたのを知る。眠りの中では、自分が眠っていることがわからない。眠っていなかった時、自分が眠ろうとしていたのを知っていた。そして目覚めていた間は、まだ目覚めていて、眠っていなかったのを知っていた。しかし眠りに落ちるやいなや、自分が眠っているのがわからなくなる。もし自分が眠っているることに気がついたなら、それはまだ起きていること、眠っていないことを意味するからだ。もはや眠っていない時にはじめて、自分がこれまで眠っていたことを知る。眠りの中では、自分が本当にいるのかどうかを知ることはない。

明らかに、人は自分がいるのかどうか、あるいは自分が誰なのかがわからない。これはたった一つのことを意味している。それは、ある深い精神的な催眠状態が、彼を取り囲んでいるということだ。だから彼は生そのものを、生とは何かを知らない。しかし私たちはこれを受け入れたくない。私たちはこう言うだろう。「私たちは、生とは何かをよく知っている。私たちは呼吸する、私たちは歩く、私たちは立ち上がる、私たちは座る、私たちは眠る」。酔っぱらいも歩き、呼吸し、動き、話す。そして狂人もそうする。しかしそれは、酔っ払いが正常な感覚でいることや、狂人が意識的である証明にはならない。

昔、王族の行進が通過していた間に、ある男が大広場に立って石を投げ、皇帝の悪口を叫び始めた。なにしろ王族の豪華な行列だったので、男はすぐに逮捕されて刑務所に投獄された。しかし男が皇帝に石を投げつけて悪口を言っていた間、皇帝自身は笑っていた。彼の兵士たちは困惑した。首相は尋ねた。「我が君主よ、なぜ笑っておられるのですか？」

皇帝は答えた。「見る限り、その男は自分が何をしているのかわかっていない。彼は酔っている。それでも、明日の朝、私の前に彼を連れて来るがよい」

翌朝その男は、皇帝の前に連れて来られた。王は尋ねた。

「なぜ私の悪口を叫ぶのだ？　なぜ、昨日私を罵ったのだ？　理由は何なのだ？」
その男は言った。「私が？　あなたを罵るですと？　とんでもありません、陛下。私は自分自身ではなかったに違いありません。だからそんなことを言ったのに違いありません。私は酔っていました。私は無意識でした。私はそこにいませんでした。自分が何を言ったのか、見当もつきません」

私たちも、まるで自分はいないかのように存在している。私たちは歩き、話し、愛し、憎み、戦争をする――すべて眠りの中で。もし誰かが遠い惑星から私たちを見ることがあれば、人類全体が眠りの中や無意識状態の中にいると、思うだろう。この三千年で人間は一万五千の戦争をしてきた。これは人類が目覚めていないことを示している。

誕生から死まで、それは不安、惨めさ、痛み、そして死の一つの長い物語だ。人は生の中にたったひとつの至福の瞬間も、たったひとつの喜びの場所も見つけられない。喜びとは何かについて完全に無知なままだ。生は過ぎ去るが、喜びのたったひとつの一瞥もない。明らかに、人は気づきの中で生きているとは言えない。惨めさ、痛み、不安、悲しみ、そして狂気が私たちの生を作り上げている。だが周りの人々もまた、同様に眠っているので、私たちはそれに気づかない。

ときたま、目覚めた人が誕生する時、眠っている私たちはこの目覚めた人に怒りを覚え、すぐに彼を殺してしまう。私たちは長いこと彼に耐えられない。私たちがイエスを磔にした理由がこれだ。「――あなたは目覚めた人だからだ。それはあなたの過失だ。目覚めたあなたを見ると、眠っている私たちは非常に侮辱されたと感じる。眠っている私たちにとって、あなたは恥辱の象徴になる。あなたは目覚めている、あなたの存在は私たちの睡眠を妨げる。私たちはあなたを殺す」。だから私たちはソクラテスに毒を盛り、マンスールを処刑する。精神病院の収容者が狂っていない人を扱うのと同じように、私たちは目覚めた人を扱う。

私の友人が一度狂ったことがあった。彼は精神病院に入れられた。狂気の中で、ある日、彼はトイレ掃除用に残されていたフェニル基が入ったバケツの水を、偶然にも飲んでしまった。十五日間、彼は激しい病気に襲われた。彼は絶え間ない嘔吐と下痢に苦しんだ。これは彼の身体に大変劇的な変化をもたらした——まるで、すべての余分な熱が身体から追放されたかのように、彼は良くなった。実際には、彼は六ヶ月間精神病院に居るはずだったが、良くなってからも三ヶ月以上延長された。

精神病院の中でのさらなる三ヶ月間は、彼が後ほど私に話したところでは、彼にとって地獄よりも酷かった。彼は言った。「私が狂っていさえすれば、全く問題はなかった。なぜなら他の誰もが私と同じだったからだ。だが回復した時、私は自分がどこにいたのか把握できなかった。ぐっすり眠っていたら、二人の男が私に飛びかかってきた。道を通ったら、誰かが私を押し出し始めた。以前は私も狂っていたので、こうしたことに気づかなかった。自分が狂っていた時は、周りの誰もが同様に狂っていたのを、決して認めることができなかった。自分が狂気から出てきてはじめて、私はすべての人々が狂っていたのを認識した。正常になると、私はみんなの標的になった。私の問題は、自分がすっかり健康だと知ったことだった。しかし私は、これから自分に何が起こるのだろうかと気がかりで、心配していた。どうすればそこから抜け出せるだろう？　『私は狂っていない』という私の叫びは全く役に立たなかった。すべての狂人たちが、自分は狂っていない、と叫ぶからだ。ひとりの医者も私を信じそうになかった」

私たちは眠っている人々に囲まれている。そのため、自分も眠っていることに気づかない。私たちがすぐに目覚めた人を殺すのは、彼が私たちにとって非常に厄介に、非常に不穏に見えるからだ。英国の学者、ケネス・ウォーカーは、神秘家グルジェフに自分の本を捧げている。彼の献呈の言葉は途方もなく素晴らしい。彼は「ゲオルギィ・グルジェフ、私の睡眠の妨害者」と書いている。世界には、人間の眠りを妨げようとしてきた人々がわずかにいた。だが、あなたが誰かの眠りを妨げようとしたら、彼はあなたに復讐するだろう。決して、眠っている人間を目覚めさせようとしてはいけない。彼はあなたを責めたてるだろう。今日まで、人間の霊的な睡眠に揺さぶりをかけようとしてきた人すべてを、私たちは同じように責めたててきた。私たちがそれに気づかないのは、私たちもみな眠っているからだ。

聞いた話だ。あるとき魔術師が街にやって来た。彼はある粉を井戸に投げ入れて、その井戸の水を飲む者はみな狂ってしまうだろう、と宣言した。それは街で唯一の井戸だった。もうひとつの井戸があったが、それは王宮の中にあった。夕方頃には、その街の誰もが喉が渇いていた。そのため狂うという代償を払ってでも、人々は水を飲んだ。彼らがどのくらい持ちこたえられただろう？彼らにはどうしようもなかった。そして夕方までに、街全体が狂ってしまった。

王と王妃は、その井戸の水を飲んで狂わずに済んだので、喜んでいた。彼の大臣たちも同様に、狂気から救われて喜んでいた。宮殿は音楽や祝祭で満ちていたが、夕方になると彼らは自分たちが間違っていたことに気づいた。人々は宮殿を取り巻いていた。彼らはみな狂っていた。宮殿の衛兵たちと王の軍の兵士たちも、同様に狂っていた。

宮殿を取り巻いて、彼らは叫んだ。

「我々の王は狂ってしまったようだ。我々は、玉座に座っている狂った王を容認できない」

王は、宮殿の塔から逃げる方法はないとわかった。彼は完全に狂った群衆に囲まれていた。王は怯えた。彼はどうすべきかを首相に尋ねた。「これからどうなるのだ？」。彼は心配そうに尋ねた。「私たちは、自分たちの井戸を持っていて幸運だと思っていた。今、そのために大変な犠牲を払わなければならない」。遅かれ早かれ、すべての王たちは独占的な井戸を所有するために、多大な犠牲を払わねばならない。これは世界中の真実だ。王になって間もない人は、彼の個別の井戸が、やがて高い代償を払うことを必ずや思い知る。独占的な井戸を所有することは危険だ。

しかし王はその時まで、自分が個別の井戸を持っている重大さに気づいていなかった。そこで彼は、助言を求めて首相の方を振り向いた。首相はこう言った。

「今や、助言を求められても何もありません。すぐ裏口から逃げて、外の井戸の水を飲み、急いで戻って来てください。そうしなければ、この宮殿は重大な危険にさらされます」

王はぞっとして尋ねた。

「お前は私にその井戸の水を飲ませたいのか？　私が狂うのを望んでいるのか？」

「狂うこと以外に、あなた自身を救える方法はありません」と首相は答えた。

王と王妃は街の井戸に駆けつけて、その水を飲んだ。その夜、街内で大きな祝祭が催された。人々は一晩中歌い、踊って、喜びを表した。彼らは、王の精神状態の回復を神に感謝した。なぜなら今や王もまた群衆の中で踊り、悪口を叫んでいたからだ。精神的に、王は正常になっていた。

私たちの睡眠状態はごく普通で一般的で、私たちは誕生以来眠ってきたので、私たちは気づかないでいる。この睡眠状態で、私たちは生について何を理解するのだろう？

私たちは、身体そのものが生であること、そしてその身体に深く入っていくことはできない、という程度しか理解できない。この種の理解は、宮殿の外壁を宮殿そのものと間違えていたり、あるいは欄干の上を歩いて自分は宮殿の中にいると思っていたり、あるいは外側の壁にもたれて眠っていながら自分は宮殿の中で休んでいると思っているようなものだ。身体の周辺で思案して理解する人は、宮殿の壁の外に立ちながら、自分は宮殿の客であると想像する愚か者のようなものだ。

私たちは身体の内部へ進んでいけない。私たちは身体の外側で生きている。私たちは身体の外側の層に関してだけ、よく知っている。私たちは決して、その内側の層を知ることはない。私たちは宮殿そのものはおろか、宮殿の壁の内側さえ知らない。私たちは壁の外側が宮殿だと考えていて、壁の内側については無知なままだ。

私たちは外見上で身体を知る。内側に行って、内側から身体を見たことは決してない。例えば、みんながこの部屋に座っていて、私たちは内側からこの部屋を見ることができる。外を歩き回っている人は、外側からこの家を見る。彼は私たちがのように、内側から部屋を見ることはできない。人は自分の身体、自分自身の家を、内側から見ることさえできない――ただ外側からそれを知る。そしてこのことが、死の観念を生じさせる。

私たちが外側から知るものは、ただの覆いに過ぎない。それはただの外装に過ぎない。それは単なる家の外壁に過ぎない。それは家の主人ではない。家の主人は内側にいるが、私たちは決して彼に会わない。内側から壁を知ることさえないなら、どうやって内側に座っている主人を知るだろうか？

この外側からの生の体験が、死の体験になる。この体験が自分の手からすり抜けて消える時――生命エネルギーが内側に収縮する日――我が家である身体を後に残し、意識が内側に移動して、外壁から離れる日――外側から傍観している人々は、その人が死ぬと感じる。その人もまた、自分は死につつあると感じる。彼は死にかけている。なぜなら彼の意識は、彼が生として理解していたものから離れて、内側へ移動し始めるからだ。

意識は内側へ移動し始め、そこに生があると思っていた面から離れる。新しい、未知の旅へ向かう途中で、彼の魂は苦しみで叫び始める。「私は死につつある！　私はいなくなる！　すべてが沈んでいく！」――なぜなら今まで生と考えていたものが弱まり、衰え始めるからだ。外側の人々は、その人は死ぬと思い、この死の瞬間に、この変化の瞬間に、その人もまた「私は死につつある！　死ぬ！　死ぬ！　私はいなくなる！」と感じる。

この身体は、私たちの本来の実存を本当に表すものではない。私たちの内側の深いところには、身体とは完全に異なるある種の実存がある。それは身体とは完全に正反対、逆のものだ。

種子を見てごらん。非常に硬い殻を持っていて、その殻は内部に隠された柔らかくて繊細な生命の苗を保護している。内部には非常に繊細な芽があり、そして硬い壁、囲い、覆いがそれを保護するために種を包んでいる。しかしその覆い、囲い自体は種ではない。もし覆いを種だと思うなら、その中に隠された芽を知ることはできない。彼はただ覆いにとらわれるばかりで、芽は決して出てこないだろう。

違う、覆いや包みは種ではない。逆に、真実はこうだ。種が生まれる時、覆い自身は消え去らねばならないし、はじけなければならない。拡散しなければならないし、地の中に溶け去らねばならない。覆いが溶け去る時、内部の種は姿を現わす。

私たちの肉体は種を含む覆いであり、内側には生命、意識、実存で成り立っている芽がある。しかし、その覆いを種だと思うなら、私たちは自分自身を破壊し、芽は決して生まれない。種は決して発芽しない。人は種が発芽する時に生を体験する。発芽する時、人間は種であることをやめて木に成長する。種である限り、人はただの潜在的可能性に過ぎない。そして生命の木が内側に生まれる時、彼は本物になる。ある人たちはこの真正なるものを魂と呼び、ある人たちはそれを神と呼ぶ。

人は神の種だ。彼はただの種に過ぎない。生命の完全な経験を持つものが木だ。どうしたら、種はそうした経験ができるだろう？　どうしたら、種は木の喜びに満ちた状態を知るだろう？　どうしたら、種はある日緑の葉が現れて、太陽光線がそれらの上で踊るのを知るだろう？　どうしたら、種は風が葉や枝を吹き抜けて、反響する音楽がその存在から現れるのを知るだろう？　どうしたら、種は花が咲いて、星の美しさを覆い隠すのを知るだろう？　どうしたら、種は鳥が木のてっぺんに座って歌い、旅人たちが木陰で休むのを知るだろう？　どうしたら、種は木が持つ経験を知ることができるだろう？　種にはわからない。種は木に成長する前途が控えているという可能性を、夢想することさえできない。それはただ、木になることでしか実感できない。

人間が生とは何かを知らないのは、充足は種でいることにあると信じているからだ。内なる生命の木が、完全に姿を現わした時、彼ははじめて充足を知るだろう。しかし隔たりは大きい。私たちはそもそも、身体とは異なり、分離している何かが内側に存在していることを、実感さえしない。

さらに、身体とは異なり、分離している何かがそこにあることを、思い起こして実感することは、決してできない。そのため、生の重要点は内側にあるものを経験することなのに、私たちは生とは外側に充満しているものだと信じている。

一度私は、木に尋ねたことがあった。「あなたの生の源泉はどこだ?」木は答えた。「根の中だ。それは見えない」。木の生命は、こうした目に見えない根から生じる。目に見える木は、目に見えない根から生命を引き出す。

毛沢東は、彼の幼年期の逸話を書いている。彼と母親が住んでいた小屋の近くに、小さな庭があった。彼の母親は生涯、大きな愛と関心をこめて庭の手入れをした。人々はその庭の大きく美しく愛らしい花をちょっと見るために、遠くから来たものだった。庭を通るとき、ほんの数分でも立ち止まり、魅力的な花を賞賛しないような無情な人は、一人もいなかった。彼の母親は年老いて病気になった。毛はその時、非常に幼なかった。一人の大人も周りにいなかったが、毛は母親に、植物や花について心配しないでと言った。自分が世話をするつもりだと言った。

日夜、夜明けから夕暮れまで、毛は庭で苦労して働いた。母親は安心して休んだ。十五日経って母親は病気から回復し、庭に出てきた。彼女が見たものは酷かった。庭全体が枯れていた。花がすっかり無くなっていただけでなく、葉も枯れていた。木でさえくすんでいた。見る目がある者が、今日の人類という庭を見て感じるのと同じようなことを、老婆は感じたに違いない。すべての花が落ち、すべての葉が落ちていた。すべての木がくすんでいた。老婆は涙を流した。
「あなたは何をしたの？　夜明けから夕暮れまで何をしていたの？」と彼女は泣き叫んだ。
毛も泣き出した。彼は言った。「僕は最善を尽くしました。ひとつひとつの花の埃を払い、ひとつひとつの葉の埃を払いました。それぞれの花にキスをして、それぞれの花に水を吹きかけました。何が起こったのかわかりません！　とても努力したのに、庭全体が枯れてしまったんです！」

彼女は泣いていたにも関わらず、笑いを抑えることができなかった。「愚かな子よ！」と彼女は言った。「あなたは木々の生命エネルギーが、花や葉の中には無いのを知らないの？　それは目に見えていない根にあるのよ。花や葉への水やり、あなたのキス、あなたの注いだ愛はすべて的外れだったね。花や葉について心配しなくてもいいのよ。目に見えない根が力をつけ始めたら、花や葉は自然と出てくるわ──その心配はいらないのよ」

しかし人間は、外側に広がる花から生を理解していて、根を完全に無視してきた。人間の内側の根はそこにあるのに、完全に無視されている。人は自分が内側の何かであることさえ覚えていない。そして実際に、在るものは何であれ内側に在る。真実は内側に在る、エネルギーは内側に在る、すべての潜在的可能性は内側に在る──それらはそこから表に現れる。実存は内側に在り、外側で起こるようになる。

真なるものは内側に在る。拡大して発現するものは外側に在る。顕現はすべて外側に在る。実存は内側に在る。外側に顕在化したものを生として受け取る人、彼らの生涯は死の恐怖に脅かされる。彼らはまるで、ほとんど死んでいるかのように生きる。彼らは自分がいつ何どき、死ぬかもしれないと恐れている。そして死を怖がる人々は、他人の死に涙を流し、思い悩まされている。たとえ、実際に彼らが誰かの死に心から泣いて思い悩んでいなくても――それぞれの死は彼らに自分自身の死を想起させ、そして死につつある人に近づけば近づくほど、その想起はより強くなる。すると、寒けが背すじを襲い、恐怖が人を掴む。人は震え始める。この状態で、人間は快い事を考える。彼はこう考える、「魂は不滅だ、私たちは神の一部だ、私たちはブラフマンの一形態だ」と。これはすべてゴミだ。それは自己欺瞞に他ならない。死を恐れる人は自分を元気づけるために、「魂は不滅だ――」を繰り返す。要するに彼が言うのは、「いや、私が死ぬはずはない。魂は不滅だ」ということだ。彼の存在は恐怖で震えているのに、それでも表面上では魂は不滅だと言う。もし魂は不滅であると知っているなら、一度でさえそれを繰り返す必要はない。彼は知っているのだ。問題は終わっている。

死に怯えている人々は、死を恐れ続ける。そんな中で、彼らは生を知り損ね、魂は不滅であるという新しい策略、新しい欺瞞をでっちあげる。だから魂の不滅について語る民族よりも、死をより恐れる民族を見つける方が困難なのだ。その不幸が、まさにこの国で生じた。魂の不滅を信じている世界中の人々、そのほとんどがこの国にいる。さらにこの国では、死を恐れる臆病者の数も最大だ。どのようにして、この二つのことが一緒に起こったのだろう？

魂が不滅であることを知る人にとって、もはや死は存在しない。死の恐怖は消えてしまった。今や誰も、彼らを殺すことはできない。あなたは、もうひとつ心しておかねばならない——誰も彼らを殺せないし、今や彼らは誰でも殺せるという幻想の下にいることもない、ということを——なぜなら今や、彼らにとって、死という現象そのものが、永遠に終わっているからだ。この秘密を理解する必要がある。

魂は不滅だと信じている人は、死を恐れる人々だ。彼らは単に「魂は不滅だ」と繰り返しているに過ぎない。そのような人々はまた、死を恐れて非暴力についても頻繁に語る——誰も殺したくないからではなく、まさに本心では、自分が殺されたくないからだ。彼らは、世界は非暴力的になるべきだと信じている。だがなぜか？　彼らの答えは「誰かを殺すことは悪」だ。しかし本心では、彼らは「私たちが何者かに殺されないように」と言っている。殺すことは確かに悪だが、もしこれらの人々が死は全く存在しないことを知っているなら、死の恐怖の余地もなく殺す恐怖の余地もない。その時そのような事柄は無意味になる。

戦場で、クリシュナはアルジュナに言う。「恐れることはない。なぜなら、あなたの目前に立っている者たちは、以前に何度も存在していたからだ。あなたは確かに以前に存在してきたし、私も存在してきた。私たちはみな、過去にここで何度も存在してきたし、再びここで何度も存在するだろう」。この世界ではこれまで何も破壊されていないから、死や殺害の恐れの出る幕はない。問題は生を生きることにある。殺すことや殺されることを恐れている人は、生の立場から見たら無力になる。死ぬことも殺すこともできない人には、存在するものは何者にも殺されないし、死ぬこともないという考えは絶対にない。

魂が不滅であることを、全体として内側から知るようになる時、世界はどれほど刺激的になるだろう！　その日すべての死の恐怖は消える。死ぬ恐怖も同様に消え、殺す脅威は永久になくなる。それが戦争の消える時だ――それ以前ではない。

人は殺され、死に得ると考えられている限り、戦争は世界から消えない。ガンジーがどれほど非暴力を教えても、仏陀やマハーヴィーラがどれほどそれを教えても、どれほど多くの非暴力の教訓が世界に与えられても、在るものすべては、永遠に在るということを人間が内側から経験しない限り、戦争を止めることはできない。剣を振り回す人を、勇敢な人々と思ってはいけない。剣はその男が臆病者であることの証拠だ。街の広場にある剣を携えた像は、臆病者の像だ。勇敢な男が手に剣を必要としないのは、殺し殺されることは、子供っぽいことだと知っているからだ。

しかし、人間は奇妙な欺瞞を作る。人は自分が無知なものについて知っているふりをする――すべて恐怖のために――内心では恐怖に満ちている。内心では、自分が死なねばならないことを知っている――人々は毎日死んでいる。彼は自分の身体が内部で弱くなっているのを知る。若い時期は過ぎた。老年期が近づいている。彼は身体が消滅しかかっているのを知るが、内側では「魂は不滅だ」を繰り返し続ける。そうすることで自分の信念を、勇気を奮い起こそうとし、自分自身にこう言っている、「恐れてはいけない。もちろん死はあるが、賢人や賢者は、魂は不滅だと言っている」と。魂の不滅について話す賢者の周りには、死を恐れる人々が大勢で群がる。

私は、魂は不滅ではない、と言うわけではない。私が言うのは、魂の不滅の教義は、死を恐れる人々の教義だということだ。魂の不滅を知ることは、完全に異なることだ。そして覚えておきなさい。生きている間に死に関する実験をした人、その人たちだけが魂の不滅を知ることができる――知る方法は他にはない。これを理解する必要がある。

実際、死において何が起こるのだろう？　周辺に広がり、拡散した生命エネルギーはすべて収縮し、その中心に戻る。私たちの身体の至る所に達しているこの本質的なエネルギーは回収されて、その核に戻ってくる。例えば、もし拡散した光を暗くし続けたら、光は縮小し始め、闇が増してくる。ある時点で、光はランプそのものに近づく地点にまで縮小される。そしてさらにもっと暗くするなら、光は種の形の中に収められ、闇があなたを取り囲むだろう。

そのように、私たちの生命エネルギーは縮小して、それ自身の中心に戻る。再びそれは種になり、原子になり、新たな旅の準備をする。その本質的なエネルギーの収縮のせいで、まさにこの縮小のせいで、人は「私は死ぬ！　私は死ぬ！」と感じるのだ。その時まで生であると思ってきたものは、消え始める。すべてが後退し始める。人間の手足はその力を失い始める。彼は息切れするようになる。視力は弱まり、耳は聞こえ難くなる。

実際は、これらすべての感覚が生き、身体全体も生きていたのは、あるエネルギーとの連結のせいだ。そしていったんエネルギーが退き始めると身体は——それはもともと生命のなかったものだが——再び生命のないものになる。主人は去る準備をし、家は陰鬱になり、荒れ果てていく。すると人は「ここで私は去る！」と感じる。死の瞬間、彼はこう感じるようになる。「私は消え去ろうとしている。私は衰えていく。終わりは近い」

死につつあるという不安感——心配や憂鬱状態、死の苦悶や不安、終わりが近づいているという感覚——それはマインドに大変恐ろしい苦しみをもたらすので、人は死の体験そのものに気づくことに失敗する。死を知るためには、穏やかでいる必要がある。だが不安になると、死とは何かを知ることは決してない。

私たちはこれまでに何度も、無限の回数を死んできたが、死とは何かを決して知らなかった。死の瞬間に達するたびに、私たちはとても動揺し、落ち着きを失い、心配するようになる——その状態の中で、どうやって何かを知ることができるだろう？　どんな知識を持つことができるだろう？常に死はやって来る——にも関わらず、私たちはそれに不慣れなままだ。

いや、死の瞬間に死を知ることはできないが、人は計画的な死を確かに経験できる。計画的な死とは瞑想、ヨーガ、サマーディだ。サマーディの意味はただひとつ、死によって生じる出来事を、別の方法でもたらすことだ。探求者は、全生命エネルギーを内側に故意に引き寄せる努力によって、サマーディをもたらす。もちろん、不安を感じることはない。なぜなら意識を引き寄せ、引き込む実験をしているからだ。冷静なマインドを用いて、彼は意識を内側に縮小させる。死がすることは何にせよ、彼は自分自身に行なう。そしてその沈黙状態の中で、彼は生命エネルギーと身体が二つの別々のものであることに気づく。電気を発する電球と、それから放射される電気は別のものだ。電気が完全に縮小する時、電球はあるが生命はない。

身体は電球に過ぎない。生は電気、エネルギーであり、身体を生き生きと暖かく、奮い立たせ続ける生命力だ。

サマーディでは、探求者自身が死に出会う。そしてみずから死に入るため、自分は自分の身体とは別のものである、という真実を知るようになる。いったん「私は身体とは別のものだ」とわかると死は終わる。そして、いったん身体と実存との間の分離がわかると、生の体験が始まる。死の終わりと生の体験は、同時に、同じ地点で起こる。生を知ると、死はなくなる。死を知ると、生がある。もし正しく理解するなら、これらは同じことを表現する二つの方法に過ぎない。それらは同じ方向を向いた二つの指針だ。

だから、私は宗教は死ぬアートだと言う。あなたはこう言うかもしれない――でも、あなたはしばしば、宗教は生きるアートだと言ってきたのにと。私は確かに両方について話す。それは、死ぬ方法を知っている人だけが、生とは何かを知ることができるからだ。宗教は生きることと死ぬことのアートだ。もしあなたが生とは何か、死とは何かを知りたいなら、意図的にあなたの身体からエネルギーを回収するアートを学ぶ必要がある。その時はじめて、あなたは知ることができる。そうでなければ無理だ。このエネルギーは回収できる。それは難しくない。このエネルギーを内側に引き寄せるのは簡単だ。このエネルギーは意のままに拡散し、意のままに回収される。このエネルギーは意志の広がりにほかならない。それは完全に意志の問題だ。ただ内側へ行くための、断固とした決心があればいい。

もしあなたが三十分間、内側に向きたい、死にたい、自分自身の内側で溺死したい、自分のすべてのエネルギーを回収したいと決心するなら、数日以内にあなたはエネルギーの収縮を体験するようになるだろう。それは身体があなたから分離している状態だ。深い三ヶ月間の実験をすれば、あなたは自分から分離している自分の身体を見るだろう。あなたは自分の身体が自分から離れているのを見ることができる。まずあなたは、内側からその内部を見るだろう。あなたは分離して立っている――炎のように放射している。あなたはこの建物を見るように、内側から身体全体を見る。もう少しの勇気を出せば、この内的な生の炎を外側にもたらすこともでき、そして、身体があなたから離れてそこにあるのを、外側から見ることができる。

私の信じがたい体験を話そう。それはまさに私に起こったことだ。私はこれまでそれを話したことはない。約十七年か十八年前（一九六九年当時より）、私は木のてっぺんに座って、夜遅くまでよく瞑想した。私はしばしば、地面に座って瞑想すると、身体は人に大きな影響を及ぼすと感じてきた。身体は土で作られているから、地面に座って瞑想すると、身体の力は非常に強く作用する。

ヨーギが標高の高いところ――山、ヒマラヤへ移動する話には、すべて理由がないわけではない。それは非常に科学的だ。身体と地上の間の距離が大きければ大きいほど、地上の成分が身体へ引き寄せられることが少なくなる。だから私は、毎晩木に座ってよく瞑想した。ある夜――私はいつ自分が深い瞑想に没頭したのか知らないし、どの時点で自分の身体が木から落ちたのか知らないが、それが起きた時、起こったことを見て私は唖然とした。

私はまだ木の上にいたが、身体は下に落ちていた。その時どう感じたかを言うのは困難だ。私はまだ木に座っていて、身体は下にあった。たった一本の銀色の糸だけが、私の身体の臍と私を繋げていた――非常に光沢のある銀色の糸だ。次にどうなるのかは、理解を超えていた。どうすれば、自分の身体に戻れるだろう？

この状態がどれだけ長く続いたかわからないが、それは並外れた体験だった。初めて私は外側から自分の身体を見て、まさにその日から、身体上に存在することは終わった。その時から、私は死に関しては終わっている。なぜなら、この身体と異なる別の身体を見るようになったからだ――私は微細身を体験するようになった。この体験がどれくらい長く持続したかを言うのは難しい。

夜が明け始めるとともに、近くの村から頭上にミルクの缶を載せて運んでいる二人の女性が、通りかかった。彼女たちは木に近づき、私の身体がそこに横たわっているのを見た。彼女たちはそばに来て、身体の隣に座った。私は上からこのすべてを見ていた。女性たちは、私の身体が死んでいると思っているようだった。彼女たちは私の頭に手を置いた。すると一瞬のうちに、まるで強力な吸引力によるかのように、私は体内に戻って来て目を開けた。

その時、私は他のことも体験した。私は、女性は男性の身体に化学変化を引き起こすことができ、そして男性も女性の身体に同じことができると感じた。あの女性の接触が、どのようにして私が身体に戻る原因になったのか不思議でもあった。それ以降、私はさらにこの種の体験をした。それらはインドのタントリカたち――サマーディと死に関して広範囲に実験した人々が、なぜ女性たちと繋がってきたかの説明にもなった。

サマーディの強烈な体験の間に、もし男性の発光体、彼の微細身が肉体から出てくると、女性の助けなしに戻ることはできない。同様に、女性の発光する微細身は、男性の援助なしに戻ることはできない。男性と女性の身体が接触する時、電気的循環は完結し、外に出ていた意識は素早く身体に戻る。

この出来事に続いて、私は六ヶ月でおよそ六回、一貫して同じ種類の体験をした。そしてその六ヶ月間で、私は少なくとも寿命を十年失ったと感じた。もし七十歳まで生きることになっていたら、もはや六十歳までしか生きられない。六ヶ月の奇妙な体験をいくつか経て――胸毛さえも白くなった。私は何が起こったのか理解できなかった。

それでも、ふと心に思い浮かんだのは、この身体とその身体の接続は断たれ、遮断され、二つの間に存在していた調整、調和は壊れてしまった、ということだった。同様に心に思い浮かんだことは、シャンカラチャリヤが三十三歳で死んだのと、ヴィヴェーカナンダが三十六歳で死んだのは、何か別のことが理由だったということだ。いったん二つの身体間の接続が突然壊れると、生きることは困難になる。これが、なぜラーマクリシュナが病気に襲われたか、なぜラマナが癌で死亡したかの説明になった。その原因は肉体的なものではなかった。むしろ、彼らの肉体と微細身の間における調整の破壊が原因だった。


ヨーギたちは健康な人だと一般的に信じられているが、真実は全く逆だ。実のところ、ヨーギは常に病気であり、若くして死んでいる。この理由は、二つの身体の間で必要な調整が遮断されるからにほかならない。ひとたび微細身が肉体から出てきたら、再び完全に戻ることは決してないし、調整が完全に復元されることは決してない。しかし、その時それは必要ない。そうする目的はないし、意味もない。

意志の力を使えば、単に意志の力だけで、エネルギーは内側に引き寄せられる――ただ、「私は内側に向きたい、私は内側に進みたい、私は内側に戻りたい、私は内側に帰りたい」という思考、感覚だけで。あなたにそのような強烈な憧れ、そのような強力な感情があったら……。もしあなたの全存在が、自分のセンターに戻るための情熱的な、強烈な欲求で一杯だったなら、もしあなたの身体全体がこの感覚で打ち震えていたなら、いつかそれは起こり得る——あなたは即座に自分の核に戻り、初めて、内側から自分の身体を見るだろう。

ヨーガが何千もの動脈や静脈について話す時、それは生理学の観点からではない。ヨーギたちは生理学とは何の関係もない。これらは内側から知られてきた。そのため現代の人が見ると、これらの動脈と静脈がどこにあるのか不思議に思う。七つのチャクラ——ヨーガが語る身体の内なるセンターはどこにあるのか。それらは身体のどこにもない。私たちは外側から身体を見ているので、それらを見つけることができない。

身体を観察するもう一つの方法がある——それは内側から、内なる生理を通してだ。それは微妙な生理だ。その内なる生理を通じて知られる身体の神経、静脈、そしてセンターは、すべて全く異なっている。あなたはこの肉体のどこにも、それらを見つけられない。これらのセンターは、身体と内側の魂との接触の場、その両方の合流地点だ。

最大の合流地点は臍だ。あなたは気づいたことがあったかもしれない。もし急に交通事故に遭ったら、臍がまず衝撃を感じるだろう。臍はすぐに混乱する。なぜなら身体と魂との間で、この接点の場が最も深いからだ。死に臨むと、まずこのセンターが乱されはじめる。死が訪れるとすぐ、臍は身体のセンターとの関係を断つ。この身体と内的身体との接触から生じた身体の内部編成がある。

チャクラはそれらの接触の場だ。

だから、内側から身体を知ることとは、完全に異なる種類の世界を知ることであり、私たちが絶対に何も知らない世界を知ることにほかならない。医療科学はそれについて何も知らないし、しばらくはそうだろう。ひとたびあなたが、身体は自分と別のものであると体験したら、あなたは死に関しては終わっている。あなたは、死はないと知るようになる。するとあなたは実際に身体から出てこられるし、外側から身体を見ることができる。

生死に関わる問題は、哲学や形而上学的思考の問題ではない。生死について考える人は、決して何も成し遂げない。私が話していることは、実存的なアプローチだ。「私は生だ」と知ることはできる。「私は死なない」と知ることはできる。人はこの体験を生き、それに入ることはできる。しかし「死とは何か、生とは何かを考える」と言ってただ考えるだけの人は、百万回も考え、何生もかけて考えるかもしれないが、何も知らないだろう。いったい何を考えるのだろうか？

私たちは、自分が知っていることだけを考えることができる。知らないことについては、何も考えられない。あなたは、自分が知っていることしか考えられない。自分が知らないことは考えられない、と思い至ったことがあるだろうか？　何も知らないことを、どうやって考えられるだろう？どうやって想像できる？　私たちは生とは何かを知らない。私たちは死とは何かを知らない。私たちは何を考えるというのだろう？　だから私は、哲学者たちが生や死について語ってきたことは何であれ全く価値がない、と言う。

哲学書の中で生と死について書かれてあるものは、すべて何の価値もない。なぜなら人々は、多くの思考を経て書いてきたからだ。それは考えてから書くという問題ではない。ヨーガが生と死について語ってきたことを別にすれば、他のすべての言葉は、ただの言葉遊びに過ぎない。ヨーガに関するものは実存的なもので、生の体験に関係している。

魂は不滅だというのは理論ではない。イデオロギーではない。それは特定の個人の体験だ。あなたが体験を望んではじめて、体験だけで「生とは何か？　死とは何か？」の謎を解くことができる。そしてその体験をするやいなや、あなたは生があること、死はないということを知る——ただ生だけがあり、死は全く存在しないと——。その時私たちは、死はただ起こるものに過ぎない、と言う立場にいるだろう。そしてこれが意味するのは、私たちは自分たちが住んでいた家である身体を後にし、新しい家に向けた旅が始まるということにほかならない。私たちは一つの家を後に残し、別の家へ向けて出発する。この家の可能性は限られている。この家は機械だ。それは機能しなくなり、くたびれていく。私たちは、それを超えて行かなければならない。

もし科学がそれに取り組むなら、人間の身体を百年、二百年、三百年間生き続けさせることは可能だろう。しかしそれは、魂がないという証明にはならない。それは、魂がもはや家を変える必要がないこと、今や科学が、古い家を修理する方法を作り上げたことを、証明するだけだ。それでも科学者たちは、人間の寿命を五百年に、千年に延ばせば、人間に魂がないことの証明になるという幻想を抱くべきではない。それは何も証明しないだろう。それは体のメカニズムが機能しなくなったために、魂が身体を変えねばならなかったことを論証するだけだ。今、もし身体の部分を交換できれば——心臓、目、手足——もしそれらを交換できれば、魂が身体を変える理由は全くない。その場合は古い家でよい——今やそれは修復される。しかしこれは、身体には魂がないという証明には、全くならない。

近い将来、生命を生み出す分野において、科学が試験管ベビーを作ることに成功する可能性もある。その時、おそらく、科学者たちは自分たちが生命を創造したという錯覚に落ちるかもしれない。しかしそれも間違っている。これも言わせてほしい。そのような業績は何も証明しない。男女の合体の際、何が起こるだろう？　彼らは一緒になって、母親の子宮の中で魂を作るわけではない。彼らはただ、魂が入れる状況を作るだけだ。男と女の二つの要素が出会う時、魂が子宮に入る機会が作られる。そのうち科学者が試験管で似たような状況を作り出すかもしれないが、それは魂を作るのと同じものではない。

母親の子宮も機械的なシステムであり、それは試験管だ。それは自然のシステムだ。そのうち科学者が研究室で、男性の精子と女性の卵子を作り上げる化学元素の完全な発見と知識を用いて、試験管で同じ化学組織を生み出すことに成功するかもしれない。その場合、以前は母親の子宮に入っていった魂は、今や試験管の中に入る。たとえそうであっても、誕生するのは魂ではない。誕生するのは身体だ――魂はまだ到着したばかりだ。誕生という現象は二重の出来事――身体の形成と魂の到着、魂の訪れだ。

魂に関する限り、未来は非常に危うく暗いように思える。なぜなら科学は、新しい発見の数々を用いて、人々に魂がないことを納得させるだろうからだ。しかし、それによって魂の存在が反証されることはない。それはただ、自分自身の内側に向きを転じようとする人間の意志を弱めるだけだろう。もし、寿命の伸びと試験管ベビーの創造のせいで、人間が魂はないと信じるようになっても、その時でさえ魂の存在が反証されることはない。ただ、脈々と続いてきた人間の内的探求が終わりを迎えるだけだ。そしてこの不幸な状況が次の五十年間（一九六九年当時より）に起こるのは確実だ。過去五十年の間に、その地盤は既に準備されてきた。

世界には、常に貧しく悲惨で惨めで、病気の人々がいた。彼らの寿命は短かった。彼らには良い食物も、まともな服もなかった。だが魂の観点から見れば、貧しい人の数は決して今日ほど多くはなかった。これはただ、人間が内側には何もないと信じるようになってしまい、そのため、内側に向きを変えるという問題が生じないからだ。ひとたび人類が、内側には何もないと信じるなら、内側へ到達しようというすべての考えは終わる。

未来は、恐ろしく暗くて危険になるかもしれない。だから、実験は世界のすべての場所で行なうべきだ。そうすれば、少数の個人が立ち上がって主張するかもしれない――単に言葉や教義の主張ではなく、ギータ、コーラン、聖書の繰り返しではなく、「私は自分が身体ではないことを知っている」という強い断言、そして、これは単に言葉の宣言であるべきではない。それは彼らの生き方全体を通じて、反映されるべきだ。その時だけ、私たちは人類を救うことに成功するだろう――そうでなければ、すべての科学的発展は人間を機械に、ロボットに変えるだろう。人間が、自分は身体以上の何ものでもない、自分の内側には何も存在しない、と信じるようになる日、おそらく内側に導くすべての扉が閉じるだろう。その後に起こることは、いわく言い難い。

これまでも、大多数の人々の内なる扉は閉じたままだった。しかしときたま、勇気ある人が内なる壁を突破する。マハーヴィーラ、仏陀、キリスト、老子が壁を突破して内側に入る。しかしそのような現象が再び起こる可能性は、日々減少している。

私は言う――ただ生だけがある、死はない、と。しかし次の百年または二百年では、「ただ死だけがある、生はない」と人は言うかもしれない。地盤はそれのために準備されている。そう主張する人々は既に現れている。結局のところ、マルクスは何を言っているのだろう？　マルクスによれば、「物質はある、神はない。そしてあなたにとって神のように見えるものは、物質の副産物以外の何でもない」ということになる。マルクスは言う。「生はない、ただ死だけがある」。さて、もし魂がなくて、ただ身体だけがあるなら明らかに生はなく、ただ死だけがある。

あなたはそれに気づいていないかもしれないが、マルクスが言ったことは勢力を増している。世界には常に魂を否定してきた人々がいたが、これまで宗教は、こうした人々からは決して生まれなかった。今まで無神論者の組織は決して存在してこなかった。チャルヴァッカ、ブリハスパティ、エピキュロス、そして他にも、世界の多くの非凡な人々が魂の存在を否定したが、彼らは決してどんな教会も、どんな組織も形づくらなかった。マルクスは組織的な教会を作った、世界で最初の無神論者だ。今日では、世界の半数は既にその集会の中にいて、残りの半数は次の五十年間でそれに参加するだろう。

魂はもちろん存在するが、それを知り、認識できるようなすべての手段が、次々と閉じている。生はあるが、それにつながるすべての可能性が消え失せていっている。すべての扉と手段が閉じる前に、ほんの少しでも能力と勇気を持っている人は、自分自身で実験して、内側に向く努力をするべきだ。そうすれば、その経験を持つことができる。

たとえ百人か、二百人であっても内側の炎を経験できたら、私たちは危険を免れるだろう。何百万人もの人々の暗闇は、少数の人々の内側の炎で払拭できる。小さな灯りでさえ長い暗闇を切り崩す。魂の不滅を知った人が、村にただ一人存在することによって、全体の雰囲気、全体の感じ、村の生活全体は変わるだろう。一つの花が咲くと、その香りは遠くの場所に広がっていく。魂の不滅を知った人のまさに存在が、村全体の霊的な浄化をもたらす。

この国は、「魂は不滅だ」とかすれた叫び声を上げる行者《サドゥー》や僧侶、そして他の人々に満ちている——そこには彼らに連なるもの、巨大な群衆がいる。にも関わらず、大変道徳性の低い気質がある！

大変な国の没落が！　この堕落は、彼らがみんな裏表のある言行のビジネスに関与していることを証明している。こうした人々はいずれも、魂について何も知らない。その群衆を見てごらん。サドゥーのこの行列を、この小隊を、全国のサドゥーのあらゆる大サーカスを見てごらん。口に包帯を巻いて、手に持つ杖で軽業をする道化師、他はまた別のタイプのサーカスを演じる！　これだけ大勢の人々が魂を知っているのに、この国は大変な衰退の中にあるのだ！　信じがたいことだ。

世界には、道徳の低下の原因として、民衆を非難する人々がいる。私は、彼らは間違っていると言いたい。民衆は常に同じだった。過去において、世界中で、人格が道徳的に高かったのは、自己を実現した少数の人たちのおかげだ。民衆は常に同じままだった。彼は変わらないままだった。そこにはもちろん、人間の意識を常に上昇させ、常に高めた少数の存在がいた。彼らのまさに存在が、常に触媒として働き、常に人間の生を高めてきた。

現在の人間の人格が低い状態の責任は、これらのサドゥーたち、いわゆる聖人たち、宗教について話す偽善者やいかさま師にある。民衆には何の責任もない。彼が以前したことにも、彼が現在していることにも――。

もしあなたが世界を変えたいなら、一人一人の品行の改善や、すべての人に道徳教育を教えることについての馬鹿げた話を止めることだ。もし世界を変えたいなら、少数の人が自ら進んで非常に強烈な内的実験を、体験しなければならないだろう。自分自身の内側深くで実験を受ける準備ができている人は――。それほど多くなくていい、ほんの百人ほどでいい。もし国の中で百人の個人が、魂とは何かを知る地点に到達するなら、その国全体の生は自動的に高められる。百人の輝く灯りの存在で、国全体を高めることができる。

私がこの問題について話すことに合意した唯一の理由は、勇気ある何人かの人が進み出た場合、彼を招待したいからだ。「来なさい！　もし内側の旅に行く準備ができているなら、私はあなたを喜んで受け入れる。そこでは、生とは何か、死とは何かが示され得るのだ」

第二章

究極の自由

The Ultimate Freedom

いくつかの質問が寄せられてきた。
それは私が昨夜の話の中で討論した、ある要点についての説明を求めている。

最初の質問

友人が尋ねてきた。「もし男と女が、魂が誕生する機会を作るなら、そこには多くの分離した魂があって、一つの普遍的な魂はないということを意味するのでしょうか？　またあなたは、いろんなところで、真実、神、魂はたった一つしかないと言っています。これらは矛盾していませんか？」

矛盾はない。もちろん、神は一つだ。魂も本質的には一つだが、身体には二つのタイプがある。一つは見える粗大身《グロスボディ》であり、もう一つは見えない微細身《サブトルボディ》だ。死の瞬間に、粗大身は消えるが、微細身はそのまま残る。

魂は二つの身体――微細身と粗大身の内側に存在する。死の時点で粗大身は死ぬ。土と水で作られた身体、肉、骨そして骨髄から成る身体は、脱落して死ぬ。その後、微細な思考、微細な感情、微細な波動、微細な繊維から成る身体が残る。この身体は、これらの微細な物すべてで形成され、魂と一緒にもう一度旅に赴き、そして再び新しい誕生のため粗大身に入る。新しい魂が母親の子宮に入る時、それはこの微細身が入ることを意味する。

死の出来事においては、粗大身だけが崩壊して、微細身は崩壊しない。しかし究極の死、私たちが解脱《モクシャ》と呼ぶものの発生とともに、微細身も同様に粗大身と一緒に崩壊する。その時、魂にとってもはや誕生はない。その時、魂は全体と一つになる。これはたった一度だけ起こる。それは水滴が海に合流するようなものだ。

三つのことが理解されなければならない。まず、魂という要素がある。身体の二つのタイプ――粗大と微細が、この魂の要素に接触する時、両方が活動的になる。私たちは粗大身、肉体に精通している。ヨーギは微細身に精通している。そしてヨーガを超えた人々は、魂に精通している。

普通の目は、粗大身を見ることができる。ヨーギの目は微細身を見ることができる。しかしヨーガを超えていること、微細身を越えて存在することは、ただサマーディにおいてのみ体験される。瞑想を超えた人はサマーディを達成する。そして人が神を体験するのは、サマーディの状態においてだ。普通の人は肉体の経験を持つ。普通のヨーギは微細身の経験を持つ。光明を得たヨーギは、神の経験を持つ。神は一つだが、無数の微細身があり、無数の粗大身がある。

微細身は因果体《コーサルボディ》だ。新たな肉体を獲得するのがこの身体だ。この辺りの多くの電球を見てごらん。電気は一つで、そのエネルギーは一つだが、それは異なる電球を通して現われる。電球には異なる身体があるが、彼らの魂は一つだ。同様に、私たちを通して現われる意識は一つだが、意識の現われの中に、二つの乗り物が適用される。一つは微細な乗り物、微細身であり、もう一つは粗大な乗り物、粗大身だ。

私たちの経験は粗大身、肉体に限定されている。この制限された経験が、すべての人間の惨めさと無知の原因だ。しかし肉体を超えた後でさえ、微細身で止まるかもしれない人々がいる。彼らは「そこには無限の数の魂がある」と言う。しかし、さらに微細身を超えて行く人は「神は一つだ、魂は一つだ、ブラフマンは一つだ」と言う。

私の言うことに矛盾はない。私が魂の入る様子を言及する時は、まだ微細身に関連付けられている魂のことを意味する。それは魂を包んでいて、まだ崩壊していない微細身を意味する。だから私たちは、究極の自由に達する魂は誕生と死のサイクルから踏み出る、と言うのだ。魂にとって誕生や死は本当にない。それは決して生まれなかったし、全く死ぬこともない。誕生と死のサイクルは、微細身の終わりで止まる。なぜなら、新たな誕生を引き起こすのは微細身だからだ。

微細身は思考、欲求、色欲、熱望、経験、知識から成る統合した種だ。身体は継続的な旅に、私たちを連れて行く働きをする。しかし、思考をすべて消滅させ、情熱がすべて消えて、欲望がすべて消えて、どんな欲望も残っていない人は、行くべき場所はない。どこかに行くべき理由は何も残っていない。その時、再び誕生する理由はない。

ラーマクリシュナの人生に、素晴らしい物語がある。彼の近くにいた人たち、彼をパラマハンサ、光明を得た人として知っていた人たちは、あることについて深く悩まされたものだった。ラーマクリシュナのような光明を得た人――サマーディを達成した人が、食べ物をあまりにも懇願するのを見ることは、彼らを大いに悩ませた。ラーマクリシュナは、食べ物を非常に心配することがよくあった。彼はしばしば台所に入り、彼の妻シャラーダ・デヴィに尋ねた。「今日の料理は何だ？ずいぶん遅れているぞ！」。スピリチュアルな事についての真面目な話の途中で、突然立ち上がり、台所へ駆けつけ、料理中のものを尋ね、食べ物を探し始めた。

シャラーダは恥ずかしく感じて、彼を丁寧に叱った。「何をしているのですか？　人々はこう考えるに違いありませんよ――ブラフマンについての話を突然止めて、食べ物について話し始めるとは！」。ラーマクリシュナは、笑って黙ったままだった。側近たちでさえ、抗議した。彼らは言った。「あなたに悪い評判がたっています。人々は言います。『食べ物への欲望があれほど強烈なら、そんな人がどうやって知識を獲得できるだろう？』と」

ある日、妻シャラーダは非常に動揺して彼を非難した。ラーマクリシュナは彼女に言った。「お前は知らないだろうが、私は知っている。自分が食べ物を拒絶する日から、三日以上は生きないことを」

シャラーダは尋ねた。「どういう意味ですか?」

ラーマクリシュナは言った。「私の欲望と熱情は、すべて消えてしまった。思考はすべて消えた——しかし人間のためを思って、私は意図的に、食べ物への欲望にしがみついているのだ。それは最後の一本のロープで、しっかり縛られた舟のようなものだ。いったんそのロープが切り放されたら、舟は終わりなき旅へ出航するだろう。私は努力して居続けているのだ」


おそらく彼の周りの人たちは、当時はこれについてあまり考えなかったのだろう。しかしラーマクリシュナの死ぬ三日前、シャラーダが食べ物をお皿に盛った時、ラーマクリシュナはそれを見て、目を閉じて、背中を彼女の方に向けて横たわった。瞬く間に、彼女はラーマクリシュナが死について言った言葉を思い出した。料理は手から落ち、彼女は激しく泣き始めた。ラーマクリシュナは言った。

「泣いてはいけない。あなたは、私は食べ物を切望するべきではないと願っていた——あなたの願いは叶ったのだ」

この出来事のちょうど三日後に、ラーマクリシュナは死んだ。彼はほんの少しの欲望に努力してしがみついていた。あの小さな欲望は、彼の生の旅を継続させるための支えだった。その欲望の消失で、すべての支えが消滅した。

私たちがティルタンカーラと呼ぶ人々、私たちがブッダと、神の子と、アヴァターラと呼ぶ人々——彼らはたった一つの欲望にしがみつく。彼らはひとえに慈悲から、すべての人類の善良さと幸福のために欲望を保つ。欲望が失われる日、彼らは身体の中に生きることを止め、無限に向かう終わりなき旅が始まる。その後は、もはや誕生も死もない。その後は、一も多もない。その後に残るものは、どんな方法でも数で数えられないため、知る人は「ブラフマンは一つだ、神は一つだ」とさえ言わない。「二」を用いてその後に続く方法がない時、人が二と三の順序でそれ以上数えることができない時、それを一と呼ぶことは無意味だ。「一」と言うことは、ただ二、三と四もある限りにおいてのみ、意味があることだ。「一」は他の数との関連においてのみ重要だ。だから知る人は、ブラフマンは一つだ、とさえ言わないのだ。ブラフマンは不二である、彼は二つではない、と言う。

彼らは全く注目すべきことを言っている。彼ら曰く「神は二つではない。数の面で神を数えられる方法はない」。彼を一つと呼ぶことさえ、私たちは数の面で彼を数えようと試みている。それは間違いだ。しかしその一つを体験することは、まだ長い道のりだ。まさに今私たちはまだ、多様な形態を果てしなく受け取る身体の、粗大身のレベルにいる。身体に入る時、私たちは別の身体——微細身に気づく。微細身を超えて行くと、身体でないもの、無身体であるもの——魂に達する。

私が昨日言ったことは矛盾ではない。それは逆説的ではない。

第二の質問

友人が尋ねてきた。
「いったん魂が身体から去ったら、別の死体に入ることができますか？」

そう、それはできる。しかし別の死体に入る意味や目的は、もはや何も残っていない。その別の身体が死んだのは、魂がその中に住むのは不適当だとわかったからだ。身体が破棄されたのは、それが役立たなくなったからだ。そのためその身体に入る意味はない。それでも、別の身体に入ることは実際に可能だ。

とはいえ、それは求めても無駄だ。既に入っている身体に、私たちがどのように存在しているのかさえ知らない時、人はどうやって別の身体に入れるだろう。別の身体に入るというような価値のないことを考えても、何を得られるのだろうか？　私たちは、自分たちが今ある身体にどうやって入ったのかさえ知らない。自分たちの身体の中でどうやって生きているのかさえ知らない。私たちは、自分から分離した自分自身の身体を見るという経験をしたことがない。

いずれにせよ、別の身体に入る理由はない。しかしながら科学的な言い方では、別の身体に入ることは可能だとも言える――なぜなら基本的に、身体はあなたのものや私のものという観点から見ることができないからだ。すべての身体は外部にある。魂が母親の子宮に入る時、それは実際に身体に入っている――非常に小さな身体、原子体だが、それでも身体に入っている。母親の子宮の中で最初の日に作られる細胞は、持って生まれたプログラムがそれ自体の中にすべて含まれている。例えば、髪の毛が受胎時から五十年で白髪に変わるかもしれないという可能性は、その小さな種に隠されている。潜在的に、種はそれ自体の中に、目は何色になるか、手はどれだけの長さになるか、健康体なのか病気がちなのか、白人になるか黒人になるか、縮れ毛を持つか持たないかを含んでいる。それは小さな身体、原子体だ。魂はこの原子体に入る。原子体の構造に、原子体が在る状況に従って入る。

人間の意識が毎日低下しているたった一つの理由は、優れた魂が誕生するのに適した機会を夫婦が作っていないからだ。作られつつある機会はどれも、劣った魂の誕生のためだ。必ずしも、死後に魂がすぐ誕生する機会が見つかる保証はない。非常に優れているわけでもなく、非常に劣っているわけでもない普通の魂は、身体の死から十三日以内に新たな身体が見つかる。しかし、非常に劣った魂の誕生が遮られるのは、適切な機会を、質の低い子宮を見つけることが非常に困難だからだ。これらの劣った魂を、幽霊や悪霊と呼ぶ。非常に優れた魂も、誕生を防げられる。なぜなら、適切な機会や質の高い子宮のどちらも見つけられないからだ。これらの優れた魂を、神と呼ぶ。

昔は、神々の数が非常に少なかったのに比べ、悪霊の数は非常に多かった。現代では、幽霊や悪霊の数が大幅に減少していて、神々の数は増加している。なぜなら、悪い魂の誕生の機会が急速に増加しているのに、神のような人々の誕生の機会が減少したからだ。人間の身体に入ることで、幽霊と悪霊は今やみな、人類と結合してきた！ でなければ、彼らは誕生を引き止められたものだった。だからこの頃は、幽霊や悪霊を見るのがとても難しいのだ。けれども彼らを見る必要はない。ただ人間を見れば、彼らを見たことになる！

私たちの神々への信仰は、明らかに低下した。なぜなら彼らを見つけることがとても厳しい時に、どうやって彼らを信じられるだろう？ 神々が、生に関して他のどんな現実とも同じくらい本物だった時代があった。もしヴェーダのリシたち、賢人たちの書いたものを読めば、彼らはまるで、ある架空の神々について話しているようには見えない。いや、彼らは自分たちに語り、自分たちと一緒に歌って笑う神々について話している。彼らは、このまさに地上で、彼らと一緒に非常に親密に歩く神々について話している。

私たちが神々の世界との接触を失っているのは、神々と人間をつなぐ架け橋となって、人間に神が何であるかを知らせる人たちがいないからだ。この全責任は、人類の婚姻制度にある。人類全体の婚姻制度は、醜くて倒錯している。

最も重要なことは、愛から生じる結婚を止めたこと、結婚が愛なしで起こっていることだ。愛を欠いた結婚は精神的な絆を、愛があってこそ可能である絆を作らない。偉大な魂を誕生させるために必要な調和、親密な関係、音楽が男と女の間で作られていない。彼らの愛は、単なる交際の結果に過ぎない。彼らの愛の中に魂の出会いはない。二つの実存が、共に一つになることは決してない。愛のない結婚から生まれた子供たちは、決して愛することができない、決して神のように在ることはできない。彼らはそれよりも、幽霊や悪霊に似ている。彼らの生は怒り、憎しみ、そして暴力で満たされる。もし男と女の間に調和が、親密な関係がないなら、小さな事でさえ意見の相違を、信じられないほどの不和を生じる。

なぜ、女性たちは男性たちよりも美しく見えるのか、なぜ女性たちにそのような丸み、そのような容姿の良さがあるのか、おそらくあなたには思いもよらないだろう。なぜ、男性はそうでないのだろう？　なぜ女性には音楽や内側のダンスが明らかにあり、男性はなぜそうでないのか、思いもつかないだろう。その理由は非常に単純で、実はそれほど大したことではない。その理由はとても小さい。あなたは男女の相違そのものが、とても小さい何かに基づいていると想像することさえできない。

母親の胎内の最初の細胞は、男性の二十四の染色体と、女性の二十四の染色体を含んでいる。それぞれ二十四の染色体を含む二つの細胞が出会うと、四十八の染色体を持つ最初の細胞が作られる。四十八の染色体の結合で、女性の身体が形成される――その天秤の両側がそれぞれ二十四の染色体を含み、バランスを取る。しかし男子の最初の細胞は、四十七だけの染色体で構成されている。一つの側に二十四、他の側に二十三だ。まさにここで不均衡が作られ、調和が壊される。女性の存在の両側は、うまくバランスを取っている。そのため、女性のすべての美しさ――彼女の容姿の良さ、芸術、人格の潤い、人格の詩がある。

男性の人格には、わずかな不足がある。彼の天秤の一方は、二十四の染色体から構成されている。母親から受け取った細胞には二十四の染色体が含まれており、父親から受け取った細胞は二十三の染色体で構成されている。こうして、母親の二十四の染色体が父親の二十三の染色体と出会う時、男性の身体が形成される。これが、男性が生涯を通じてとても落ち着かず、とても強い不満を持ったままでいる理由だ。何をすべきで何をすべきでないか、これをすべきかあれをすべきかどうかに、常に不安で、常に心配している。この落ち着きのなさは、すべて非常に小さな出来事で、天秤の片側の染色体が一つ少ないことで始まる。男性は不均衡だ。女性は完全にバランスが取れている。調和、リズムは彼女の中では完全だ。

そうした小さな出来事が、そのような大きな違いをもたらす。それが理由で、女性は美しくなることができたが、彼女は成長できなかった。一つの人格さえ成長していない。それは停滞したままだ。男性の人格は一様ではない。そのためあなたは、前方を疾走している彼を、成長している彼を見る。彼はエベレストに登り、山を越え、月に着陸して星に到達する。彼は探求し、調査する。彼は考え、本を書き、宗教を誕生させる。女性はこの類のことは何もしない。彼女はエベレストに登ったり、月や星に着陸することはない。彼女は宗教を探求したり、本を書いたり、科学の発見を行なうこともない。彼女は何もしない。彼女の人格のバランスは、超越することへの熱情で彼女を満たすことはない。

人間の文明を生み出したのは男性だ——しかも、すべて一つの小さな問題が理由で、彼が一つの染色体を欠いていることが理由でだ。女性が文明を開発しなかったのは、彼女の人格が完全だから、欠けている染色体がないからだ。そうした小さな現象が、人格の中にそのような大きな違いを引き起こすことができる！　私がこれを指摘しているのは、これが単なる生物学的な出来事だからであり、どうやってそうした少しの違いが、非常に異なる人格を気質に生じさせるのかを、生物学的に見ることができるからだ。しかし別の、より深遠な内的な違いも同様にある。

男女の結合から生まれた子供は、彼らがお互いにどれほど深く愛しているかを示す。どれほど多くの精神性が、彼らの間に存在しているかを示す。そしてどれほど多くの純粋さと祈りに満ちた状態で、彼らが一緒になってきたかを示す。これは、彼らの方へ引き付けられているものがどれほど優れた、どれほど偉大な魂であるか、どれほど偉大な神の意識が、その身体に住まうかにかかっている。人類は、ますます悲惨で不幸になっている。実際は、夫婦関係の歪みが原因だ。結婚生活の意味を再定義し、それを正常な状態にしない限り、それを洗練させて霊的にさせない限り、人類の未来は改善できない。

この不幸な事態においては、家長の人生を非難した人たちと、放棄の人生について大きく騒ぎ立てていた人たちに同様の責任がある。かつて家長の人生は非難され、私たちは完全にその方向で考えることを止めた。これは正しくない。私があなた方に言いたいのは、極めて少数の人々が、放棄の道を通って神に到達できるということだ。極めて少数の人々、何人かの特殊なタイプの、全く異なる種類の少数の個人たちは、放棄の道を通って達する。ほとんどの人は家長の道を通って、夫婦関係を通って神に達する。

奇妙なことに、家長の道で到達するほうが単純かつ容易なのに、これまで注意が全く払われてこなかった。今まで宗教は、世界を放棄した人々の極端な影響に苦しんできた。宗教は、家を所有する人のために発展できなかった。家長のために発展してきたなら、誕生のまさに最初の瞬間前に、私たちはどんな類の魂を招待したいか、どんな類の魂を手招きたいか、どんな類の魂を生に入れるようにしたいかを、考えただろう。

もし宗教を正しく教え、もしすべての個人に正しい考え、正しい概念とヴィジョンを与えたら、全く新しい世代の人類が二十年以内に作れる。入ってくる魂に対して、愛のこもった招待の気持ちを最初に表わすことなく、セックスの中に入る人は罪人だ。彼は犯罪者だ。そして、たとえ結婚生活で子供ができても、子供たちは非嫡出子だ。完全に祈りに満ちて、敬虔な心から自分の子供に誕生を与えなかった人は、犯罪者だ——そして彼は、すべての世代に先んじて犯罪者のままでいるだろう。

すべての未来は、どんな類の魂が子宮に入るかに依存する。私たちは子供の教育について、彼らの衣服について、彼らの健康と栄養について心配するが、子供がどんな類の魂を持っているのかを気にかけることを、完全にあきらめている。これでは、より良い人類は期待できない。だから、別の身体に入る方法についてあまり心配する必要はない。むしろ、あなたがこのまさに自分の身体にどうやって入ったかについて、関心を持つべきだ。

この点について、友人が訊ねてきた。

第三の質問

過去生について知ることができますか？

確かに、過去生について知ることはできる。しかし今のところ、あなたはこの生についてさえ何も知らない。過去生を知ることは、はるかに困難だ。もちろん、人間は過去生について知ることができる。なぜなら、いったん何かが私たちのマインドに記憶の形で刻印されたら、決して破壊されないからだ。それは常に、深い無意識のレベルに留まる。知ったものは何でも、私たちは決して忘れない。

もし私があなたに、一九五〇年一月一日に何をしていたかと尋ねても、おそらく答えられないだろう。あなたはこう言うかもしれない。「何も覚えていない。一九五〇年一月一日に何をしたか、全く見当がつかない」。しかし、もしあなたに催眠術をかけたら……それは簡単だ。そうしてあなたを無意識にして、私があなたに、一九五〇年一月一日に何をしたかと尋ねると、まるでその一月の最初の日が、まさにその瞬間に目の前を過ぎているかのように、あなたは終日起こったことを伝えるだろう。同様にあなたは、一月の最初の日、朝のお茶は少し砂糖が少なかったことを、私に話せるだろう。あなたにお茶を持ってきた男が汗臭かったことさえ、言えるだろう。あなたはそうした目立たない細部の指摘もできるだろう――履いていた靴のせいで自分の足が傷ついた、というようなことを――。

催眠状態では、深く埋め込まれたあなたの記憶を表出できる。こう話すのは、私がこの方向に沿って多くの実験をしてきたからだ。望む人は誰でも、過去生に入れる。けれども、彼はまずこの生で退行しなければならない。現在の生の記憶の路線を歩かなければならない。自分が母親の子宮の中で妊娠した時と同じくらい、はるか後ろに戻る必要がある。その時点に到達した後にだけ、過去生の記憶に足を踏み入れることができる。

覚えておきなさい。それでも、自然が私たちに過去生を忘れるように手はずを整えてきたのには、理由がないわけではない。その理由は非常に意義深い。一ヶ月の記憶を思い出すことは、あなたを狂気に駆り立たせることになる。過去生についてでは言うまでもない。たった一日の記憶に関するあなたの想起でさえ、あなたを生き残らせることはできないだろう。自然のすべての手はずは、あなたのマインドが抱えられるのと同じだけの記憶を許す、というものだ。残りは暗い深淵の中に投げ込まれる。それは、私たちがもう必要ないものを放り投げて、扉を閉める倉庫のようなものだ。同様に、そこには記憶の集合住宅、すべての望まれない記憶――マインドにはもう必要ない記憶――が保存されている無意識の家がある。しかし人間が知らずに、理解なしにこの倉庫に入ったら、直ちに狂ってしまうだろう――それほど圧倒的な記憶がある。

一人の女性が、私の指導の下でよく実験をした。彼女は自分の過去生を知ることに、非常に熱心だった。私は言った。「それは可能だ。ただし、あなたはその結果を了承しなければならない――おそらく自分の過去生を知れば、あなたは恐ろしく心配し、動揺するかもしれないからだ」

彼女は言った。「いいえ、なぜ私が動揺するのでしょうか？　過去生は既に去っています。今心配すべき何があるでしょうか？」

彼女は実験を始めた。彼女は大学の教授で、知的で賢明で勇敢だった。私の指示に正確に従って、彼女は深い瞑想に入った。ゆっくりと、彼女は自分の記憶のより深いレベルを掘り下げ始めた。そして彼女が初めて自分の過去生に入った日、彼女は私のところに駆け寄ってきた。彼女は全身を震わせ、涙を浮かべていた。彼女は激しく泣き始めて言った。「私は思い出したものを忘れてしまいたいのです。自分の過去生にこれ以上行きたくありません」

私は言った。「それは難しい。あなたの心に戻ってきたものを忘れるのには、時間がかかるだろう。しかし、なぜあなたはとても神経質になっているのだ?」

彼女は言った。「どうか聞かないでください。自分は非常に純粋で貞淑だと思っていましたが、前世では、南の地方の寺院の売春婦だったのです。私はデヴァダーシ(神の召使)でした。何千人もの人たちと性交しました。自分の身体を売っていたのです。だめです、そのすべてを忘れたいのです。一瞬さえも、思い出したくありません」

だから、誰でも自分の過去生に入れる。その方法がある。そのための方法論がある。マハーヴィーラと仏陀によってなされた人類への最大の貢献は、非暴力の教義ではない。彼らの最大の貢献は、過去生を思い出すための教義にある。彼らは、過去生に入るまでは、魂が何であるかを知ることができない、と探求者たちにはっきりさせた地上で最初の者たちだった。彼らは、あらゆる探求者たちが、自分の前世に戻れるように手助けした。

自分の過去生の記憶を思い出すために充分な勇気を集めたら、彼は全く異なる人間になるだろう——なぜなら、以前に何千回も既にしてきたことを、自分が繰り返しているのを見るようになるからだ。彼は自分の愚かさを見るだろう。何度自分は富を蓄積してきたことか、何度自分は大邸宅を建ててきたことか、何度自分は威信、名誉、地位の後を追いかけてきたことか、何度自分はデリーに旅をして、高い地位に達したことかを見るようになる。数え切れない時の経過で、自分がこれをすべてしてきたことと、もう一度同じことをしているのを認識するだろう。そして毎回、結局のところ、その旅は不成功に終わったことが証明されてきた。

そしてその旅は、今回も同様に不成功に終わるだろう。この記憶の復活で、彼が富を追い求めることは直ちに終るだろう。地位への執着は消えるだろう。男性は、何千年もの間にどれだけ多くの女性たちと関係を持ってきたかを、知るようになるだろう。そして女性は、どれだけ多くの男性たちと関係を持ってきたかを、知るようになるだろう――そしてどんな男性も、これまで女性に満足しなかったことや、どんな女性もこれまで男性に満足しなかったことも――。にも関わらず、男性はいまだに、自分はこの女性と楽しむべきだろうか、あの女性と楽しむべきだろうかと思い、女性はいまだに、自分はこの男性と楽しむべきだろうか、あの男性と楽しむべきだろうかと思う。これが数百万回も起こってきた。

もし、これがすべて一回でも思い出されたら、決して二度と繰り返さないだろう――なぜなら、一つの行為を何度も繰り返すと、その価値の無さは自明になるからだ。すべての物事は無意味になる。仏陀とマハーヴィーラは二人とも、ジャティ-スマランという過去生の記憶を思い出す集中的な実験を行なった。たった一度でも、これらの記憶を通過した探求者は変容した。彼は別人になった。

私は、質問をしてきた友人に、もし望むなら、過去生の記憶に入って行けると保証できる。その実験に入る前に、人はそれでも、非常に注意深く考慮する必要がある。実情は、その人の現在の生には、既に充分な悩みと面倒事が存在するということだ。酒を飲んだり映画を観たり、トランプで遊んだり賭けをするのは、明らかにこのすべてを忘れるため、彼の日々を忘れるためだ。一日分の記憶をひきずって生きるのはとても厳しいと気づき、人生に直面する勇敢さが足りないとしたら、どうやって、以前の生を思い出す勇気を集められるだろう?

それは奇妙だと気づくかもしれないが、世界中の宗教はアルコールに反対してきた。けれども、アルコールに反対する理由をあげるなら、平凡で実に愚かな政治家たちは、アルコールが道徳的な性格を破壊し、富や財産を破滅させ、人間を暴力的にさせるから反対しているのだと、全世界に説明する。これはすべて馬鹿げている。宗教がアルコールに反対してきたのは、アルコールを飲む人は自分自身を忘れるためにそうするから、という理由だけだ。そして自分自身を忘れようとしている人は、決して魂を知ることはできない。自分自身を知るというまさにその目的は、魂を知ることだ。だから、アルコールとサマーディは二つの対立するものになった。それは政治家たちが言うこととは、何の関係もない。

問題の真実は……これは注意深く考慮する必要がある。通常、人々はアルコール中毒者は悪い人だと考える。私はアルコールを飲む人々を知っているし、アルコールを飲まない人々も知っている。数多くの経験に基づくと、、アルコールを飲む人は、飲まない人よりも様々な意味ではるかにましだということが、私にはわかった。私がアルコールを飲む人の中で出会ってきた哀れみと同情心の度合いが、非飲酒者の中には見られなかった。私がアルコールを飲む人々に発見した謙虚さの感覚は、アルコールを飲まない人には見られなかった。私が非飲酒者に見てきたある種の傲慢さは、アルコールを飲む人においては決して出会ったことがない。

しかし、宗教がアルコールに反対している理由は、通常、政治家が提唱するものではない。その理由は、自分自身を忘れようとすることで、人間は思い出す勇気を手放している、ということだ。自分の現在の生を忘れることに忙しい人に、どうやって過去生が思い出せるだろう？　そして過去生を思い出せない人が、どうやって現在の生を変容できるだろう？

結果として、盲目の繰り返しが続く。以前に何度もしてきたことを、私たちは何度も何度もやり続ける。それは終わりのないプロセスだ。そして自分の過去生を思い出さない限り、私たちは何度も生まれてくるだろう——そして何度も果てしなく、同じ馬鹿げたことを繰り返す。この退屈、この途切れない一連のものは無意味だ——なぜなら私たちは何度も死んで、私たちの行動を忘れたままにして、そして同じことが再びそっくり始まるだろうからだ。私たちは水車の雄牛のように、円の中を動き続けるだろう。

この生をサンサーラと呼んできた人たち……サンサーラが何を意味しているのか知っているだろうか？　サンサーラとは回転し続け、上下に動き続けるものの車輪、という意味だ。私は、なぜインドの専門家たちが国旗に車輪を用いたのか知らない。おそらく彼らは知らないかもしれないし、人は彼らが何を考えているのかと不思議に思うかもしれない。アショカは彼の仏塔《ストゥーパ》に、彼の仏教徒の廟に車輪を彫り込んだ。生は回転する車輪であること、それは水車の円の中を動く雄牛のようなものであること、物事は円の中をぐるぐる回ること――それらが以前にあった場所に何度も戻ってくることを、人々に思い出させるために。

だから、車輪はサンサーラの象徴だ。それはどんな勝利の行進も表すものではない。それは毎日挫折しつつある生を象徴している。それは、生は反復的な退屈、回転する車輪であることを象徴的に示す。しかしそれぞれの時間、私たちはこの事実を忘れて、大きな関心と熱意をもって自分自身を繰り返し始める。

男性は女性と恋に落ち、求愛し始める。それでも彼は気づかない――これまで何度恋に落ちたか、どれほど多くの女性の後を以前にも追ってきたかに。にも関わらず再び、彼女たちに近づいて、この素晴らしい出来事は、人生で初めて起こっていると考える。しかしその種の素晴らしい出来事は、かつて何度も起こってきた。もしこの事実を知れば、彼は一つの映画を十回も、または二十回も見ている人のようになるだろう。

初めて映画を見る時、あなたはそれを楽しむだろう。もし次の日にその映画を見せられても、あなたはそれを大目に見るかもしれない。三日目にはあなたはこう言うだろう。「ありがとう、私はもうその映画を見たくない」。だが、もしもあなたが強要され、脅かされたら――「もしあなたが映画を見ないなら、警察はあなたを連行するだろう。警察はあなたを追跡するだろう」――こうして、十五日間同じ映画を強制されたら、十六日目に、あなたは確実に自殺するだろう。すべてがあらゆる限界を超えてしまっている。あなたは叫ぶだろう。「しかし私は、十五日間見てきた。いったいどれだけ長く、見たらいいのだ？」。そして警察はあなたの背中にいて、あなたに映画を見ることを強要する！　それでも、もしあなたが映画を見た後に薬物を投与されて、その結果、自分がそれを見たことさえ忘れるなら、次の日にあなたは同じ映画の鑑賞券を購入し、それを非常に楽しんで見ることができる。

人間が一つの身体を落として別の身体を獲得するたびに、以前の身体の記憶への扉が閉じる。新しい身体とともに、新しい劇がもう一度始まる――同じ行為、同じ物語が。もう一度すべてが同じになる。すべては以前に何度も起こってきた。過去を思い出すことで、人は同じ行為が何度も前に演じられてきたことを、同じ話が何度も前に存在してきたことを、同じ歌が何度も前に歌われてきたことを見るようになる。今やすべての物事は、忍耐を超えている。

執着しないことや世俗的な欲望からの解放は、過去を思い出すことでやって来る。その人に、今暮らしている類の人生を、嫌悪させる方法は他にはない。執着しないことは、それ以前の誕生の記憶を蘇らせることで生まれる。執着しないことが今日の世界で減少している理由は、過去生を思い出すための利用可能な手段がないからだ。

私の側からは、私は完全に準備ができていることを、この問題を提起してきた友人たちに言わせてほしい。私が言うことは、単なる理論ではない。私が話してきたありとあらゆる言葉をテストすることに対して、私は確信を持って準備ができている。そして私は、準備ができている人を見ると嬉しい。昨日、私と一緒に実験する勇気を持つ人たちを招待した。何通かのこうした手紙を受け取って、私は嬉しかった。

「私たちは、実験を始めることを非常に熱望しています。私たちは、自分たちを呼びかける誰かを待っていました。あなたは私たちを手招きしています。私たちは準備ができています」

彼らに準備ができているのを知って、私は嬉しい。私の扉は彼らに開放されている。私が彼らに行ってもらいたいところまで、そして彼らが行くことを望む限り、私は彼らを連れて行くことができる。今は、世界が少なくとも数人の、光明に達した人々を必要としている時だ。たとえ少数の人々でも光明を得ることができれば、人類を飲み込んでいるすべての闇を破壊できる。

あなたは注目してこなかったかもしれないが、過去五十年以内に、正反対の性質の二つの実験がインドに普及していた。一つの実験はガンジーによって行なわれ、一方もう一つはオーロビンドによって実行された。ガンジーの実験は、個々の道徳的な性格を高めることだった。ガンジーの実験は成功したように見えたが、完全な失敗だと判明した。彼が考え、改善してきたそれらの性質は、粘土で作られていたことが暴露された——それはわずかな霧雨とこの二十年間で、すべての塗料がはがれ落ちた。私たちはそれのすべての目撃者だ。彼らの身体はニューデリーに裸で立つ。すべての塗料や色は洗い流された。その欠片はどこにも残されていない。ガンジーが彼らの上に描いてきたものすべては、雨の中に流された。権力に関する限り、彼らにはシャワーが浴びせられなかったので、彼らの顔は非常に印象的に見え、彼らのカーディー（インド製手織りの綿布）の服は非常に明るく見え、彼らの帽子は、彼らが国をより高みに向上させる人々であることを保証するように見えた。同じ帽子は、今や各々あらゆる村の、神聖な火に放り込まれるのにふさわしいものになっていた。彼らは今や資本家階級《ブルジョワジー》の、国の腐敗の象徴となっている。だからガンジーは成功するように見えたが、完全な失敗に終わった。ガンジーと同様の実験は何度も実施され、そして毎回、失敗した。

オーロビンドは、成功しているようには見えなかった実験を行なった。彼は成功できなかったが、正しい方向に動いていた。彼は、もし少数の魂が非常に高く上昇できたら、まさに彼らの存在が他の魂たちを高揚し始めるだろう、それは他の魂たちを呼び出し、彼らも上昇し始めるだろう、ということを見るために実験していた。それは可能だろうか？　一人の人間の魂の上昇で、人類全体の霊性《スピリット》を高揚させることは——？　それは可能なだけではない。それが唯一、可能なことだ。今日、成功できるものは他に何もない。

今日、人間はとても低く落ちてきたので、もし私たちがすべての個人を変えることに関係したままでいるなら、それは決して起こらないだろう。それどころか、より大きな可能性として、そのような変化をもたらそうとしている誰もが、彼が変えたい人たちのようになる、ということがある。彼が他の人たちのように、堕落するかもしれない可能性は高い。大衆に奉仕することを唱える人は、数日間で、彼らが詐欺師だと見ることができる。他の人たちに奉仕することや、他の人たちを改心させることに関わってきた彼らを人々が改心させ始めたことに、すぐあなたは気づく。いや、各個人を変えるという考えは現実的ではない。

人間の意識の歴史は、人類のすべての意識が、想像を絶するほどの高さに舞い上がった時代があったことを示す。二千五百年前のインドは、仏陀、マハーヴィーラ、プラブッダ、カティヤヤーナ、マッカーリ・ゴサール、サンジャヤ・ヴィレティプッタの出現を見た。ギリシャでは、ソクラテス、プラトン、アリストテレス、そしてプロティノスが生まれた。老子、孔子、そして荘子が中国に現われた。二千五百年前に、大変尊い質を持つ十人または十五人の人々に、百年の間で、人間の意識が天に触れる、ということが起こった。黄金時代が世界中に到着したように見えた。人間の魂が目立ってそれほど力強いことは、それまでにはなかった。

マハーヴィーラは、場所から場所へと彼に同行する五万人の人々の心の中に、神の火を灯した。仏陀の何千人もの弟子たちは目覚め、そして彼らの光、彼らの炎は村という村を揺り動かし始めた。

仏陀が一万人の比丘たちと一緒に到着した村では、三日以内に、その場所の雰囲気全体が変わった。一万人の比丘たちが集合して祈ったところでは、まるで闇が村から払拭され、祈りが村全体に広がっていき、ハートが咲き始め、初めて香りで満たされたかのようだった。

少数の人々は上昇し、それとともに、それより低いところにいた人々の目は高揚させられた。見るべき何かが上位にある時にだけ、人々は見上げる。現代世界では、より高いところに見るべきものは何もないが、下位に見るべきものは多くある。人が落ちるのが低ければ低いほど、銀行預金残高はより大きくなり、大邸宅はより大きくなり、キャデラックはより派手になる——だから、下位に見るべきものは多くある。今日では、デリーはずっと下にあり、絶対的に穴の中にある。もしあなたが下位を見るなら、地上で最も低い地域、最も低い地獄にデリーを見るだろう。デリーに到達したい人は誰でも、黄泉の国に、ますます低く降りるべきだ。

今日では、上位には見る価値があるものは何もない。あなたは誰を見るのだろう？　誰がそこにいる？　見る価値があるどんな魂も、もはや上位には存在しないというより他に、どんな大きな不幸があり得るだろう——それは、彼らをただ見ることで、私たちのハートに深い憧れを引き起こすような魂、彼らをただ見ることで、私たちの全存在からの叫びをもたらすような魂、彼らをただ見ることで、自己非難を持った私たちを満たし、こう感じさせるような魂だ。

「私もこうした灯りであることができるだろう。同じ花は私の中にも開花できるだろう。私も同じ曲を歌えるだろう。私もまた仏陀、マハーヴィーラ、クリシュナ、キリストでいられるだろう」と。

「私も同じようにあることができるだろう」ということは、あなたに一度でも起こるべきだ――もちろんあなたは、そうしたインスピレーションのために、見上げるべき誰かを必要とする――あなたの生命エネルギーは高次の旅に乗り出すだろう。そして覚えておきなさい、あなたの生命エネルギーは常に動いている――もしそれが上向きに旅をしていないなら、それは下向きに旅をしている。生命エネルギーは決して静的ではない。意識の世界では、止まることや待つことはない。あなたが降りて休むことができる駅はない。あなたが上に動いていようと下に動いていようと、あらゆる瞬間、生は動きの中にある。意識の上昇のための、そこに高く留まる意識状態を持つための時が訪れた。そうすれば、他の人たちは彼らを見上げるかもしれない。


私は世界中で運動を始めたいと思う、多くの人々のものではなく――私には、実験する準備ができている少数の勇気ある個人が必要だ。もしインドで百人が実験に同意して、人間的に可能な限り高く、彼らの意識を高めることを決心するなら、インドのすべての様相は次の二十年間で変えることができる。

ヴィヴェーカナンダは彼の死の時に言った。

「私は百人の人々に来るように呼びかけ続けたが、彼らは決して来なかった。私は今や、死につつある落胆した男だ。もしただ百人だけでも来たなら、私は国全体を変えることができた」

ヴィヴェーカナンダは呼びかけ続けたが、人々は来なかった。私は自分で人々を呼ばないことに決めた。私はそれぞれ、すべての村で探すつもりだ。そして呼びかけに応じて来ない人については、それぞれあらゆる人の目を調べるつもりだ。私は彼が誰であるかを確認するために、身体的に連れて来なければならないだろう。もし百人だけを集められれば、私は彼らの魂がエベレストのように上昇することを、あなたに保証する。その旅で、国全体の精神、生命エネルギーは前進できる。

私の挑戦を受け入れる価値があると知る友人たちや、絶対的に未知で、見慣れない道を歩くことや、全く海図に載っていない海を渡るのに充分な勇気と強さを持っていると感じる友人たちは、そうした勇気と大胆さが彼らにだけ存在するのは、神への呼びかけが実現するに違いないからだ、ということを心の中で理解する必要がある。そうでなければ、そのような勇気と大胆さは不可能だ。それはエジプトで言われていることだ。

「神へ呼びかける人は、神がずっと前に彼を呼びかけてきたのに違いないということを、知るべきだ。そうでなければ、呼びかけが彼の中に生じてくることはなかったはずだ」

内側からの呼びかけを感じる人は、人類への大きな責任がある。目下必要なことは、前方に進み出る少数の人々のためのもので、意識の高みを体験するために、彼らの生を完全に提供することだ。

これまでの生のすべての真理、すべての体験は虚偽になっている。それまで達成されたすべての高みは、幻想として受け取られつつある。それは神話になっている。

現在から百年か二百年後には、子どもたちは今までに仏陀やマハーヴィーラやキリストのような人々がいたとは信じられないだろう。彼らはそういう人々をみな、単に架空の人物に過ぎない、と考えるだろう。西洋では実際に、キリストのような人は決して存在しなかったという本を、一人の男が書いている。彼曰く、それはただの昔の遊びで、やがて人々は忘れて歴史として見始めたと。

私たちが『ラームリーラ（ラームナガールの宗教劇）』を上演するのは、ラーマのような人が以前に存在していたと信じているからだ――だから私たちは『ラームリーラ』を演じる。今から百年後に、子供たちは言うだろう。「彼らが『ラームリーラ』を演じることで、人々はラーマが過去のある時代に生きていたという間違った印象を持つようになった」。そこで『ラームリーラ』、ラーマの冒険という上演は、ラーマより先に起こったことになる。『ラームリーラ』は、長い間続いてきた演劇以外の何物でもないものとして見られ、ラーマはその結果としてただ記憶されるだけだ。明らかに、ラーマや仏陀、そしてキリストのような人々が認識されない時、彼らは以前これまでに存在していたと、どうやって信じられるだろうか？

人間のマインドは、より高いマインドを持つ人々の存在を信じる準備がまったくできていない。それは拒否する――より偉大な誰かが存在し得るのだと、受け入れることを。人間は常に、自分が最も偉大であると信じていたいものだ。彼は無理強いされる時にだけ、誰かの優位性を受け入れる。そうでなければ全く受け入れない。彼は、他人もまた劣っていることを証明するために、その人の中に何かの欠点、何かの弱点を見つけることを千回も試みる。彼は、その人の古いイメージは打ち砕かれていることを、その人がもはや彼にどんな信用も与えないのは、彼が欠点を発見したからだということを、いつかすべての人に伝えられるように常に気を配っている。本質的に捜すこととは、その人に関する間違った何かを見つけることだ。もし何も見つからなかったなら、新たな間違いが発明される。そこで人間は自分の愚かさの中で快適に感じて、自分はうまくやっていると感じる。やがて彼らの象徴、彼らの印がどこにも見られないため、人間はすべての偉大な魂たちを拒否するだろう。石像は、仏陀とマハーヴィーラが本当に存在したことを、どれだけ長く私たちに納得させるのだろうか？　聖書の言葉は、キリストの存在をどれだけ長く私たちに保証するのだろうか？

そしてバガヴァッド・ギータは、クリシュナが生きていたことを、どれだけ長く示すことができるのだろうか？　それは長くはない。私たちはイエス、クリシュナ、仏陀、マハーヴィーラのような人々を必要とする。もし次の五十年間（一九六九年より）で、そうした度量の人間を生むことがないなら、人類は非常に暗い時代に入ることになる。その時、人類に未来はない。

これは、自分たちは人類のために何かができる、と感じる人たちにとって大きな挑戦だ。私はこの明快な呼びかけをしていくために、町から町へと移動するつもりだ。ランプを燃やすようになり得る、神の炎で明かりをつけられる、と私が感じられる出会いがあるところはどこであれ……。これを現実のものとすることに、私はすべての努力を注ぐ準備ができている。私の側からは、充分に準備している。私が死ぬ時に、「私は百人を探していたが、彼らを見つけることはできなかった」と私も言わなければならないのかどうかを見てみよう。

第三章

宗教は瞑想の探求

Religion is a Search for Meditation

最初の質問

意識的に死に入るプロセスを論じる前に、あなたに尋ねたいことがあります。無意識の状態と意識的状態との違いは何ですか？　心《マインド》のどんな状態が、無意識の状態と呼ばれるのですか？　言い換えれば、意識と無意識の状態の中で、個人の魂の意識はどのようにあるのですか？

意識と無意識の状態を知るために、理解する必要がある最初のことは、それらは反対ではないということだ。それでも普通は、それらは反対のように見える。実際私たちは、二元性の見地で生を見ることに慣れている。まず私たちは闇と光の間に境界を作り、二つの別々のものだと考える。闇と光を二つの異なるものとして受け取ると、たちまち根本的な間違いを犯す。この間違いの後に続くどんな考えも、必ず誤りになる。それは決して正しくはあり得ない。

闇と光は、同じものが変化したものだ。それらは同じものの異なる側面、異なる段階だ。光の不足を闇と呼ぶほうが適切だろう。目で捕えられない光、目に見つけられない光は、闇のように見える。同様に、私たちは闇——目で捕えられない闇の不足を、光と呼ぶべきだ。だから、闇と光は二つの別々のものではない。それらは同じ現象の、様々な程度を示すものだ。

闇と光について真実であるものは、生の他のすべての二元性についても真実だ。同じことが、無意識と意識の状態に真実だ。あなたは無意識を闇のように、意識を光のようにみなすかもしれない。実際、すべての物体の中で、ほとんど無意識なものでさえ、完全に無意識ではない。岩はすべてが無意識ではない――それは意識的な状態でも存在するが、意識はとても小さく、把握するのは難しい。


ある人は眠っている。ある人は目覚めている。睡眠と覚醒は二つの異なるものではない。同じ人間が、睡眠と覚醒の間で浮かんでいる。私たちが眠っていると呼ぶものも、本当に眠っているのではない。例えば、五百人が部屋で眠っていて、あなたは「ラーマ」という名前を声に出して呼ぶ。ただラーマという名の人だけが、彼の睡眠を邪魔している人を、彼を呼んだ人を見つけるために目を開ける。残りの四九九人は眠ったままだ。この男が本当に眠っていたなら、誰かが自分を呼ぶのを聞くことはできないし、自分の名前がラーマとは認めなかった。彼の睡眠は、実際には覚醒のより低い状態のものだった。または彼の覚醒の状態は、少し霞んだものに、少し曖昧なものになっていた。

路上で走っている人を見てごらん。彼は自分の家が燃えていると聞いた。あなたは彼に挨拶をする。彼はあなたを見るが、それでも彼は見ていない。彼はあなたに耳を傾けるが、それでも、耳を傾けていない。次の日に、彼があなたの挨拶に応えなかった理由を尋ねると、彼はこう答える。「私の家が燃えていたのだ。その時は、自分の家以外は何も見ることができなかった。騒音や家の周りの音、『家が燃えている！』という人々の叫び声以外の、何も聞けなかった。あなたが私を見ているに違いない、私に挨拶をしているに違いないと思ってはいたが、あなたを見ることができなかったし、あなたに耳を傾けられなかった」

さて、この男は目を覚ましていたのだろうか、それとも眠っていたのだろうか？　あらゆる意味でもちろん彼は目を覚ましていたが、にも関わらず、路上で彼に出会った人に関する限り、彼はほとんど眠っていた。彼は他の人間よりも、睡眠中に「ラーマ」と呼ばれていたのを聞いた人よりも眠っていた。

では、何が眠っていることで、何が目を覚ましていることなのだろう？　私が言いたい最初の事は、それらは二つの反対のものではない、ということだ。物質と神は二つの反対のものではない。睡眠と覚醒、光と闇、悪魔と神、善と悪は反対のものではない。しかし、人間のマインドはすぐに物事を二つに分割する。実際、マインドは問題を引き起こすと、すぐに物事を二つに分割する。マインドが考える瞬間、それは二つに分割される。

考えることと二つに分割することは、全く同一の物を構成する。あなたが考える瞬間、あなたは分割する。思考は分割のプロセスだ――あなたはすぐに二つに分ける。人間が考えることに慣れれば慣れるほど、彼は分割し続けるだろう。最終的に彼は断片になってしまい、全体は完全に失われる。そしてすべての疑問への答えは、この全体であることに、この全面性にある。

マインドは、どんな疑問の答えも見つけられない。実際、マインドが見つけたそれぞれの答えから、マインドは何かの疑問を引き起こす。たとえ、その答えがどんなに意義深いものであっても、マインドはすぐに数多くの疑問を引き起こすだろう――しかし決してどんなものにも、マインドには答えを見つけられない。これには理由がある。その答えは全体性の中にある、ということだ。しかし、マインドは無力だ。それは分割させずには機能できない。

例えば、私はここに座ってあなたに話している。あなたは私に耳を傾けていて私を見てもいる。あなたが見ている人と、あなたが聞いている人は二つの異なる個人ではない。それでもあなたに関する限り、あなたは自分の目で見て自分の耳で聞いている。あなたは私を二つの部分に分割した。もしあなたが、私の近くに座って私の身体の匂いを嗅ぐなら、あなたは私を三つに分割しただろう。それからあなたは、これらの三つの部分をまとめて、私について一つのイメージを作り出す。しかし、それは私のイメージではない。それはあなたが部分を追加したものだ。それは誤解を招く。あなたは、部分を追加することで全体を作ることは決してできない。なぜなら全体とは、部分が作られた以前にあったものだからだ。

意識と無意識について尋ねるとすぐに、私たちは分割し始める。私の見たところでは、それらは一つだ。しかし私がそれらは一つだと言う時、それらは同一の物であるという意味ではない。私は、意識そのものが無意識であると言うのではない。私が闇と光は一つだと言う時、光がある時に歩けるように、暗闇の中を歩けるという意味ではない。私が闇と光は一つだと言う時、存在は現われている同じ現実《リアリティ》の様々な程度で作られている、という意味だ。その違いは、少し多いか少し少ないか、存在するか存在しないか、ということで成り立っている。

今、私の言うことを理解するのはより簡単だろう。それがより大きな程度で存在している時に意識として現われ、より少ない程度で存在する時に無意識になるものとは何だろうか？ まさにこの要素の名前が、注意だ。より深くてより鋭い注意、同じことが意識的な状態だ。無意識と意識は、注意の異なる密度の違いに過ぎない。注意のより深い状態、同じことが意識的であることだ。注意のより稀薄な状態、同じことが無意識の状態だ。実際のところ、岩と人間の違いは、岩は意識のどんなレベルでも注意の密度を持っていないということだ。どんなレベルでも注意が凝縮するようになるなら、意識が生じる。そしてどんなレベルでも注意の密度が減少するなら、無意識が生じる。もしあなたが太陽光線をレンズに通過させたなら、すぐに火が生じる。凝縮された光は火を作る。それがその密度を失う時、それが希薄になる時、光が残る。燃えさしの中に火があるのは、それが非常に凝縮された光を含んでいるからだ。光が凝縮される時はいつでも、火が生じる。光が希薄になる時——それは、その密度が低下した時だ——その時は、火でさえただの光のままだ。

密度が減少するにつれて、暗闇は増大する。密度の増大で光は増大する。もし太陽に向かって旅行するなら、光は増大し続けるだろう。なぜなら光線は太陽に非常に密集しているからだ。太陽からさらにより遠くへ移動するにつれて、光は減少し続けるだろう。太陽から最も遠い距離では、光の密度の減少のせいで闇の他は何も存在しない。

私は無意識と意識の状態に、同じ原理を適用する。基本的な原理は注意だ。その流動性、密度、希薄、堅牢性が、あるものを目覚めていると呼ぶべきか眠っていると呼ぶべきか、あるものを無意識と呼ぶべきか意識していると呼ぶべきかどうかを、決定づける。それでも私たちは、すべての言葉は相対的な意味で使用されていることを忘れてはならない。例えば、私たちがこの部屋に光があると言う時、それは光が外側にあるよりも、部屋の中に多くあるということだ。この部屋に光があるのは、外側が暗いからだ。外側に明るい日差しがあれば、この部屋はより暗く見える。だから誰かが目覚めているとか、眠っていると言う時、それは単に他の誰かと比較して、という意味だ。

言語には独自の難しさがある。そうした比較用語で物事を絶えず表現するのは、問題がある。だから私たちは絶対的な意味をもって言葉を使うのだが――それは正しくない。正しい方法は、常に相対的用語で表現することだ。例えば、私たちはみなここに座っていて、ある意味でみな目を覚ましている。しかし、それは本当に真実ではない。ここに出席している各人は、それぞれの程度で目覚めている。ここに座っているすべての人が、一様に目覚めているわけではない。そのため、あなたの左にいる人は、あなたと比べてあまり目覚めていない、または、あなたの右にいる人はより目を覚ましている、ということがあり得る。

意識と無意識の間を移動する要素が注意だ。だから、もし私たちが注意、ディヤーナとは何かを理解するなら、私たちは意識と無意識の意味とは何かを理解するだろう。注意の意味は、何かに気づくことだ。それは意識における何かの反映を意味する。それは一瞬一瞬、一日二十四時間、人は均等に目覚めているということではない――そのようなことも決してない。

例としては、目の瞳孔について二、三のことを知るのが良いだろう。

日なたに出ると瞳孔が縮小するのは、そんなに多くの光が入る必要がないからだ。あなたが見るためには少ない光で充分だ。そのため瞳孔は縮小し、焦点は狭くなる。明るい光のところから出て来て暗い場所へ入る時、瞳孔は広がり、焦点は拡大する。暗闇を見るためには、より多くの光がその中へ入る必要があるからだ。だから、さらされる暗闇と光の程度に応じて、目の瞳孔は焦点を変え続ける――カメラで撮影している間、レンズの焦点を調整し続けるのと同じように――。

ちょうど、一瞬一瞬に人の目が適応するように、人の注意もそうしたものだ。あなたは通りに沿って歩く。もし通りが見慣れたものなら、あなたの注意は希薄になる。通りが見慣れないものなら、あなたの注意は密になる。その通りが毎日横断するところなら、注意を払う必要はない。なぜなら、無意識状態であなたが注意するのは確実だからだ。もし通りが全く見慣れないもので、以前に決して横断したことがないなら、あなたは意識して横断するだろう。通りが見慣れないものであるため、大変な注意が必要になる。

そのため、安全に生きれば生きるほど、彼はより無意識になる。安全な中では、すべてが知られていて見慣れている。不安定な中で生きれば生きるほど、より気づくようになるだろう。だから通常、危険な瞬間を除いて、私たちは決して気づいていない。私たちは常に眠っている。もし私が突然あなたの胸に短剣を向けたら、あなたはすぐに油断しなくなるだろう。あなたは意識し、気づくようになり、今さっきの自分とはすっかり変わることだろう。あなたに向けられた短剣を見た途端、眠っているわけにはいかない緊急事態となり、大変危機的な状況が生まれる。その意味は、そんな瞬間に眠ってはいられないということだ。もしそんな危険な状況で眠ったままでいたら、あなたは死の近くにいるだろう。

その脅すような瞬間に、あなたの全存在は結晶化の地点に来る。あなたのすべての注意は凝縮するようになる。すべての注意は短剣に固定されたままで、あなたはそれに充分気づくようになる。この状況が一瞬しか続かないかもしれないことはあり得る。それでも実は、あなたの注意は普通危機的な瞬間にだけ、密になるということだ。いったん危険な状態が終われば、あなたは以前の状態に戻って、再び眠りにつく。

危険が魅力的なのは、それが理由のように見える。私たちは危険を冒すのが好きだ。例えば、男性は賭けをする。あなたは何が彼に賭けをさせるのかについて、ほとんど考えてこなかったかもしれない。彼をギャンブルに引き寄せるものは危険という要素だ。賭けられるものを預ける瞬間、彼はこれまで以上に意識的になる。ギャンブラーは賭けに十万ドルを預け、まさにサイコロを振ろうとしている。これは非常に危機的な瞬間だ。瞬く間に、百万ドルはあの手この手でなくなるかもしれない。この瞬間、彼は眠ってはいられない。彼は気づいていなければならない。賭けの瞬間が彼の注意を結晶化することは確実だ。今、これはあなたの興味をそそっているのかもしれないが、私の目から見れば、ギャンブラーもまた瞑想を探求している。彼がそれを知っているか知らないかは別問題だ。

男性は妻を家に連れて来る。その後、日が経つにつれて、彼女はますます見慣れてくるようになり、彼女への注意がますます少なくなる。彼女は、彼が毎日横断する通りと同じくらい、彼にとってはよく知られたものになる——そして突然、隣りの女性がもっと魅力的に見える。その理由は、見慣れない彼女は彼の注意をかき立てるという事実に他ならない。彼女を見て、彼の注意は凝縮するようになる。彼の目の焦点はすぐに変わる。実際のところ、夫と妻の目は、彼らがお互いを見た時に焦点を変えない。実際、夫はめったに自分の妻を見ない。彼は彼女を避ける。彼が彼女の周辺で生きたり動いたりするやり方は、彼女に対してどんな注意を払うことも必要としない。そのため、私の目から見れば、別の女性や別の男性の魅力は本当に注意の誘引力になる。そのある瞬間に、わくわくするその瞬間に、マインドは充分気づくようになる。それはそうでなければならない——なぜならその時だけ、誰かを見ることが可能だからだ。

そこには続いている追求がある――古い家の代わりに新しい家を持つこと、古い服の代わりに新しい服を持つこと、古い立場の代わりに新しい立場に立つこと。心の底では、この追求はすべて結晶化した注意――瞑想を体験する深い欲求を示している。そして人生のすべての喜びは、瞑想がどのように結晶化したかによる。至福の瞬間は、結晶化した瞑想の瞬間だ。そのため、喜びを達成したい人は目覚めなければならない。眠ったままでは、喜びは達成できない。

宗教は瞑想の探求だ。そしてギャンブルもそのようなものだ。手に剣を持って戦いに行く人は、瞑想をも探求している。森の中で虎を狩りに行く人もまた、瞑想を探求している。そして目を閉じて洞窟に座っている人、彼のアギャ・チャクラ、第三の目のセンターに懸命に働きかけている人も同様に瞑想を探求している。探求は良いか悪いか、好ましいか好ましくないかの両方であり得るが、探求は全く同じだ。探求は成功するかもしれないし、成功しないかもしれないが、探求のための欲求は全く同じだ。瞑想が意味するもの、それは、あなたの内側に存在する知ることの力がことごとく明らかになる、ということだ。それのどんな一部もあなたの内側で、種の形で、潜在的な力のままであるべきではない。

あなたの知る能力がどんなものであれ、ただ潜在的なままにするべきではない。それは現実のものになるべきだ。人が充分気づくようになるその瞬間にだけ、彼は一つの実存として真に開花する。両方の出来事は同時に起こる。例えば、木は種の中に隠されているが、それは潜在的にだ。それはただの潜在的可能性に過ぎない。種は木へと有形化せずに死ぬことができる。木が種から出て来なければならないという必要はない。それは単なる可能性だ。ただの潜在的可能性に過ぎず、まだ現実ではない。

後で種が木に変わることは、その存在の別の状態、表に現われた状態のことだ。種とは木が表に現われていない状態だ、と言うことは間違っていない。木の形で現われるものは、種子の中に隠されていたものと同じだからだ。同じ類推による説明に従えば、無意識は覚醒の潜在的な状態であるとか、覚醒は無意識が表に現われた状態だと言うことは、間違ってはいない。

これらの状態の間を動くものは何だろう？　種の中に存在していたもので、木の中にも存在するものは何だろう？　種と木の間を繋ぐものがあるに違いない。種から木へと旅をさせる何か、両方に存在する何かがあるに違いない。他にどうやって、種と木との間を接続できるだろう？　何が種の中に隠されていて、何が木で明らかにされたのだろう？　それは種でもあり得ないし、木でもあり得ない。これを理解する必要がある。

種の中に隠されていて、木で明らかになる第三の力は、種だけであることはできなかった。もしそうなら、決して木になれなかった。もしそれが木だけだったら、どうやって種の中にあることができたのだろうか？　それは両方に存在していた。その第三の力が生命エネルギーだ。

目覚めと無意識は二つの状態だ。二つの間を旅する要素が瞑想だ。それが第三の力、生命エネルギーだ。だから、より瞑想的であればあるほど、より気づくようになる。瞑想的でなくなればなくなるほど、より眠るようになる。岩は眠っている神だ――完全に眠っていて、絶対的に種のようで、どこにも発芽しない。人間は木ではない。彼は小さな芽を出した種だ。彼はまだ木になっていないが、もはや岩のようなものでもない。彼はその間のどこかを旅している。人間は旅の途中にある――あるいは、人間は旅の通過地点に、旅をためらっている場所にいる、と言っても良いだろう。人間は木になる途上の種だ。その間の芽でもある。芽、発芽した種――それが人間のすべてだ。普通目覚めているものとして知っているものでさえ、ただ発芽しているだけだ。目覚めていると呼ぶものもまた、非常にぼやけた状態だ。

目覚めていると呼ぶものは、まだ非常に眠い状態だ。日常の雑務をする中での目覚めている状態は、夢遊病の状態とそんなに違ってはいない。夢の中で人は起き上がり、台所に行ってコップ一杯の水を飲む、あるいはテーブルに座って手紙を書き、それから眠りに戻る。朝には何も覚えていない。彼は夢の中ですべてやった。彼の目は開いていて、正しい道すじをたどり、難なく扉を開けて、手紙を書いたが、それでも彼は眠っていた。これは、ほんのちょっと角を曲がることを除いてマインド全部が眠っていて、そのため記憶の中に彼の行動を記録できなかった、という意味だ。だから人はその朝、夜に何が起こったのかを説明するのに戸惑うことになる。

私たちが目覚めていると呼ぶものは、夢遊病に近い状態だ。もし私が、あなたは一九五〇年一月一日に何をしたかと尋ねたら、答えるのに戸惑うだろう。あなたは単にこう言うかもしれない。

「それは本当に、一月の最初の日だった。そして私は、その日に何かをしていたに違いないが、正確に何だったのかは見当がつかない」。それでも、あなたがもし催眠術をかけられて同じ質問をされたら、簡単にその日の詳細な説明ができることに驚くだろう。

その日に起こったことは、あなたのマインドのある場所に、あなたが充分に気づいてさえいない場所に記録されていた。それは記録され、使われないままにされていた。同様に、私たちの過去生の記憶もまた、妨害されずにそこに存在している。私たちはそれらを充分に認識していない。前世で私たちの存在のある部分は目覚めていて、その部分が記録していた。今、その同じ部分は非活動的になり眠っている。他の部分は目覚めていて、活動的になっている。この生で目覚めている部分には、既に前世での別の部分で成し遂げられた仕事に関する膨大な量の知識がない。それは、種が前世で既に発芽したが、その後に死んだという事実については無知だ。そのような試みが既に一度為されたことが、全くわからない。実際のところは、無限の試みが以前に為されてきた。

もし自分の過去生の記憶の中に入ったら、大変な驚きに直面するだろう。前世の記憶は人間の生だけに限られていない。これらの記憶の中に入ることは非常に簡単だ。人はそれほど苦労せずに、そうできる。しかしながら、多くの人間の生より前に、私たちは動物の生も通過してきた。それらを見通すことが困難なのは、より深い層の下に隠されているからだ。さらに動物の生より前は、私たちは木としても多くの生を生きてきた。それらを見通すことがさらにもっと困難なのは、さらにそれ以上に、より深いレベルに埋葬されているからだ。木として生きていた時より前は、私たちは岩石や鉱物として多くの生を通過してきた。これらの記憶はさらに低いレベルにある。それらへ近づくことは、さらにもっと困難だ。

今日まで過去生を思い出す実験は、動物の生のレベルを超えて行かなかった。仏陀やマハーヴィーラによって続けられた実験でさえ、動物の生のレベルを超えて行かなかった。木である記憶はそれでも復活させられる。岩石や鉱物である記憶に関しては、それはまださらに先にある。しかし、これらの過去生の記憶はすべてはっきりと記録されている。この記録はそれでも、非常に眠気を催す状態で行なわれたに違いない。そうでなければ、人のマインド全体はそれに気づいただろう。

それはあなたには起こらなかったかもしれないが、私たちが決して忘れない確かなものが存在する。なぜ、そうなのだろう？　例えばあなたが五歳だった時、誰かがあなたを平手打ちしたと仮定しよう。とても多くの年月の後でさえ、その事件はまだあなたの心の中では新鮮であり、あなたは一生それを決して忘れない。何が問題のように見えるのだろう？　あなたが平手打ちされた瞬間、あなたの注意は非常に鋭かったに違いない。だからその事件は、あなたにそうした深い印象を与えたのだ。平手打ちされた瞬間、注意が最も高い地点にあっただろうことは当然だ。これが人間が侮辱の瞬間を、痛みの瞬間を、幸せの瞬間を決して忘れられない理由だ。これらはすべて強烈な瞬間だ。これらの瞬間に、彼は気づいていることで満たされる。だから、普通のありふれた出来事が忘れ去られる一方で、それらの記憶は彼のすべての意識に浸透する。

注意とは何か、瞑想とは何かを、どうやって理解したらいいのだろう？　それは一つの体験であるため、理解が少し難しい。

もし私があなたの身体にピンを刺したら、内側で何が起こるだろう？　あなたのすべての注意はすぐに、ピンが刺さった所に殺到し始めるだろう。身体の中で、突然その刺さった所がすべて重要になった。むしろ、あなたの全存在がそれに集中すると言うべきだ。その瞬間あなたは、ピンが傷つけていた身体の部分に、ただ気づいたままでいる。

では、あなたの身体に本当に起こったこととは何だろう？　ピンがなくても、身体のその部分はあったが、あなたは気づいていなかったし、認識していなかった。その部分が存在していたことさえ知らなかった。それから突然、ピンの痛みが危機を引き起こし、あなたのすべての注意はピンが傷つけた所に殺到した。

その地点に殺到したそれとは何だろう？　何があなたの内側で起こったのだろう？　今、物事はどう違っているのだろう？　ほんの少し前、そこには存在していなかったが、今はあるものとは何だろう？　それは意識、気づきだ。それはほんの少し前は、そこになかった。その意識の不在が原因で、身体のその部分が存在したかどうかなど全く構わないかのように、あなたは全然気づいていなかった。そこへの知覚がなかった。そこにあってもなくても、ほとんど違いはなかった。突然あなたは、自分の身体のその部分に気づくようになった。突然、それが存在するかどうかに、多くの違いが生じた。今、その存在への気づきは、あなたにとって明白になる。だから、注意とは気づくということだ。

そこには二種類の注意がある。これもまた理解する必要がある。なぜなら、あなたの質問を理解する役に立つだろうからだ。そこには二種類の注意がある。それを、集中と呼ぶかもしれない。何が集中であるかを理解するためには、注意が一点に集まると、他のすべての箇所に気づかなくなると知る必要がある。先ほど言ったように、もしピンが身体に刺さったら、あなたのすべての注意はピンが傷つけている箇所に行く。身体の残りの部分には気づかなくなる。

実際、病気の人は身体の良くない部分だけに気づいたままだ。彼は、自分の身体が苦しんでいる部分とその周りだけで生き始める。身体の残りの部分は、彼にとってもはや存在しない。頭痛で苦しんでいる人は、頭だけに同一化するようになる。身体の残りの部分は消える。胃痛の人は、彼のすべての注意は胃だけに集まる。もし棘があなたの足を刺したら、足がすべてになる。これは注意の集中だ。これは、あなたの意識をすべて一点にもたらす方法だ。

すべての意識が一点に集まり、そのままである時、明らかに他のすべての点は否定され、暗闇の中に消えてしまう。私が以前に指摘したように、誰かの家が燃えている時、彼はすべてを忘れるが火事は忘れない。自分の家が燃えていることだけを知る。その他のすべては、彼に関する限り死んでいる。彼が気づいたままでいる唯一の事は、彼の家が燃えているということだけだ。彼は世界の残りの部分に対しては無意識になる。

だから、集中は注意の一つの形だ。集中では、無数の他の領域を無意識のままにして、あなたは一点に集まるようになる。そのため、集中とは注意の密集状態だが、同時に無意識の拡大でもある。両方のことが同時に起こる。

注意の別の形は気づくこと、覚醒であり集中ではない。覚醒とは、どんな特定の点にも集められない注意という意味だ。これは理解するのが少し難しい。なぜなら私たちが知っているのは、先鋭的な注意だけからだ。人間は、彼の足を傷つけている棘、頭痛、火事の家、試験を受けることやそうした類を知っている。私たちは、特定の点に向けられた注意を知っている。私たちは集中とは何かを知っている。しかし、与えられた点に焦点を合わさない別の種類の注意が一つある。注意が特定の点に絞られている限り、残りの領域に関しては無意識だ。

もし、私たちが神はいると信じるなら、彼は本当に目覚めた神であるに違いない。彼は充分気づいているに違いない。しかし、彼は何に気づくのだろうか？　そこに気づく点があるなら、彼は明らかに残りのすべてに関しては、無意識でなければならない。だから神に関する限り、気づくこと―覚醒のどんな対象も、どんな中心も存在できない。それは中心なしの覚醒だ。この場合には覚醒は無限になり、すべてに浸透するようになる。

このすべてに浸透する覚醒が究極の状態、可能な限り最高のものだ。だから、私たちが神をサット・チット・アナンドとして定義する時、チットという言葉は、存在のこうした状態を意味する。通常、人々はチットをチェタナ、意識という意味に受け取る。それは本当はその意味ではない。なぜなら意識は、常に何かに関するものだからだ。もしあなたが「私は意識している」と言うなら、それは「何を意識しているのだ？」と尋ねることができる。チットは対象のない意識を意味する。それは何かに狙いを定めた意識ではない。それは意識することの全く純粋な状態だ。意識が常に対象を中心に置いたものであるのに比べて、意識することの状態は遠心的で、無限に放射している。それはどんなものにも向けられない、どんなものにも止まらない、それはすべてに浸透する。

この状態の中では、それは無限に広がり、無意識が足掛かりを得られる地点は一つもない。これは究極の状態だ。私たちはそれを、完全な覚醒の状態と呼ぶ。これと正反対の、スシュプティと呼ぶ状態がある。それは完全な、夢を見ない睡眠の状態だ。これも理解する必要がある。

集中では、人の意識は一つの対象に中心が置かれ、残りのものは無意識になる。認識は一点だけに中心が置かれる。しかし完全な覚醒の状態では、気づくための特定のポイントは一つもない——覚醒はすべてに浸透するものだ。人は、そこにはただ覚醒だけがあり、特定の対象に関する認識はないと言うべきだ。完全な覚醒の状態では対象は消える。ただ主体だけが残る。ただ知る人だけが残る。それは、知るべきものはもはや残っていないということだ。知る人だけが残る。知るためのエネルギーは無限に広がるが、知るために残されたものはもはや何もない。

人が達成したい知識が何であれ、そのための代償は常に存在する。もし何かを知りたいなら、あなたは他の何かについて無知でなければならない。覚えておきなさい。人が常に知ることに代償を払うということは、無知とともにあるということだ。多くの知識が豊富になり続けるにつれ、他の多くに関しては等しく無知のままでいることになる。現在、例えば、科学者は並外れて知識豊富な人だが、彼が化学者なら医学について何も知らないだろう。数学者なら物理学について何も知らないだろう。彼が数学について多くを知りたいなら、他の多くを知らないことに甘んじなければならない。彼はこの選択をしなければならない。あなたが特定の分野で専門家になりたいなら、他の多くに無知なままでいる勇気を持つ必要がある。

だからマハーヴィーラと仏陀は、この意味で知識の人ではなかった。どんな専門知識もなかった。どんな分野の専門家でもなかった。そのため、一方で私たちはマハーヴィーラは全知だったと言うが、実際は、彼は自転車のタイヤのパンクを修理する方法さえ知らなかった。彼は専門家ではなかった。自転車のタイヤのパンクの修理方法を知る必要がある人は、他の多くを知ることから、自分自身を守らなければならない。彼の意識は物体中心になり、多くの物事を闇に残すことになる。

そもそも科学の意味とは、非常に些細なものを、拡大して知るということだ。知識の量が大きくなるにつれ、知識の領域はますます狭くなる。最終的に、たった一つの要点が知られるために残り、その領域の残りの部分は無知で満たされる。水素爆弾を製造可能な科学者が、簡単に普通の店主に騙され得る理由がそれだ――なぜなら、彼が知るのは何であれ限られた分野だから、残りの部分については何も知らないからだ。残りの部分に関しては村人と同じくらい鈍い。いや、さらに悪い。村人は多くの良いことを知っている。彼は専門家ではない。だから、古い時代の人は多くのことを知っていて、一方では現代人は知らないのだ。現代人は選択せざるを得なかった。一つのことを多く知るために、他の多くを知ることをあきらめねばならなかった。

集中は、こうして終わらざるを得ない。一つの特定の対象が重要性を得る一方、残りすべての対象は見過ごされるようになるだろう。さらに集中の別の結果は、対象が重要なものに成長すればするほど、それについて知る人は二次的になることだ。科学者は多くを知っているが、彼には知る者に関する知識が、自分自身の内側の要素を知るための知識がない。彼は物体が中心になる。もしあなたが物体について尋ねれば、彼は説明するだろう。しかし、彼自身について何かを言うように求めると、しばしば途方に暮れる彼に気づくだろう。

千の発見をしたエジソンの生涯で、面白いエピソードがある。おそらく他の誰も、それほど多くの発見をしていない。第一次世界大戦で、アメリカに配給制度が導入された時、エジソンは自分の配給カードを持って店に行き、同じ様に列に並ばなければならなかった。彼の名前であるトーマス・エジソンが呼び出された時、彼は平然と周りを見回した。まるで他の誰かの名前が呼ばれていたかのようにだ。列の中の誰かが、偶然彼を認識した。彼はエジソンのところに来て言った。「失礼ですが、私は新聞であなたの写真を見たことがあります。あなた御自身がエジソンのように見えます」

エジソンはびっくりした。その人が自分は誰かを思い出させてくれたことに、彼は感謝した。彼は言った。「過去三十年間で、自分自身を満たすための自由時間や余暇が、私にはほとんどなかった」。三十年間、この男は自分の研究室でとても忙しくしてきたので、自分自身のための時間がなかった。彼はそれほどの重要人物だったので、三十年間で誰も、彼の下の名前『トーマス』で彼を呼んでこなかった。明らかに、彼はそれを忘れていた。

意識の矢が大変な強烈さで対象を射抜く時、集中が起こる。それとともに、その人自身を含むすべての世界は闇に落ちる。私があなたに話している究極の状態では、特定の対象は消える。その代わりすべてが、あなた自身を含めて、あなたであるものを含めて照らされる。それは焦点の合っていない光だ。それを光と呼ぶ代わりに、どちらかといえばそれは光輝 (*luminosity*) と呼ぶべきだ。

光と光輝は同義語ではない、二つの間にはわずかな区別がある。日の出とともに現われるものは光だが、夜が過ぎ去って太陽がまだ昇っていない時、その時に現われるものが光輝だ。それは焦点が合っていない、中心がない単なる光輝だ。だから、神はまさに光輝だ——あるいは、光輝は究極の目覚めの状態だ。これと全く逆のものが闇、あるいは夢を見ない睡眠状態だ。

それをこういう言い方にしてみよう。完全な覚醒の状態では、主体も対象も残らない。残るものは、ただ無限の光輝だけだ。いわば、この光輝はすべてを知っている状態だが、別の意味では、それは全く何も知らない状態だ。それが全知なのは、今やその光の半径から外れるものは、何も残っていないからだ。それが何も知らないのは、今や知られる必要のあるものは何も残されていないからだ。もし人が特に何かを知ろうと試みるなら、他の多くのものは明らかに知られないままになるだろう。だからこれは、科学者によって獲得された類の知識ではない。それは詩人がそれを知るという意味での知識だ。

二番目のありふれた覚醒の状態は、集中のそれだ。それは、あなたが一つのことを知って、自分自身を含め、残りの部分をすべて忘れることだ。そこには、まだこれ以前に生じる別の状態がある。それはあなたが、対象も自分自身も知らない原始的な状態だ。それは完全な暗闇の状態だ。あなたは何かを知っているのでもなく——それは集中でさえなく、すべてを知っているのでもない——それは覚醒でさえない。またあなたは、自分自身を知っているのでもない。知ることはまだ未発達の状態にある。これはまだ種の形にある。それはまだ明らかにされていず、根に隠されている。

そこにはスシュプティという夢を見ない睡眠状態があり、完全な覚醒の状態がある。注意のこれらの無限の地点の間で、私たちは行ったり来たりする。あなたが日中に気づく時、あなたの注意の振り子は覚醒の方に少し揺れ動く。夜、眠っている時、それはスシュプティに向かって揺れ動く。

実は、私たちは睡眠中に物質のより近くに来る。目覚めている時、私たちは神の近くに、ほんの少し近くに来る。私たちは神に向かって揺れ動く。こうした覚醒の方に傾き続けるなら、この旅を続けるなら、睡眠中でさえ、本当に完全に眠らない瞬間が訪れる。その時はじめて、自分の睡眠の中でさえ気づいたままになる。その時睡眠は、単に肉体的なくつろぎになり、霊的な闇の状態にはならない。その時あなたは眠っているが、自分は眠っているという事実に気づいたままでもいる。あなたは眠りに入るが、自分がそうしていることを知っている。その時、覚醒の電流は内側を流れ続ける。その逆もまた起こる。

例えば、人間は昏睡状態に陥ったり、意識不明になったり、酔ったりする。すべてこれらの場合では、人間は自分自身の外側や内側で、何が起こっているのかに気づかない。知る人も、知られるものも両方とも失われ、暗闇の中に失われる。同じように、両方は究極の覚醒状態の中にも消えるが、それらは無限の光の中に消える。

もし私の言うことを理解するなら、要するに、注意の旅が完全な睡眠から完全な覚醒へと進んだということだ。その間は、多くのレベルに分割される。

木も何かを知る。長い間、この事実に関する知識がなかった。何人かの人々が、初めてこれに注意を向けた当時は作り話をしているかのように思え、彼らが言うことはプラーナ文献からの物語のように聞こえたものだ。しかし今や科学者たちでさえ、木も同様に知ったり聞いたりする証拠を提供している。いくつかの木の樹皮にも目がある——もちろん私たちのようなものではないが、それにも関わらず木々には見たり、聞いたり、体験する能力がある。

最近私は、オックスフォード大学のデ・ラ・ウォール実験室で行なわれた、いくつかの実験について読んでいた。科学的な手段を通して、彼らの特定の驚くべき経験は、私たちの注意を向けさせた。最も素晴らしい経験の一つは、一つの小包から種を均等に分配し、二つの別々の植木鉢に種が蒔かれたことだった。両方の鉢には均等に世話と注目が与えられた。それから聖人である僧侶が、二つの鉢の一つの前で祈るように求められた。その種が早く発芽するように、花や実を結び、究極の可能性を達成するようにと——。その同じ祈りは、二番目の鉢の前ではされなかった。

すべての人が大変驚いたのは、両方の鉢への配慮はすべて同じであるにも関わらず、もう一つの鉢の種が非常に遅く発芽したことだった。そこには少しも違いはなかった。庭師はその違いを知らされてもいなくて、それらを異なって扱うようにという指示は何も与えられなかった。にも関わらず、祈りが与えられた鉢は、非常に際立っているように見えた。その種は成長が早く、花と果実の実りが早かった。他の鉢の種がすべて発芽しなかった一方で、その種はすべて発芽した。二番目の鉢で成長した種は、何であれ通常の時間を要した。それらの成長は遅かった。そして花や果実の品質には著しい差があった。

この実験や他の多くのことが、この実験室で行なわれた。そしてすべての人が驚いたのは、植物が祈る人をも感知できること、彼らは祈る人に対しても受容的であるのが感じられたことだった。さらに多くの驚くべき実験が行なわれ、その一つが大きな興奮を引き起こした。祈ることを頼まれた聖人はキリスト教徒で、彼は首に十字架を掛けていた。彼が目を閉じ、腕を上げて特定の種に祈った時、その種が撮影された。その写真が劇的であることがわかり、誰の理解力をもはるかに超えていた。その種の写真には、聖人の十字架と上げられた腕がはっきりと見えていた。

これは何を意味するのだろう？ そこには非常に広い含意がある。私は、これらの実験が原子力の発見よりも、人類にとってはるかに役立つことを証明すると信じている。その種は何かを受け入れているし、受け取ってもいる。種には意識もある。確かに、それは眠っている。人間と比べて、さらに眠っているように見える。にも関わらず、眠りの状態の中に一定の覚醒がある。岩はさらに眠っているように見えるが、その眠りの状態にさえ、ある種の覚醒が含まれている。すべての岩が全くの岩ではなく、すべての岩が等しく眠っているわけではない。岩にも、それぞれの個性がある。宝石の発見につながったのは、その岩それぞれの特異性の研究だった。そうでなければ発見されなかっただろう。どんな石も、宝石とみなされるわけではない。また、特定の物はその珍しさのせいで貴重になるという、普通の経済の法則を適用することからの間違った考えを持ってはいけない。それはこれらの石が評価される方法ではない。それはまるで、覚者がどこかに立っていて、普通の人が彼の近くに立っているようなものだ。もし火星から誰かが地球に着陸して、この二人に遭遇したなら、どうやって彼らを区別するだろう？　彼は私たちの言語も、文化も、作法も知らない。彼は外観だけで判断する。もし火星人が、この二人を見守ることに一時間かそれくらいを費やしたなら、彼はいったい二人の間にどんな違いを観察しただろうか？　彼の惑星に戻って、もし彼が、自分は非常によく似ているように見えた二人を見てきた、と仲間の火星人に言っても、間違ってはいないだろう。彼らが両方とも呼吸をして、歩いて話して、休んでいるのを——みなよく似ているのを、彼は見ただけだ。だから二つの石を見る時、私たちの理解が似通っているのは、彼らの個性に気づいていないからだ。

宝石は人間の偉大な発見だ。宝石に接するために研究に深く進み、深く石を読み取れた人が、それを見つけ出した。石でさえ、目覚めているものがいくつかある。ある石はもっと目覚めている。他のある石はもっと眠っている。人々もまた、特定の石が特定の方向に目覚めていること、それによって特定の理由のためにだけ使用できることを、知るようになった。

もしある種の石を携帯し、お守りを作ったり、ネックレスとして身に着けたり、または指輪にはめるなら、ある前例のない出来事があなたの人生に起こり始めるだろう——なぜならそのような石にも、彼ら自身の生があるからだ。その種の石の持ち主であることで、ある出来事が必然的に起こるだろう。それは今あなたが、石との共生関係にあるからだ。それがなければ、こんな出来事は起こらない。

長い不幸な歴史を持つ石がある。そんな石を所有した人は誰でも、自分自身が困難の中にいるのがわかり、それから抜け出すことが厳しいのがわかった。その石が他の誰かに手渡されるたびに、彼もまた面倒な事に巻き込まれた。数百年の歴史や、中には数千年の歴史を持っていて、石を所有した人は誰でも、面倒な事に襲われたことを示す石がある。これらの石はまだ充分に生きていて、まだ彼らの仕事をしている。彼らは所有する誰に対しても、面倒な事の原因になるだろう。それから、所有していた人に幸運をもたらしてきて、ますます高価になる他の石がある。だから石には独自の個性がある――植物がそうであるようにだ。この世界ではすべてのものに個性があり、この個性はそれが目覚めているか、眠っているかの程度に依存する。言い換えれば、注意がどの程度、活動的か非活動的であるかが、特定の物の個性を決定する。あなたはこう見ることもできる。不活発な注意が睡眠、無意識を意味する一方で、動的《ダイナミック》な注意は覚醒を意味する。注意の究極の不活発が物質で、注意の究極のダイナミズムが神だ。

第二の質問

あなたは二つの状態を示してきました。完全な無意識のものと、絶対的な覚醒であるもう一つのものを。人は完全な無意識から絶対的な覚醒に移動します。質問は、絶対的な覚醒の状態を達成した後、私たちはどこに達するのでしょうか？　また、どの時点から完全な無意識は始まり、そしてそれはどこから来るのでしょうか？

実際に、絶対的とか全体という言葉を使う場合には、それに伴ういくつかの条件を考慮する必要がある。例えば、「全体性の終わりはどこですか？」と尋ねることは間違っている。なぜなら全体性とは、決して終わりが来ないということだからだ。いずれどこかで終わるなら、それは全体ではない。それはまさにその地点に限られたままだ。すぐそこで、それは全体ではなくなる。「どこから全体性が始まるのでしょうか？」と尋ねるなら、それは間違った質問だ。全体とは、始まりがないという意味だからだ。始まりがあるなら、全体ではあり得ない。全体や絶対は、始まりも無く終わりも無い。その前に始まりもなく、その後に終わりもない。もしどこかに「終わり」があったら、それは全体ではないだろう。だから私たちは、絶対の最初または終わりに関するどんな質問もできない。もし少しでも質問をする必要があるなら、質問する前に、ただ「全体とは何ですか？」とだけ尋ねるべきだ。このように、「全体」のまさに意味するところは、すべての質問は無意味だということだ。

質問は私たちのマインドにやって来る。

「この無意識はどこから来たのか？　なぜそれは来たのか？　いつそれは来たのか？　それはどこで終わるのだろうか？　なぜ終わるのだろうか？　いつ終わるのだろうか？　存在のどこに、この意識の状態は位置するのだろうか？　そして存在のどこに、完全な無意識の状態はあり得たのだろうか？」。当然、こうした質問が生じるに違いない。質問は完全に筋が通っている。だが、それでも全く無意味だ。

ただ物事が一貫しているという理由だけで、それもまた意義深い、という幻想の下にいるべきではない。物事は一貫することはできるが、それでも無意味だ。だから質問は絶対に適切だが、答えには何の意味もないし、それは何も解決しないだろう。あるかもしれない答えが何であれ、こうした性質の質問を、より多く生じさせるだけだ。では私は、あなたに何を言おうとしているのだろう？

あなたが科学者には決して尋ねないような、特定の質問がある。なぜ、宗教的な人に向かって同じ態度を示さないのだろう？　科学者が決して求められない説明、特定の物事がある。なぜ、それらを宗教的な人に尋ねるのだろうか。愚かな宗教的な人がそれらに間違えて答える一方で、科学者はそんな質問に答えることを拒否する。すべての宗教はこの間違いを犯す。そうした質問――そもそも答えられない質問に答えることで、彼らは自ら面倒な事に巻き込まれる。

例えば、もし科学者に「なぜ木は緑なのか？」と尋ねれば、彼は「木には葉緑素が含まれているからだ」と答えるだろう。そしてあなたが「なぜ木には葉緑素が含まれているのだ?」と尋ねれば、科学者は質問を無視するだろう――それは事実だ。そういうものだ。彼は「木が葉緑素を含んでいるから木は緑なのだ!」と指摘するだろう。もしあなたが「なぜ木は、葉緑素なしで在ることができないのだ?」と続けて尋ねるなら、科学者は「私は創造主ではないし、この質問への答えはない!」と率直に述べるだろう。

このようにして、科学は馬鹿げた言動に陥ることから逃げる。それは事実にすべてを任せる。「これがそのあり様だ。これらがその事実だ」。科学者は「水素と酸素を混ぜると、水ができる」と言う。誰も彼に「なぜそうなのだ? なぜ水素と酸素を混合すると水ができるのだ?」と尋ね続けない。彼は単に、それをはっきりさせるだろう。「その質問は生じない」、彼は言う。「私たちはこれだけは知っている。両方を混合すると水ができること、それらを混合しないと水はできないことを。これは事実だ。これを超えると虚構が始まる」

なぜこれらのことが起こるのか説明できるなら、この世界には無意識が存在して意識が存在する、と私は言いたいものだ。これは事実であり、いまだにそれらを超えて行く方法は見つかっていない。そして私は、方法がいずれ見つけられるとは思わない。これは究極の事実だ。

一つの終わりには闇があり、もう一つには光がある。最終的には、闇は無限の中に消える。そして人はそれが始まったところ、その開始地点を決して知らない。光もまた最終的には無限の中に消え、人はその消失地点を決して知らない。そして私たちは常にその中間にいる。私たちはどちらの方向にも、短い距離でしか見ることができない。後方を見れば、闇が増えているのが、ますます密集するようになって、成長しているのがわかる。前方を見ると、闇が減少しているのと光がますます密集するようになっているのがわかる。しかし私たちは、闇の終わりも光の終わりも決して見ない。私たちは暗闇のどんな始まりも見ないし、光のどんな終結も見ない。これが私たちが置かれているあり様だ——そこは真ん中だ。どれほど遠くを見ても、これが私たちが見るすべてだ。
最も遠目の利く人でさえ、これ以上遠くは見ていない。何が困難さの原因となっているのだろう？

私たちが質問すると、それに答えるために、ある愚か者が現われる。いったん質問が明確に述べられると、誰かしらが必ず答えを持って来る。これが哲学が生じてきた方法だ。哲学は、愚かな質問への愚かな答えで作られている。そして疑問は、それらが常にあったところに正確に残る。
それぞれの質問に異なる答えがあり得るのは、それぞれの回答が、個人の知覚力を反映しているからだ。「誰が人間を創造したのだ？」という質問への答えで、ある人は「神が人間を創造した」と言うことができる。しかし、だから何なのだ？

私たちはこう尋ねることができる。「なぜ神は人間を創ったのだ？　なぜ彼は、そのやり方で人間を創ったのだ？　なぜ神は、そもそも人間を創ったのだ？」。これは正確に、それがあるところにその問題を残すだろう。最後に人はこう言うかもしれない。

「なるほど、これが彼がそれをする方法なのだ！」

もしこれが、私たちが最終的に得ようとしている答えなら……ある人は「それはすべて幻想《マーヤ》であり、理解を超えている」と言うかもしれない。一方でこの人は、すべては理解を超えていると、それはすべて錯覚、マーヤであると言っている。それでも、彼が幻想であるすべてについて話している時、実際に彼の理解から来る何かを語っている。彼は、すべてはマーヤであること、すべては理解を超えていることを充分に理解したように思われる。もしすべてが全く理解を超えているのなら、彼は黙っているべきだ。その時彼は、すべてはマーヤだと言う必要はない。もしそれが本当に理解を超えているなら、どうやって答えがあり得るだろう？　だから人は、静かにしていなければならない。答える必要はない。

ある人々は、人間が神を達成できるように、神は人間を創ったと言う。何という馬鹿馬鹿しさだろう！　もしこれが本当に真実だったら、なぜ彼は、そもそも人間を神のように創らなかったのだろうか。このすべてのトラブルを通過する必要が、どこにあったのだろう。他の誰かは「このすべての事柄は、前世の完了していないカルマを果たすために進行し続ける」と宣言する。だがそれなら、こう尋ねることができる。「そこには他のどんな前世もない最初の生があったに違いない。それなら私たちは、その最初の誕生でどんな果実を刈り取ったのだ？」

明らかに、それは原因なしにだった。

私の見たところでは、究極の疑問に対して、これまでどんな哲学も何一つ答えていない。すべての哲学は基本的に不誠実だ。しかしその不誠実さは、非常に深く隠されている。いったんこの基本的な不誠実があなたの注目を免れるなら、残りを構成しているものは非常に説得力があるように見えるだろう。どんな困難も見つからない。ひとたびあなたが嘘を——最初の嘘を受け入れたなら、後に続くすべての嘘は真実のように見えてくる。いったん人が神は創造者であると信じるなら、問題はすぐそこで終わる。しかし、どうやって神が創造者であることを知るのだろう？　もしこの疑問が一度でも生じたら、それは問題がまさしくそれが在るところに残っていたということだ。そこは始まりもなく終わりもないところだ。私の見たところでは、宗教も科学として認識されるべきだ。

ある時、アインシュタインは死ぬ前に尋ねられた。「科学者と哲学者をどう区別するのですか？」アインシュタインは答えた。「百の質問があれば、一つを答えて、残りの九十九については自分の無知を表わす人を私は科学者と呼ぶ。彼が答えるものは、それがこの時点での知られているすべてであることを明らかにするだろう。それは将来、新たな発見で変わるかもしれない。それは最終的な声明ではない」。科学は、どんな最終的な声明も決して出さない。だから、科学にはある種の誠実さがある。そうしてアインシュタインは言った。「もし哲学者に百の質問をしたら、彼は百五十の答えを出すだろう。彼はそれぞれの答えを絶対的なものと考えるだろう。まるで、変更は決して起こり得ないかのように」。哲学者が言うことは、何であれ決定的なものとして受け取られる。それを疑う者は誰でも、地獄の火で苦しむことになり得る。哲学者にとって、彼の理論は反駁できないものだ。

私の見解では、科学的なマインドと宗教的なマインドの両方を、同時に作る必要がある。これが私のアプローチだ。私はすべて宗教に沿って話すが、私の見地は常に科学的だ。だから私には、究極の疑問へのどんな答えもない。どんな答えもあり得ない。もし答えが生じるなら、疑問はもはや究極の疑問ではないことがよくわかる——それは中間のどこかにある疑問、答えが見つかった疑問であるに違いない。問題は論じられ、さらに先延ばしされるだろう。

究極の疑問は、すべての答えにも関わらず残る。究極の疑問とは、たとえどれだけ多くの質問が生じようと、あなたがそれらに一通り答えた後にも、自分を待ち受ける同じ疑問を見つけることを、疑問符はまだあなたの顔をじろじろ見ていることを意味する。あなたはただ、その疑問を少し、さらに後ろへ押し戻すことに成功するだけかもしれない——それがすべてだ。


日本の人形を見たことがあるかもしれない。どのようにそれを放り投げても、それは常に直立する。その人形は達磨と呼ばれている。それはインドの神秘家、ボーディダルマにちなんで名付けられている。ボーディダルマはインドから中国に行き、日本でボーディダルマの名前は達磨になった。それがその人形が達磨として知られるようになった経緯だ。たとえ誰かがボーディダルマに何かをしても、彼は彼らしいままに残った。この人形は彼になぞらえたものだ。どんなにそれを投げても、放り投げても、それはその場所に直立する。

究極の疑問は達磨の人形のようなもの、ボーディダルマのようなものだ。あなたが望むことをしてごらん。それらは、あるところに正確にとどまる。せいぜい、あなたがそれらをどのように、そしてどこへ投げるか次第で、それらの位置は変わるかもしれない。あなたは一生、その人形を放り投げ続けるかもしれない。あなたは疲れるだろうが、その人形は疲れない。それはその場所に直立し続ける。

これらは究極の疑問だ。私たちが絶対的なもの、全体の前に何が存在していたのか、それを超えて存在するものは何かを尋ねる時、その質問は無意味になる。私はあなたに、ただこれだけは言える。私たちの前方に光の、意識の広がりがある一方で、闇や無意識は背後に拡大する。

私はあなたにこうも言える。闇が減少するにつれて、至福は増す。そして私はさらに言及できる。暗闇が増すにつれ、惨めさは成長する。これらは事実だ。もし惨めさを選びたいなら、闇と無意識に向かって戻って行けばいい。もし至福を選びたいなら、光に向かって、究極の光に向かって前進すればいい。そして、もしどちらも望まないなら、あなたは中間に立って、以前にあったものとその先にあるものについて、考えにふけることができる。

第三の質問

ドゥワルカの瞑想キャンプ（一九六九年）であなたは、瞑想やサマーディとは、自発的に、意識的に死に入ることであり、そうすることで死の妄想は消えると言いました。それで質問ですが、誰が妄想にかられるのですか？　それは身体ですか？　それとも意識ですか？

身体は単なる機械的な装置なので、そうした妄想は体験できません。そして意識が妄想にかられることについては、疑問の余地はありません。それなら何がその原因で、何がこの妄想の根拠なのですか？

死に気づくこと——もし意識的な状態で死ぬことができれば、彼にとって死はもはや存在しない。言い換えれば、もし人間が死ぬ時に意識したままでいられるなら、自分が全く決して死ななかったことに気づく。死は彼に対して単なる妄想として現われる。だが、死が妄想であると証明されることは、死は妄想として何らかの形で残るという意味ではない。むしろ、充分に意識して死ぬ時、彼は全く死がないことがわかる。その時、死は虚妄になる。

しかしあなたにとって「誰が妄想にかられるのですか？」と尋ねるのは自然なことだ。あなたが、それは身体ではあり得ないと言うのは正しい。なぜなら、どうやって身体は妄想を感じられるだろう？　それは魂でもあり得ない。なぜなら魂は決して死なないからだ。それなら誰が妄想を経験するのだろう？　それはもちろん、魂でも身体でもない。実際のところ、個人は死の妄想を決して感じない。死の幻想は社会的な現象だ。これは、少し詳しく理解する必要がある。

あなたは死にかけている人を見る。それからあなたは、彼は死んだと考える。あなたは死んでいないので、あなたにそう考える権利はない。人間は死んだと結論付けることは、あなたの非常に愚かな部分だ。あなたが言うべきすべては、「私は以前に彼を知っていた方法で、彼が同一人物であるかどうかを判断できない」ということだ。これ以上の何かを言うことは危険であり、妥当性の限度を超えている。

人が言うべきことのすべては、「昨日までその人は話していた。今、彼はもはや話すことはない。前に彼はよく歩いた、今、彼はもう歩いていない。昨日まで、私が彼の人生として理解していたものはもう存在しない。彼が昨日まで生きていた人生はもはやない。もしそれを超える何かの生があるなら、それはそうある。もしそれがないなら、それはそうなのかもしれない」だ。しかし「その人は死んだ」と言うことは少し言い過ぎだ。それは限度を超えている。人は単純に「その人はもはや生きていない」と言うべきだ。彼はもはや、生きている誰かのようではない。

これくらいの否定的な声明――つまり私たちが彼の人生として知っているもの――「彼の争い、彼の愛、彼が食べ、飲むことはもはやない」と言うことは問題ない。しかし「その人は死んでいる」と言うことは、非常に肯定的な断言だ。何であれその人に存在していたものはもはや存在しない、と単に言うだけではない。これに加えて何かが起こった――「その人は死んだ」と言っている。私たちは、死の現象も起こった、と言っているのだ。もし私たちが、以前この男の周りで起こっていた事はもはや起こっていない、と言ったなら、申し分なかったかもしれない。私たちはそう言うだけでなく、新しい現象が追加されたこと、人は死んでもいる、とも言っている。

死んではいない私たちが、死の知識のない私たちが、その人の周りに群がって「彼は死んでいる」と宣告する。群衆は彼に尋ねることさえなく、彼に証明させることさえなく、その人の死を決定する！　それは法廷における単独裁決のようなものだ。もう一方側は不在だ。かわいそうな者は、自分が本当に死んでいるかどうかを言う機会さえない。私の言う意味がわかるかね？　死は社会的な幻想だ。それは人間の幻想ではない。彼の幻想は完全に異なっている。

彼の幻想は死のそれではない。彼の幻想とは、彼が睡眠状態で一生を生きてきた時、死の瞬間に目覚めたままでいることをどうやって期待できるか？　だ。それは明らかだ。睡眠状態で丸一日をよく過ごす人は、彼が実際に眠っている時に、どうやって目覚めていられるだろう？　これは、目覚めている時でさえ既に眠っている人は、彼の睡眠の中では間違いなくぐっすり眠っているということだ。明るい日光の下で見えない人が、どうやって夜の闇の中で見えるだろう？

目覚めている状態においてさえ、生とは何かを見ることに失敗した人が、死とは何かを見ることができると思えるだろうか？　実際、生が彼の手をすり抜けるやいなや、その瞬間彼は深い眠りの中に失われるだろう。問題の実態は、外見上では、私たちは彼は死んでいると感じるが、これは社会的な決定であり、間違っている。ここで死の現象は、その適任ではない人々で決定されつつある。群衆の中の誰も正しい証人でないのは、誰も人が死んでいるのを本当に見なかったからだ。誰も、これまで死んでいる人を見てこなかった！　死ぬことの行為は、決して誰によっても目撃されてこなかった。私たちが知ってきたすべては、与えられた瞬間まで人は生きていたこと、それから彼はもはや生きなかった、ということだ。ただそれだけだ。これを超えると壁がある。これまでのところ、誰もこれまで死の現象を見てこなかった。

実際のところ問題は、いったん物事が長い間受け入れられたら、私たちはそれらを考えるのを止める、ということだ。例えばもし私が、これまで誰も光を見てこなかったと言えば、あなたはすぐに異議を唱えるだろう。しかし私は、これまで誰も光を見てこなかったと断言する。私たちはもちろん、光った物を見たことはあるが、決してそれ自体が光ではない。私たちがこの部屋に光があると言うのは、壁が見えているからだ。それはあなたが見えるからだ。対象物は光の中で輝くが、光そのものは決して見えない。

光は常に未知の源泉だ。あるものはその中で輝く。そのせいで、私たちは光があると言う。対象物が輝いていない時、私たちは闇があると言う。私たちは闇もまた見たことがない。明らかに、光を決して見たことがない人が、闇を見たりできるだろうか？　もし光が見えていたなら理解できただろうが、どうやって闇を見ることができるだろう？

闇はただ単に、今は何も見えていないことを意味する。闇のより深い意味は、今は何も私たちには見えていない、ということだ。それは「私たちは何も見ることができない」と言うほうが良いだろう。これは事実の声明だ。しかし「闇がある」と言うことは、絶対に間違っている。このように、私たちは闇を対象物に変えている。だから闇について言うべき正しいことは、「私は何も見えない」だ。しかし、ただ私は見ることができないという理由だけで、闇があることにはならない。「私は何も見えない」と言うことは、すべてを輝かせた源泉が鈍くなっているという意味だ。今や物が見えないため、それゆえに暗い。

自分の人生をずっと、食べること、飲むこと、寝ること、動き回ること、口論すること、愛すること、友人を作ること、敵意を生むこと以外の何ものでもないと受け取ってきた人でさえ、不意に、死の瞬間に、生が彼の指を抜けて去っていることに気づく。彼が生として理解していたものは、全く生ではなかった。それらはただの行為、生の光で見えるものに過ぎなかった。ちょうど対象物が光の存在で見られるように、人も同じように、彼の内側に光が存在していた時、ある物を見ていた。彼は食べ物を食べ、友人を作り、敵意を生み、家を建て、お金を稼ぎ、高い地位に昇った――これらすべては、生の光の中で見たものだった。今や死の瞬間に、彼はそれらが去っていると気づく。

だから今その人は、自分は去る、自分は死につつある、その生命は永遠に失われている、と考える。彼は以前に死にかけている他の人々を見てきて、人間は死ぬのだという社会的な幻想が、彼のマインドにも固定される。だから彼は、自分は死につつあると感じる。彼の結論もまた、社会的な幻想の一部だ。彼は、ちょうど自分より以前の他の人たちが死んできたように、自分は死にかけているると感じるようになる。

彼は、ひどく泣いている自分の愛する人、家族、そして親戚に囲まれている自分自身を見る。今や彼の幻想は強くなり始める。このすべてが彼に催眠効果を引き起こす。これらのすべての人々が……その状況はまさに理想的だ。彼の側に医師、酸素が準備され、家全体の雰囲気が変わり、涙を流す人々がいる。今やその人は、自分の死を確信しているようだ。自分は死にかけているという社会的な幻想が、その人のマインドを支配する。彼の周りの友人や親戚は、彼はまさに死のうとしているると、その人に催眠的呪文を唱え始める。ある人は彼の脈を感じ取る。他の誰かはバカヴァッド・ギータを暗唱したり、彼の耳にナモカールのマントラをささやく。それらのすべてが、彼が死のうとしていることを、徹底的にその人に納得させる――死につつある人に以前されてきたことが何であろうと、彼らは今、同じことをしている。

これは社会的な催眠術だ。その人は、自分が死のうとしていること、死にかけていること、自分は去ったことを、今や充分に確信している。この死の催眠が、彼が無意識になり、怖がり、恐ろしくなる原因だ。それは彼をしりごみさせ、「私は死につつある、死のうとしている。私はどうすればいいのだ？」と感じさせる。恐怖のあまり彼は目を閉じる。その恐怖の状態の中で、彼は無意識になる。

実際、無意識に落ちることは、私たちが恐れているものに対して使う方策だ。あなたに胃の痛みがあって、例えばもし痛みが耐えられなくなったら、あなたは無意識に落ち入る。それは痛みを忘れるために、心のスイッチを切るためのあなたの側の単なる策略だ。痛みが酷すぎる時、無意識に落ち入ることは心的な策略だ――あなたは、これ以上痛みに苦しみたくない。痛みが消えない時、他の唯一の選択肢は、自分の心のスイッチを切ることだ。人は痛みに気づかないままでいるように、「感覚を消す」のだ。

だから無意識に落ち入ることは、耐えられない痛みに対処する独特な方法だ。覚えておきなさい。それでも、耐えられない痛みのようなものは何もない。あなたはただそれに耐えられるだけ、ずっと痛みを感じるだけだ。痛みが耐えられなくなる点に達するやいなや、あなたはいなくなる。そのためあなたは、耐えられない痛みを決して感じることはない。もし誰かが耐えられない痛みに苦しんでいると言っても、その言葉を決して信じてはいけない。なぜなら、あなたに話している人はまだ意識があるからだ。痛みが耐えられなかったら、彼は無意識だっただろう。自然な策略が働いて、彼は意識を失っていただろう。人が我慢の限界を越えるやいなや、無意識に落ちる。

軽い病気でさえ私たちを怖がらせ、私たちは無意識になる――死の恐ろしい考えについては、何を言うべきだろう。まさに死の考えが私たちを殺す。私たちは意識を失い、その無意識状態で死が起こる。そのため、私が死は幻想であると言う時、それは身体や魂のどれかに起こる幻想だという意味ではない。私はそれを社会的な幻想――私たちがすべての子供に教化するものと呼ぶ。私たちは「あなたは死のうとしている。そしてこれが死が起こる方法だ」という考えを、すべての子供に教え込む。だから子供が成長するまでに、彼は死のすべての兆候を学んできて、これらの兆候が彼に当てはまる時、彼はただ目を閉じて無意識になる。彼は催眠状態になる。

これに反して、自発的な瞑想の技術がある――どうやって意識的に死に入るかという技術が――。チベットでは、この技術はバルドとして知られている。ちょうど、人々がある人の死ぬ瞬間に彼に催眠術をかけると同様に、バルドに関わる人々は、死にかけている人に反催眠的な提言をする。バルドでは、人々はある人の死ぬ瞬間に彼の周りに集まり、彼に「あなたは死にかけていない、なぜなら、誰もこれまで死んでこなかったからだ」と言う。彼らは、反催眠的な提言をする。そこでは涙を流すこともなく、泣き叫ぶこともない。他のどんなことも為されない。人々は彼の周りに集まり、村の聖職者や僧侶が来てこう言う。「あなたは死にかけていない、なぜなら、誰もこれまで死んでこなかったからだ。あなたはくつろぎ、充分に意識して出発するだろう。あなたは死なない、なぜなら誰もこれまで死んでいないからだ」

その人は目を閉じて、プロセス全体が彼に語られる。今、彼の生命エネルギーは彼の足から去った、今、それは彼の手から去った、今、彼は話すことができない、ということを……。にも関わらず、その人は告げられる、彼はまだいる、彼はまだ留まるだろうと。そして彼の周り中で、これらの提言が与えられる。提言は全く反催眠的だ。と言うことは、それらはその人が、自分はまさに死につつあるという社会的な幻想に囚われないことを確かめさせるための手段だ。彼がそうすることを防げるために、人々は解毒剤としてバルドを使う。

この世界が、死への健康的な態度を持つ日が来れば、バルドは必要ないだろう。しかし私たちは非常に不健康な人々だ。大きな幻想の中で生きていて、この幻想のために解毒剤が必要不可欠となる。私はこの国にも同様に、バルドを幅広く適用させるべきだと信じている。誰かが死ぬ時はいつでも、彼の愛する人たちはみな、死のうとしているという彼の幻想を粉砕する試みをすべきだ。もし彼らが、その人を目覚めたままにさせられたなら、もし彼らがそれぞれあらゆる点で、彼に思い出させることができたなら……。

意識が身体から撤退する時、それは忽然と去ることはない。身体のすべてが同時に死ぬことはない。意識は内側に収縮し、徐々に、身体の各部分から去る。様々な段階を経てそれは撤退し、この収縮のすべての段階は、死につつある人に彼に意識を保たせるための手段として、順を追って話すことができる。

死につつある人を、目覚めたままにさせる多くの方法がある。例えば特別な種類の香りは、人が意識的なままでいるための助けになる。ちょうどある種の香り、匂いが人を無意識にさせることができるように。お香や安息香が発見されたのは、主にそれらが人を目覚めたままにするのに役立つからだ。ある人を意識したままにさせるために、ある種の音楽を彼の周りに作れる。そして人を眠りに落とす音楽が存在する。あなたは、自分を眠りにつかせる音楽にふと出くわす――さらにあなたを目覚めさせたままにできる音楽も、あり得る！　特定の言葉、特定のマントラは、人を目覚めたままにして、眠りにつかせないために役立つものを発することができる。死にかけている人間の身体の特定の部分は、彼が眠りに落ちるのを止めて、彼の意識を生きたままにさせるために、軽くたたくことができる。彼が眠りに落ちるのを防ぐために、自分を意識したままにさせるために、一定の姿勢で座るようにもできる。


ある禅マスターが死にかけていた。彼は自分の周りに、他の僧侶たちを集めて言った。

「わしはお前たちにあることを尋ねたい。わしの時間が来たが、わしは誰もが死ぬ方法で死ぬのは、無駄だと感じておる。多くの人たちは、以前と同じように死んできた。それはおもしろくない。わしの質問はこれだ。お前たちは今まで、歩いて死ぬ誰かを見たことがあるだろうか？」

僧侶たちは答えた。「私たちは誰も見たことはありませんが、歩いて死んだある神秘家について聞いたことはあります」

マスターは言った。「わかった、それは忘れなさい！　お前たちに尋ねさせてほしい。逆立ちしている間に死のうとしている神秘家を、誰か見たことがあるだろうか？」

周りの人々は言った。「そんなことを想像したり、夢見たこともありません。そのように死のうとしている誰かを見たことは、言うまでもありません」

「それならわかった」とマスターは言った。

「それがそうしようと思っている方法だ」。彼は逆立ちして死んだ。

マスターの周りに集まった人々は、非常に怖がった。不明な死体の光景は充分に怖いが、逆立ちした死体を降ろすことはさらに怖かった。そのマスターは危険な男だった。彼は自分自身をくくりつけた方法で死んだが、誰もあえて、彼を降ろして棺桶に置こうとしなかった。その後、近くの僧院に住んでいる彼の姉である尼僧を、誰かが呼んできた。彼女は、彼が少年の頃に悪戯好きだった時はいつでも、彼を正してやっていたことが知られていた。

姉は近づいて、すべての状況に気づいた。彼女は非常に苛立ち、そして言った。

「彼はいつも、そんな悪戯をしてきました。彼は年老いても、相変わらずです。だから死にかけている間でさえ、悪ふざけを慎めませんでした！」

九十歳の女性は、自分の杖をつかんで来た。地面に激しく自分の杖を打つと、彼女は叫んだ。

「さあ、このたわけたことを止めなさい！　もしあなたが死ぬのなら、きちんと死になさい」

マスターは、すぐに降りてきて笑った。「わしはただ、楽しんでいただけだ」と彼は言った。

「わしはこれらの人々が、どうするつもりだったのかを見たかったのだ。さて、わしは横になって、従来の方法で死ぬことにしよう」。そこで彼は、さっそく横たわって死んだ。

彼の妹は立ち去った。「そう、そのほうがいい」と彼女は言った。「彼を片付けてください」。彼女は振り返らなかった。「物事には、やり方というものがあります」と彼女は言った。「あなたが何をしようと、きちんとやってください」

だから、私たちの死の幻想は社会的な幻想だ。幻想は取り除ける。それを取り除くためのテクニックがある。それを何とかするための体系的な方法がある。もし取り除く人が他に誰もいなくても、少しでも瞑想を実践してきた人は、死ぬ時に自分でそれから出て来れる。もしあなたが、瞑想の経験を少しでもしてきたら、もしあなたが、自分の身体から分離しているという真実を垣間見ることさえあったら、もし身体との非同一化の感覚が、わずかな間でも、これまであなたの内側に深く行ったなら、あなたは死ぬ時に無意識ではないだろう。実際、その時まであなたの無意識の状態は既に破られている。あなたは故意に死ぬことができる。

故意に死ねるというのは、矛盾した言葉だ。誰も故意に、意識的に死ぬことは全くできない。なぜなら、彼は自分が死にかけていないことに、何かが彼の中で死のうとしているが彼は死にかけていないことに、その間ずっと気づいたままでいるからだ。彼はこの分離を見守り続け、最終的には、自分の身体が自分から離れて、少し離れて横たわっているのに気づく。その時、死とは単に分離であるとわかる。それは接続の切断になる。それはまるで、私がこの家から外へ出ることになっていて、壁の外の世界に気づいていない家族の仲間たちが扉のところに来て、私に涙ながらの別れを告げるようなもの、彼らがさようならを言いに来た人は死んだと、感じているようなものだ。

身体と意識の分離が死だ。この分離のため、それを死と呼ぶことは無意味だ――それは単に連結をゆるめること、切断することに過ぎない。それは服を変えることにほかならない。だから、覚醒して死ぬ人は決して本当には死なない。そのため、死の問題は彼にとって決して生じない。彼は、死を幻想とさえ呼ばないだろう。彼は誰が死ぬか、誰が死んでいないかと言うことさえない。私たちが昨日まで生と呼んでいたものは、ただの結合に過ぎなかったとただ単に述べるだろう。その結合が切断された。今や、以前の感覚での結合ではない新しい生が始まった。おそらくそれは、新しい連結、新しい旅だ。

死とは、覚醒して死ぬ人にとっては幻想だとわかる、と私が言う時、あなたは今、私が意味していることを理解できるだろうか？　幻想とは、死は決してなかったことを意味する。それは死ぬ方法を知らなかった人、死んでいなかった人、死の知識がなかった人が作った、ただの社会的信念だ。この信念は、永遠の昔からずっと広く行き渡ってきて、将来的に存在し続けるだろう。なぜなら、死んでいない人々が、死んでいる人々について永遠に判断を下すからだ。死んだ人は、その情報を持って戻ることは決してない。

実は、瞑想的な人や、瞑想で少し前進したかもしれない人は、自分が死んでいることを長い間実感しないということだ。彼は周りの人々を見て、なぜ彼らが泣いているのか不思議に思う。彼の身体を火葬する準備や埋葬の準備は、彼はもはや生きていないこと、彼はもはや同じ人間ではないことを、彼に思い出させるためにだけ意味深いものだ。

これが、この国で私たちが、出家僧《サニヤシン》の人々を除くすべての遺体を燃やす理由だ。このたった一つの理由は、もし死体が保存されたなら、霊が、身体は死んでいなかったという誤った考えの下で数ヶ月間その周りをうろつき、それに再び入る方法を見つけようとするかもしれないからだ。身体を保存することは、その新たな旅に対して、少しの障害を作ることになる。霊は不必要にぶらつかなければならないだろう。そのため即座に火葬する習慣がある――そうすれば火葬地で、霊は事態がすべて終了したことを、その身体だと思ってきたものは、もはや存在しないことを見ることができる。霊は、それはもはや身体とのどんなつながりも持っていないこと、橋が壊れていることを自覚する。物事は終わっている、すべての物事は完了されている。

だから身体を燃やすシステムは、単なる家を退去する方法ではないことを、心に留めておきなさい。その背後に、別の重要な理由がある。実際にこの世を去る人は、自分は死んでいると信じるのは厳しいことに気づく。どうやって信じたらいいだろう？　彼は以前と同じ自分自身を見る。わずかな違いもなく――。ただサニヤシンの身体だけ決して火葬されなかったのは、サニヤシンは既に自分が身体ではないことを知っているからだ。だから私たちは、彼の身体の上に墓を建てることができたのだ。これが可能だったのは、サニヤシンが既に、彼と彼の身体は別々であることを実感してきたからだ。だから、それを実感したサニヤシンの身体を維持することに、困難はない。しかし普通の人に関しては、彼の霊が長い間さまよったままでいられるため、その同じことは真実にはならない。それはまだ、身体に再び入る方法を見つけ出そうとすることができる。

あなたが覚醒して生きてきたなら、覚醒の状態で死ぬことは可能だ。あなたが意識的に生きる方法を学んできたなら、あなたは確かに意識的に死ねるだろう——なぜなら、死ぬことは生の現象だからだ。それは生の中で起こる。言い換えれば死とは、あなたが生として理解しているものの最終的な出来事《ハプニング》だ。それは生の外側で起こるイベントではない。

通常、私たちは死を、生の外側で起こる何かのように、あるいは生とは正反対の、ある種の現象のように見る。いや、実際には、それは生の中で起こる一連のイベントの最後の発現だ。それは果実を結ぶ木のようなものだ。最初果実は緑色で、それから黄色に変わり始める。それは、最終的には完全に黄色になって木から落ちるまで、ますます黄色に変わる。木から落ちることは、果実が黄色になるプロセスの外側での出来事ではない。むしろ、それは黄色になることそのものの、最終的な成就だ。

木からの果実の落下は、外部の出来事ではない。むしろそれは黄色になることの、既に経験してきたことが熟することの最高地点だ。そして果実が緑色だった時には、何が起こっていたのだろう？　それは、同じ最後の出来事に直面するための準備をしていた。それがまだ枝に花を咲かせてさえいなかった時、それがまだ枝の中に隠されていた時、同じプロセスが起こっていた。その状態の中でさえ、それは同様に最後の出来事のために準備していた。では、木がまだ表に現われていなかった時、それが種の中にまだあった時についてはどうだろう？　同じ準備は、その時も同様に起こっていた。そしてこの種が生まれてさえいなくて、まだ別の木に隠されていた時については、どうだろう？　そこでも同じプロセスが起こっていた。
だから死の出来事は、同じ現象に属する出来事の連鎖の一部に過ぎない。最後の出来事が終わりではない。それは単なる分離だ。一つの関係性、一つの状態が、別の関係性、別の状態に置き換えられる。

第四の質問

ニルヴァーナに関して、あなたは死をどのように見るのですか？

ニルヴァーナとは、まず、人は死が全くないことを完全に実感してきた、という意味だ。第二に、私たちが生と呼ぶものの中では、何も達成されないことを知るようになった、という意味だ。ニルヴァーナとは、私たちが死として理解するものは全く死ではなく、生によって意味するものは本当に生ではない、という現実《リアリティ》に気づくことを意味する。私の話が理解できるだろうか？
一つのこと――ニルヴァーナとは、ある人が死を知る時、そこに死がないのがわかるだろう、という意味だ。そこにはこれと結びついた別の現象がある。それは、充分な気づきをもって生を見る人は、あらゆる人が生と呼ぶものが、生でさえないということがわかるだろう、ということだ――ちょうど、死が社会的な幻想であるように、それもまた社会的な幻想だ。ニルヴァーナとは、両方の真実《リアリティ》の完全《トータル》な実感を意味する。

もしあなたが、死のようなものはないとただ知っているだけなら、新しい誕生を獲得し続ける。生は、ある意味で進み続ける。その場合あなたは、真実を半分だけ知ることになる。再び生きるための、別の身体を持つための、新しい誕生を得るための欲望は残る。あなたが真実の別の半分を知るようになる日、その全体性において真実を知るようになる日――生は生ではないこと、死は死ではないことを知るようになる日――その日あなたは、戻らない地点に達した。その時、戻るという問題はない。私の言うことがわかるだろうか?

それは、死んだ人に別れを告げるようなものだ。私たちは身体を、最後の休息の場所のように見る。彼がその身体にいた限り、その人も同様に、それを自分の最後の居住であると信じていた。だから外側から、彼は入口を見つけるために扉を叩くだろう。もしこの家の階段が壊れているなら、もしそこに残されたつながりがないなら、その時彼は別の家の扉を、別の身体の扉を叩くだろう――なぜなら、生は身体の中に在ることによってのみ、経験され得るからだ。そこで彼は最終的に一つの、または別の家に、別の身体に入る。このようにして、人が死ぬやいなや、彼の霊は落ちつかなくなり、すぐに別の身体を求めてさまよい始める――なぜなら、常に肉体を持っている生に同一化してきたからだ。

それはあなたの心に浮かばなかったかもしれないが、あなたが夜眠る時の最後の思考は、あなたが朝目覚める時の最初の思考になる。それを少し見守ってごらん。前の夜の最後の思考は、次の日の朝――七時間後の、あなたの最初の思考になるだろう。思考はあなたが目を覚ますのを待つ。それは、あなたが朝起きるとすぐに仕事を始めるために、あなたの意識の戸口の敷居で一晩中待っている。もしあなたが、前の夜に誰かと争ったなら、次の日の朝のまさに最初の思考は、その争いに関するものだろう。もし祈りを言葉にして眠ったなら、あなたは自分の思考の中に、同じ祈りを持って朝、目を覚ますだろう。昨夜起こったことは、翌朝の出発点になる。

死につつある人の最後の思考、最後の願い、最後の欲望は、死後、彼の最初の欲望になる。彼はすぐに旅に出発するだろう。もし彼が、自分の身体が破壊されつつあったことを――自分が死につつあること、自分の身体を失っていることを死の瞬間に感じたなら、その時彼の霊は、即時の誕生への通路を探すために、必死になって至る所を走りまわる。だから死ぬ瞬間のあなたの最後の欲望が何であれ――まさに最後の欲望だ、覚えておきなさい――それは、あなたのすべての生の本質になる。実際に、眠りにつく前の最後の思考でさえ、あなたの一日の出来事を抽象するもの、丸一日の総計、それの要約だ。例えばある男は一日中店を営業し、夜にその日の収支決算の概要を作って、それから眠りにつく。同様に、眠りに落ちる前の最後の思考は、あなたの一日の収支決算の概要だ。

もし人が、夜眠る前に彼の最後の思考――まさに最後の思考を記録したなら、彼は比類のない素晴らしい自伝を書けるだろう。それはあなたの人生の短い、抽象話だっただろう。それは本質的なすべてを含むだろう。そして非本質的なものは、すべて去るだろう。もしあなたが毎朝、まさに最初の思考を記録したなら、十五日間にわたって集められた十五の思考を見ることは、あなたの生に関するすべて——あなたは何であったか、あなたは何であるか、あなたは何でありたいのかを知ることが可能になるだろう。

死ぬ瞬間の最後の思考は、あなたの七十年か八十年の全人生の真髄だ。同じものが次の生へのあなたの潜在性になる。それは次の誕生へと持ち運ぶべきあなたの資産だ。あなたはそれをカルマと呼ぶかもしれない。それを欲望と、あるいは他の何であれ、あなたが望むように呼ぶかもしれない。あなたはそれをサンスカーラ、条件付けと呼ぶかもしれない。それはどんな違いも作らないだろう。むしろあなたは、それを未来に適用できるあなたの生の内蔵プログラムと呼ぶべきだ。

それは驚くべきものだが、あなたが特定の小さな種をまく時、なぜそれは、ただバンヤンの木だけをもたらすのだろう？　種は、内蔵のプログラムを持っているに違いない。そうでなければ、これはあり得なかった。それは青写真を含んでいたに違いない。他にどうすれば、それを葉や枝に育てられただろう？　そしてなぜ、それらはすべてバンヤンの木であったのだろう？　種はプログラムされてきたに違いない。その小さな種は、その中にすべての計画を持っていたに違いない。もし人がその種の天宮図《ホロスコープ》を描くことができたら、これらを予測できただろう——どれだけ多くの葉が成長し、どれだけ多くの果実が成り、どれだけ多くの種が含まれていて、それはどれだけ高く、そして広くなり、その枝はどれだけ長くなり、どれだけ多くの牛車が、その下で休息と避難所を見つけられただろうかと――。これらの物事は、すべて詳細に調べられる。なぜなら、そのすべてがその小さな種に隠されているからだ。それは建物の設計図のようなものだ。それには、いつかそうなるものがすべて含まれている。

死の時点で、私たちは自分の全人生の本質を集める。私たちが重要だと考えるものは、何でもとっておく。そして役に立たないとわかるものは何でも捨てる。十万ルピーを稼いで寺院の建築に千ルピーを寄付した人は、死ぬ瞬間には寺院を覚えていないだろう――だが彼は、安全に保持している九万九千ルピーは、間違いなく覚えているだろう。

人が死ぬ瞬間には、重要なものは保存されて、重要でないものは捨てられる。本質的なものと非本質的なものが選り分けられる。出発の時点で価値のないものは落とされ、有意義なものは荷造りされてあなたに引き継がれる。それはあなたの旅の基礎となるだろう。それは直ちに、あなたの内蔵プログラムになる。今、あなたは新たな旅に出て、あなたの未来の誕生はこの未来のプログラムに従って行なわれる。それは新しい航海、新しい身体になる。それはすべて新しい仕組みだ。そしてこれは、他のどんなものとも同じように、科学的に起こる。

だからニルヴァーナとは、死は本当に死ではない、生であるものも生ではないということを、人は知るようになったという意味だ。ひとたび彼が両方を実感するようになると、そこにはもはやどんな内蔵プログラムも残されていない。彼はプログラムを手放す。彼は本質的なものと本質的でないものの両方を手放す。今や彼は、すべて自分自身で行く準備ができている、鳥の孤独な飛行のように——彼はすべて一人で行く、背後にすべてを残して——彼は、寺院はもちろん宝も背後に残す。彼は他の人たちが彼に借りている負債はもちろん、自分が他の人たちに借りている負債も自分自身にはっきりさせる。彼は悪行はもちろん、善行も差し控える。実際、彼はすべてを差し控える。

カビールは「私は自分の外套を、手をつけないまま背後に残しておく」と言う。彼は、自分は収支決算が未清算のままにされないように、気をつけてそれを身に着けていたと言う。彼は、現実と非現実に関する、本質と非本質に関する自分の理解を再検討し、再評価する必要がなかったほど、完全にそれを脱いだ。

カビールは言う。「私は細心の注意を払って外套を身に着け、それを見つけたところに片付ける、何らそれを損なうこともなく」。そのような状況では、未来のためのどんな内蔵プログラムも存在できない。なぜならその人は、すべてのものを汚れなき状態で残すからだ。彼は何も選択しない。彼は何も蓄えない。彼はすべてを超越する。どんなものに対しても、一つの欲望も抱くことなく、生の中で獲得してきたものは何でも手放すだろう。だからカビールは言う。

「おお白鳥よ、一人で飛び立つがいい」

今、彼の魂である白鳥は、すべて一人で出発している、誰も同行しない——友人も敵もいない、善行も悪行もない、経典も教義もない——何もない。

だからニルヴァーナとは、生は全く生ではなかったし、死は本当に死ではなかったことを知った人を意味する。そして私たちが、そのようなものはすべて存在しない、ということを知る時、私たちは在るものを見始める。

第四章

選択は常にあなたのもの

The Choice is Always Yours

最初の質問

ドゥワルカの瞑想キャンプであなたは、すべての修行《サダーナ》やすべてのスピリチュアルな訓練は偽りである、それは私たちが神から決して分離したことがないからだ、と言いました。それは無意識の状態が偽りだという意味ですか？　身体と心《マインド》の成長は偽りでしょうか？　条件付けを止めることは偽りでしょうか？　粗いものから精妙なものへ移ることの成就は偽りでしょうか？

第一身体から第七身体への旅のための、すべての準備は偽りなのでしょうか？　クンダリーニの訓練の長いプロセスは、すべて見せかけですか？　どうか説明してください。

まず第一に、私が何かを偽りや不真実と呼ぶ時、それは存在しないという意味ではない。虚偽でさえ独自の存在を持っている。もしそれが真実でなかったら、人はそれを虚偽と呼ぶことはなかった。虚偽には独自の存在があり、夢もそうだ。夢は偽りだと言う時、夢は存在しないという意味ではない。それは夢の存在は心理的なもので、現実ではないという意味だ。それはマインドの気まぐれであって、事実ではない。

世界はマーヤ、幻想であると言う時、それは世界が存在しないという意味ではない。なぜならもし世界が存在しないなら、あなたは誰に話しかけているのだろう。誰が話しているのだろうか？　なぜ話すのだろうか。この世界を幻想と呼ぶ時、彼は少なくとも、話す人も聞く人も存在すると仮定している。彼はまた説明すべき誰かが必要であり、理解すべき誰かが必要であるとも仮定している。少なくともこれだけの真実は立証される。だからこの世界を幻想と呼ぶ時、世界は存在していないという意味ではない。それは、世界は実在を持っているように現われるという意味だ。この世界をマーヤと呼ぶことは、見えているものが世界ではないという意味だ。むしろ、それは単に見かけに過ぎない。それは実際にあるようには見えていない。それは事実とは違うもののように現われる。

例えば、ほとんど暗闇の時に、ある男が通りを歩いている。彼はそこにあるロープの一部を見て、蛇と間違えて一目散に逃げ出す。誰かが彼にそれは蛇ではなかったと告げる。彼が見たものはすべて偽りであったことを、彼は理由もなく逃げたことを――。さて、これは何を意味するのだろうか？　蛇は偽りだったと言うことは、その男は蛇を見なかったという意味ではない。それを見ていなかったら、逃げなかっただろう――彼は蛇を見たのだ。彼が蛇を見ることの問題に関する限り、蛇は存在した。

彼が見たから――そしてロープがなかったら、彼は空っぽの空間に蛇を見ることはできなかった。だからロープは間違いなく、彼の錯覚に信憑性を与えた。彼が内側に見たものは、外側に存在したものとは異なっていた。ロープがそこにあり、彼は蛇だと思った。彼はロープをロープとして見ていなかった――それはあった。ロープは蛇のように現われた。それはなかったものだ。だから、彼はあったものを見ていなかった。彼はなかったものを見た。実際は存在しなかったものが、存在したものの上に置かれたのだ。

だから、あなたが虚偽、不真実、錯覚、外観などの言葉を用いる時、次のことを心《マインド》にとめておきなさい。それは存在していないという意味ではない、ということを――。例えば、蛇を見たと信じて、逃げたこの男を捕まえてごらん。もし彼に、通りに蛇はいないと納得させようとしても、彼はあなたを信じることを拒否するだろう。彼は自分は蛇を見ていたと主張する。あなたは戻ってもう一度見るようにと彼を説得するかもしれないが、安全のために棒を貸さない限り、彼は同意しないだろう。あなたは蛇がいないことと、棒を持ち運ぶのは無意味であるのを非常によく知っているが、男は蛇については確信があり、棒が役立つことがわかっている。で、あなたが彼に安全のために棒を差し出す時、誰かが尋ねるかもしれない。「もし蛇が本当にいないなら、なぜあなたは彼に棒を与えるのだ？　それは蛇がいるのをあなたも信じていることを示している」。それでも、あなたは繰り返して言う。「蛇はいない、蛇は嘘だ。けれども、その男はそれを見ていて、再びそこに行くことを怖がっている。彼にとって蛇は本物だ」。だからあなたは彼に棒を与え、そして言う。

「もし蛇がいるなら、それを殺しなさい」。もしいないなら問題はない。

人が生の中に見るものは、生の真実ではない。人は充分気づいている時だけ、生の真実を見ることができる。真実は、人の無意識さと同じ割合で虚偽と混じり合っている。物事は、人が眠っているのと同じ程度に歪められて、倒錯して現われる。一つには、私たちに現われるものは真実ではない。だから眠っている人に、すべては偽りだ、それは幻想だと誰かが指摘しても、彼はあなたを信じることを拒否する。彼は言う。「すべてが幻想だと、どうやって信じたらいいのだ？　私の息子は病気だ——どうしたらそれが幻想であり得るのだ？　私は腹が空いている——どうしたら、それを幻想として受け取れるのだ？　私には家が必要だ。どうしたら、私はこれらの物事がすべて幻想だと信じられるのだ？　私には身体がある。誰かが石で私を傷つけたら、怪我をする、私の身体は出血し、痛みを感じる」

それなら、それについてどうしたらいいだろう？　この男を目覚めさせるために、ある方策を見つけなければならない。これらのすべての方策は、本質的に棒と同じ様なものだ。彼が目覚める日、彼はあなたが他の人に与えた棒で、その人がした同じことをこれらの方策でするだろう。彼は蛇を見つけた場所に行き、ロープを発見し、自分自身を笑い、棒を捨てた。彼は言った。「蛇は確かに偽りだった。今や棒を持ち運ぶことさえ役に立たない」。彼は戻って来て、すべてのそうした方法で、不必要に彼に棒を持ち運ばせたあなたに呆れるかもしれない——蛇はいなかったのだ。

私が瞑想、またはクンダリーニ、スピリチュアルな訓練のテクニックと呼ぶものは、存在しないものを探求することを本質的に意味する。あなたが見たものは存在さえしなかった、ということにあなたが確かに気づく日が、すべてのテクニックが無意味になる日、すべての手段が役立たずになる日だ。その日、あなたは病気が偽りだったこと、そのための治療法も偽りだったのを実感する。実際、偽りの病気の治療法は存在できない――それとも存在できるだろうか？　もし病気が偽りなら、治療法は決して正しいはずがない。偽りの病気には偽りの治療が必要だ。それが治療できる唯一の方法だ。二つの虚偽はお互いを否定する。だから、私がすべてのスピリチュアルな訓練のテクニックは偽りだと言う時、求めているものはそもそも決して失われなかったという意味で、私は本気でそう言うのだ。

ロープは、私たちの実例では常にロープだった。これまで、蛇に変わったことは全くなかった。ロープはずっとそこにあった。けれども起こったことは、その男がロープを見失ったということだった。それまで一瞬でさえロープは蛇に変化しなかったが、その男にとっては蛇に、一秒すら存在しなかった蛇になった。

さて、これは明らかに膠着状態を、むしろ複雑な状況を引き起こす。それは確かにロープだが、蛇のように見える。蛇は殺す必要があるし、ロープは発見されねばならない――蛇を殺すことなしには、ロープは見つけられない。ロープを見つけることなしには、蛇は殺されないだろう。だから何かをしなければならない。この場合、どうしたらいいとあなたは思うだろうか？　せいぜい私たちは、それは決してなかったこと、そこにはいなかったと認識するくらいだろう。そして在るものは、私たちの前に正しく見えるだろう。この認識が明らかになる日、私たちは何かを達成したと言うのだろうか？　蛇を失くし、ロープを発見したと言えるのだろうか？　それは決してない——なぜなら蛇を失う可能性は少しもないからだ。ロープはずっとそこにあった。それを見つけることに問題はない。それは初めからそこにあった。ロープは常に、すぐそこに存在していた。

仏陀が光明を達成した時、人々は彼のところに来て尋ねた。「あなたは何を達成したのですか？」仏陀は言った。「その質問は無意味だ。私は何も達成していない」

「それはあなたの労力が、このすべての年月において、すべて無駄だったということですか？」と彼らは尋ねた。「あなたの苦行の年月、追求の年月、それらはどんな結果も得られなかったのですか？」

「もしあなたが達成という見地で私に尋ねれば——私の努力は確かに無駄だった。なぜなら私は何も得なかったからだ。それでも私はあなたに言う、私がした同じ経路をたどって、私がしたことをしなさい」

彼らは言った、「あなたは頭がおかしくなったのですか？　なぜ私たちはそのように実を結ばなかったことをしなければならないのですか？」。仏陀は答えた。「私はもちろん、何も達成しなかったが、私は確かに失った。私は本当には存在しなかったものを失った。全く存在しなかったもの、私がそこにあると信じてきたものを失った。私が見つけたものは常に持っていたもの、すでに見つかっていたものだった。それは見つける必要のあるものではなかった。嘘によって囲まれた実在、私が存在しないと思い込んできたもの――それが私が見つけたものだ」

さて、これは何を意味するのだろうか？　既に存在していたものが再び見つかったことを、どうやって伝えたらいいだろう？　すでに達成されたものが見つけられたことを、決して達成されなかったものが失われたことを――？

だから私が、スピリチュアルな訓練のすべての技法《メソッド》は偽りだと言う時、それはあなたがそれらをする必要はないという意味ではない。私は、あなたが非常に深く虚偽に染まっているので、それらの効力を消すために、同等に虚偽の技法を使うこと以外に他のどんな選択肢もない、と単に言っているだけだ。あなたは虚偽の側にあまりにも移動してきたので、戻って来る間でさえ、この多くの地面――あなたが偽りになって進んだ距離を行かねばならない。

例えば、私はこの部屋の中を十歩で歩く。もし私がこの部屋から出たいと思うなら、少なくとも十歩歩いて戻らねばならない――この部屋の中を。さて、もし誰かが、部屋から出るために十歩以上歩くように私を説得するとしたら、それが私を非常に混乱させることに気づくだろう。そもそも私が部屋に入ったのは、私が十歩歩いたからだ。今もし私が、あと十歩行くことがあれば、私は部屋の中を二十歩歩いたことになる。実際、ある人が私に示すべきことは、部屋の中をさらに先へ進まずに、部屋から出るための方法だ。それでも私は間違いなく、十歩は歩かねばならない。たとえ今私の姿勢が異なり、進路が同じではなく、同じ方面に向いていなくても――私の背中は私が前に向いていた方向にある、そしてその逆も同じだ。

私たちは嘘の中で生きている。スピリチュアルな訓練に従う中では、あなたが向いている方向だけが変わるだろう。私たちは嘘の中に生きねばならない、それはやむを得ない。あなたの背中は、あなたが以前に向いていた方にあり、あなたの顔はあなたの背中があったところにあるだろう。その事実は残る。私たちは、自分たちがあえて嘘の中へ自分自身で歩いてきたのと同じ範囲を、同じ道筋で引き返さなければならない。私たちが同じ経路を戻る日、すべての物事はとても面白く見えるだろう。

それは、間違った薬を飲んだ人に解毒剤を与えるようなものだ。解毒剤は必要なかった。それはその人が間違った薬を飲んだから、使われただけだ。毒や、間違った薬が既に身体に入っているので、中和するためには別の毒を与える必要がある。それでも覚えておきなさい、解毒剤は毒でもあることを。ただ毒だけが、別の毒に効力がある。二番目の服用も、それが正反対の方向に作用する手段であることを除けば、それは毒だ。もし医師に、あなたの身体は毒されていて、より多くの毒をあなたに与えていると伝えられたら、あなたはぞっとするだろう。あなたは叫ぶかもしれない。「実際のところ、私は毒で死につつあるのだ。今、あなたはそれにもっと多く追加しているのか！」。医師は説明する。「これは解毒剤です。それは確かに毒ですが、前者とは正反対のものです」

だから、私がこの世界は嘘だと言う時、修行《サダーナ》やスピリチュアルな訓練は真実ではあり得ない。どうやったら、真実のサダーナを偽りの世界に対抗するために適用できるだろう？　架空の幽霊を殺すために、本物の剣を使うことはできない――もしそうしたら、自分自身を傷つけるだろう。架空の幽霊を殺すには、必ず偽りの剣を持つようにするといい。もしあなたが、本物の銃で存在しない幽霊を殺しに行くなら、明らかにあなた自身に問題を引き起こすだろう。本物の銃は、あなたに危害をもたらすことになる。だから、もし幽霊を追い払う必要があるなら、護符を身に付けるのが良いだろう。それは剣でも銃でもない。それは偽りの治療法だ。それも一つの解毒剤だ。それは完璧だ。正確に対照的な嘘は、別の嘘に対抗するための手段だ。

すべてのスピリチュアルな訓練は、世俗的な世界《サンサーラ》から抜け出す方法以外の何ものでもない。そして私がこの世俗的な世界を幻想と――それが、私たちはそうであると理解しているものではない、という意味で幻想と呼ぶので……。

そこでその質問がある。この幻想を取り除くために、何ができるのだろうか。私たちは、自分が幻想に深く入ってきたのと同じ範囲を後戻りする必要がある。なぜ私は、これをあなたに思い出させたいと感じるのか？――それは探求者が常に危険に直面するからだ。その危険とは、彼は幽霊から離れたままでいるために、護符を使うかもしれないからだ。けれどもそうすることで、彼が幽霊から自分自身を救うことに成功しても、彼はしっかりとそのお守りにしがみついている。彼は護符に自分の人生の救世主を見つける。今や、彼は幽霊を恐れていたのと同じくらい、お守りを失うことを恐れている。当然だ。どうやって、彼は自分の人生を救ったものを失えるだろう？　そこで彼は、幽霊からは解放されるが護符に捕まってしまう。だから彼は、ちょうど幽霊が非現実であったように、護符もそうであることを思い出す必要がある。今、幽霊は去ったのだから、護符の力も同様に捨てた方が良い。

何度も何度も、私はそれをすべての探求者に思い出させたい。どんなサダーナに従っていようとも、それは基本的には自分自身を虚偽に陥れることへの解毒剤だ。そして嘘への解毒剤は、必然的に嘘でなければならない。ただ毒だけが、別の毒に対抗できる――それを反対方向に働かせるために。探求者にこの点を肝に銘じさせることは不可欠だ。そうでなければ、彼はサンサーラを落とすことに成功するかもしれないが、サニヤスや放棄をつかむかもしれない。彼は市場を落とすかもしれないが、寺院に飛びつくかもしれない。お金をあきらめるかもしれないが、瞑想をつかんで離さないかもしれない。どんなものにも執着するのが危険なのは、人がしがみつくものは何でも束縛になるからだ――それがお金か瞑想であるかに関係なく。瞑想が必要でなくなる日、それが無意味になる日、それがサダーナが本物になった時だ。

屋根に到達した人は、梯子が無用であることにはっきり気づくべきだ。もし彼がまだ、梯子は自分にとって有用だと主張してしがみついているなら、彼はまだ屋根に達していないことを理解するべきだ。彼はまだ、梯子上のどこかに立っているに違いない。その人は梯子の最上段に到達しているが、それでもまだそれにしっかり捕まっていると考えられる。覚えておきなさい。これが事実に違いないなら、その人は梯子の最初の段に立っていた時と同じくらい、まだ屋根から遠く離れているのだということを。彼はまだ屋根に達していない。どちらの場合にしろ、彼は屋根から遠く離れている。

あなたはほとんどすべての梯子を登るかもしれないが、もし最後の段で止まるなら、それは屋根に達したことにはならない――あなたはまだ、梯子の上にいる。それが違いを作る。最初、あなたは一番目の段にいて、今は百段目のところにいるが、それでもあなたは梯子の上にいる。そして梯子の上にいる人は、絶対に屋根の上にはいない。もし屋根の上にいたいなら、二つのことをせざるを得ないだろう。あなたは梯子を登らなければならないし、屋根に登った後、梯子を取り除かねばならない。

だから私は、一方では瞑想は役に立つと言う。そして同時にまた、瞑想は解毒剤以上の何ものでもないとも言う。そのため、私は主張する。霊的な訓練に従いなさい、それからそれも落としなさい、と。だから私が両方を同時に言うと、明らかに困難を引き起こす。一方で私は、これをしなさい、あれをしなさいと言い、それから私はすべてのサダーナは偽りであると宣言している、とあなたが感じるのは自然なことだ。「もしこれがそうであるなら、なぜ私たちはそれに従うべきなのでしょう？」と、当然あなたは尋ねる。あなたの論理は言う。「もし、結局は梯子を降りなければならないのなら、なぜそもそもそれに登るのだ？」

それでも覚えておきなさい。梯子を登らない人は段から離れて留まり、それを登って屋根の上に出てきた人も段から離れている——しかし、両者は全く異なる平面上に存在する。一人が下の地上にいる一方で、もう一人は屋根の上にいる。たとえどちらも梯子の上にいなくても、二人の間には根本的な違いがある。一人が梯子から離れているのは彼が登らなかったからだが、一方もう一人が梯子から離れているのは、彼が梯子を登ってそれから降りたからだ。

生は、人は特定のものを登って、他のものから降りる必要があるという点で、大きな神秘といえる。また、人は特定のものに執着し、特定の他のものを落とす必要があるという点でも——。しかし人間のマインドは言う。「もしあなたが何かを保持したいなら、完全にそれを保持しなさい。もしあなたがそれを落としたいなら、徹底的にそれを落としなさい」

この種の論法は危険だ。それは生の中に、どんな活力ももたらさない。私は両方に気づいていて、その問題を見ることができる。ある人々が自分たちの富を保持している一方で、他の人々は自分たちの宗教を保持している。何人かが現象世界《サンサーラ》を保持している一方で、何人かは解脱《モクシャ》の考えをしっかりと保持している——しかし、基本的に保持することが残っている。

何ものにもしがみつかない人だけが、解放される。すべてのしがみつくこと、執着、邪魔物《ブロック》、要求から自由な人、彼だけが真実を知る。どんな条件も作らない人だけが、真実を知ることができる。

これくらいの条件——あなたは自分の店の仕事に従事するよりも、むしろ礼拝する寺院にいるべきだ——でさえ、真実を知ることから、あなたを妨げることになる。そうした場合、あなたは嘘——例えば、寺院そのものから生じる真実だけを知ることで終わるだろう。あなたの側にあるこれだけの条件でさえ——あなたはある特定の方法だけで生きる、あなたはサニヤシンのように生きたいと思う——もしこれも条件になったら、あなたは決して真実を知るには至らない。これは、最上段まで登った後に梯子につかまることになる。

「私がとても高く登るのに役立った梯子を、そのすべてを、突然どうやって捨てられるだろうか？」

ということが、しばしばあなたに起こってきたかもしれない。だからあなたは梯子に固執したい。私たちは自分たちの周り中で、これが起こっているのに気づく。例えば、人は後になって快適な生活を送れるように、お金を稼ぎ始める。お金を稼ぐために何年もかかり、その過程で休息と娯楽を逃がす。そうしなければ、どうやって自分の富を作ることに成功できるだろう？　自分が大きな取引を得れば、後で快適で楽に暮らせると、彼はその瞬間は思い込んでいた。彼の目的は安楽に生きることで、当然、お金が必要不可欠だった。だからその男は、お金を稼ぐことに忙しかった。そしてお金を稼がねばならない時、くつろぐ余裕はない。お金を稼ぐための唯一の方法は、何年間もの休息と娯楽を一度にあきらめることだ。

そこでこの男は、次の二十年から二十五年のために、自分の休日や休暇をあきらめて、たくさんのお金を稼いでいると仮定しよう。疑いなく彼は富を作るが、くつろぎの習慣を失う。くつろぎは、全然彼の習慣にならないので、それが問題を引き起こす。二十五年の実践が彼の過去にある。今、もしあなたが彼に家に滞在してくつろぐように求めても、彼にはできない。彼は、秘書よりも一時間前に仕事場に到着する。彼の従業員は五時で終了し、彼は七時まで残る。どうもその男は、彼が登った梯子は、ある日降りるためのものだったことを忘れている。目標は、ある段階で降りてくつろぐことだった。その考えは、いつか彼が静かに立ち去れるように、充分に稼ぐことだった。彼の唯一の目的は、彼が引退できるようにお金を稼ぐことだった。

今彼は、自分自身が非常に困難な状況にいることに気づく。お金を稼ぐことに従事する中で、彼はリラックスする能力を失ってしまい、リラックスしない習慣にはまってしまった。彼は考える。どうやったらリラックスできるだろう？　そこで彼は、お金を積み上げ続ける。彼は梯子を登り続け、梯子から降りることを拒否する。彼の屋根は決して近づかない。彼は登り続ける――一つの梯子を、もう一つの梯子の上に持ち上げる。たとえどんなにあなたが「それで充分だ。今や降りるべき時だ」と説得しても、彼はこう言って主張し続ける。「そんなことがあり得るのか？　私は自分が座ってくつろぐ前に、梯子を建てなければならない」。そこで彼は自分の梯子を建て続け、そして登り続ける。それはあまり重要ではなく、これはお金だけに関して真実だったものだ。同じことが、同様に宗教に関して起こる。私たちの心《マインド》は正確に同じように、かまわずに機能する。

人は宗教の世界に入り、物事を放棄し始める。自分のマインドが、すべての執着から解放される地点に到着できるように、物事をあきらめる。彼の思い込みは、執着がある限り束縛がある、ということだ。だから彼は「束縛するものをすべて捨てろ、すべてを放棄しろ！」と言う。彼は自分の家、仕事、家族、富、自分の服を否定し始める――彼は物事を落とし続ける。

二十年から二十五年の間で、彼の習慣は今や、放棄の習慣をあきらめられないほどに固くなる。その習慣は、岩のように彼の首にまとわりつく。彼は方法と手段を見つけ続ける――次に何を落とすべきか？――そして彼の梯子は昇り続ける。彼は食べ物、水、塩、バター、砂糖、その他何でも、落とすべきかどうか目星を付けようとし始める。次に放棄すべきものに関する考えで、遊び続ける――彼は睡眠をあきらめるべきか、それとも入浴を止めるべきかどうか――。彼は、絶え間なく物事を放棄する方法を探している。結局彼は、自分の人生をあきらめることについて話し、自殺の観点で考え始める地点にさえ到着する。彼はサンターラ、自発的に死を受け入れる宗教的実践の準備をする。

放棄する人としがみつく人は、同じ種類の人たちだ。ある人が物事を放棄するために用いる梯子につかまっている一方で、他の人は、物事を手に入れるために用いる梯子を強奪してきた。しかし、どちらも進んで梯子を降りることはない。そして私の見たところでは、真実は、梯子が消滅してあなたが平地に上陸するところに、もはや登ったり降りたりする必要がないところに在る。真実は、自分の執着を落とすところに、自分の条件付けを落とすところに、あなたの条件付けられたマインドを通して物事を見るのを止めるところに、あなたがすべての条件付けから解放されたマインドで、物事を知覚し始めるところに在る——そこが、真実が在るところだ。

おそらくそれが、正確にイエスの意味していたことだ……。誰が真実を受け継ぐのだろうか、とイエスが尋ねられた時、彼は「子供のような人たちだ」と答えた。さて、これは何を意味するのだろう？　「子供のような」とは？　それが意味するものは、どんな事前の条件付けもせずに、物事を見る人のことだ。もし子供が物事を見る方法を見守れば、あなたはびっくりするだろう。私たちが物事を見る方法と、子供たちの方法には違いがある。私たちが見る時は、何かを熟視していたり何かを探しているが、それに比べて子供はただ見る。彼は特に何も探していない。彼の目は単純に動く。あるものは何であれ、見えるものは何であれ、彼はただそれを見る。彼は特定のものを見ることに愛着を持っていない。彼は、自分が見るものは特定の方法でのみ表されるべきだ、という考えに固定されていない。彼はそこにあるものは何でも見る。正しく言えば、彼の見ることは無目的だ。子供は目的を持って見てはいない。だから大人の目の中には、子供の目の中に見える無垢が見えないのだ。大人は理由をつけて物事を見る。もしあなたがポケットにお金を持っていたら、彼は特定の方法であなたを見る。あなたのポケットが空っぽなら、彼は違ったようにあなたを見る。もし、たまたまあなたが美しいなら、男はある種の目つきになる。あなたが美しくないなら、彼は違う目つきになる。もし彼があなたに興味を持つなら、特別な方法であなたを見る。そうでなければ、彼は違ったように見るか、あるいは全くあなたを見ない。彼が見ることには目的がある。大人にとっては、見るというたった一つの行為でさえ、目的なしではない。

目的があなたの視野に入る時、ロープは蛇のように見え始める。ロープは存在しなくなる。実際は、単に映し出すものが、あなたがそう望むなら、ロープが蛇のようなものに見える理由になる。それは単なる投影だ――その男はおびえている。彼の眼差しに恐怖がある。ということは、彼が物事を見るときは、いつでも恐れから見る。彼は暗闇の中の通りを歩いている。すると彼の目には恐怖がある。彼は道路の上にある何かを見つける。それは何かが動いているように見える。彼はすぐに、それは蛇だと信じる。なぜなら彼は恐れから見ているからだ。彼は目的によって導かれている。彼は、通りに蛇がいるかどうかを確認するために、自分の無意識のマインドを通して見ている――それは、ロープの代わりに蛇を見るようにさせる。

子供はロープに重ね合わせられた蛇を見ることはない。しばしばあり得ることは、もし蛇がじっとしているなら、子供はロープだと思うかもしれない、彼はそれを蛇として見ないかもしれない。そして実際にそれをつまみ上げるかもしれない、ということがある。もし私たちが見るものの中に何かの目的、何かの期待、何かの恐れがあるなら……。よく理解してごらん。もしマインドを通して見ているなら、あなたは知覚の対象を歪める。そこで問題は、私たちはマインドを使わずに見ることができるだろうか？ということだ。マインドなしで見ることは究極の状態だ。私たちの動機、私たちの恐怖、私たちの欲望、私たちの情熱は、すべてマインドの中に蓄えられている。

チェーホフがある短編小説を書いた。二人の警官が通りをパトロールしていた。彼らは茶店の近くに集まった群衆を見た。一人の男が自分の足で犬を捕まえていた。彼は、犬が俺を噛みついたから俺は犬を殺すつもりだ、と言っていた。群衆の誰もが楽しんでいて、前にも多くの人々に噛みついてきたやっかいな犬を殺すその男を、励ましていた。警官もまた群衆の中に立っていた。犬たちは警官たちをも困らせる。犬たちは彼らに特別な注意を払う！

だから警官たちは、犬を始末している者を見て喜んでいた。「あなたは正しい。この犬を殺しなさい。犬は夜の私たちにとって、大きな悩みの種だ」と一人の警官が言った。ちょうどその時、もう一人の警官が彼の相棒をわきに連れて来て言った。「そいつをよく見ろ。そいつは署長の犬のように見える」。すぐに、犬を殺すことを主張していた最初の警官は、犬を捕まえている男のところへ歩み寄って、彼の襟をつかんで言った。「この悪党め！　通りの真ん中に群衆を誘い寄せて、通行を止めるとはどういうことだ？　こんな迷惑を起こすとはどういうことだ？　我々と一緒に警察署に来い！」。彼はすぐに自分の腕の中に犬を拾い上げて、その犬をかわいがり始めた。その警官が犬に愛情を示し始めた時、そして犬を捕えていた男が逮捕された時、すべての群衆は非常に困惑した。

群集は、何が起こったのか理解できなかった――その警官は、ほんの少し前は犬を殺す準備ができていたのだ。次の瞬間、二番目の警官がもう少し近づいて犬を見て言った。「違う、これは署長の犬のようには見えない！」。とっさに最初の警官は犬を追い払って、その男に怒鳴った。「この犬をつかまえてそいつを殺すんだ！　そいつは非常に危険だ」。それでも、男が犬をつかまえた頃に、二番目の警官がこう言って、疑いをもう一度表わした。

「確信できないが、そいつは署長の犬のように見える」

物語はこのように続いてゆく。犬への態度が何度も変わるのは、目的の変化が何度も起こるからだ。犬は同じ、男は同じ、警官は同じ――すべては同じだ。登場人物たちは変わらないままだが、それぞれの時間で動機に変化があるので、物語は数回変転する。時には彼は署長の犬として認められ、時には認められない。警官たちは、犬が署長のものではないと見えた時に、一度彼らの態度を変えた。そして、犬が署長のものだといったん認識したら、彼らは全く違う態度で犬をかわいがり始めた。

これが、私たちみんなの生き方だ。マインドが存在する限り、私たちはこうした生を続ける。そこで私が言うことはその修行《サダーナ》だ……。

サダーナ、霊的な訓練とは本当は何だろう？　サダーナとは、マインドから自由になることだ。しかし、いったんあなたが自由になったら、サダーナにはどんな使い道があるだろうか？　あなたは自分のマインドと一緒にそれを葬り去る必要がある。マインドと一緒に、霊的な訓練も同様に手放すことだ。自分のマインドに言わねばならない。「あなたと一緒にこのサダーナを持って行ってください。私はあなたのために、それに従っていた。あなたが去ろうとしている今、どうかあなたと一緒に、このサダーナも持って行ってください！」

人がマインドとサダーナの両方から解放される時、病気はもちろん、治療からも解放される時……、覚えておきなさい。もし人が病気だけから解放されても、それでも治療を続けるなら、人は本当に自由ではない。よくあることだが、病気は治療法に夢中になるほど、危険ではないことがわかる。どちらかといえば、病気を簡単に追い払えると感じるのは病気が苦痛だからだ。人は治療については、良いものと感じる。そのため、それを決して落としたくない。だが、治療法にしがみつく価値があるのだろうか？

治療法は病人にとっては確かに望ましいものだが、健康な人にとって、どんな意味を持つのだろう？　健康な人に治療法は全く価値がない。あなたが病気を抱え込むように決めているので、治療法も受け入れるように強いられる。だが、病気であると主張するのを止めるなら、治療法は全く無意味になる。

病気と治療法は同じ次元だ。二つの間に違いはない。それはあり得ない。そうでなければ、それらは機能しなくなるだろう。治療法は病気と同じ次元に存在する。薬に存在する細菌は、病気の原因となる細菌とは正反対のものだ。病気と治療法が互いに背中合わせに位置していることは本当だ。けれども、それらが存在する次元は同じだ。

私は病気に反対して話しているだけではない。治療法にも反対して話している。私の経験では、この数千年間で、かなり多くのことが病気に反対して言われてきたからだ。その結果、たとえ人々が病気を治しても、彼らは治療法にしがみついた。

治療法に執着した人々は、病気だった人たちよりも、さらに危険であることが判明した。そのため、両方のことを考慮する必要がある。病気と治療法は両方とも落とす必要がある。マインドと瞑想は両方ともあきらめなければならない。サンサーラと宗教は両方とも放棄すべきだ。人は保持すべきか、それとも落とすべきかの、どちらも残されていない地点に到達する必要がある。その時、ただ在るものだけが残る。

だから、私がこれらすべてのテクニックについて話す時——それがクンダリーニ、チャクラ、七つの身体についてであろうと——それらはすべて夢の一部だ。事実は、あなたは既に夢を見ているので、夢についてのすべてを正しく理解するまで、それから出ることはできない。

それから出てくるために、夢について正しい理解を持つ必要がある。夢や嘘にも独自の存在がある。それはこの世界に独自の場所を持っていて、それを取り除くための手段がある。しかし最終的には、両方ともあきらめることに価値がある。そのため私はあなたに言う、両方とも偽りだ、サンサーラと同じようにサダーナも、と。もし私が、それらの一つは真実だと言うようなことがあれば、どうやってあなたはそれを落とすだろう？ その時、あなたは言うかもしれない。「どうやって真実を落とせるだろう？ 真実は受け入れなければならない」とあなたは固執する。

だから、どんなものも保持してはいけない。どんなしがみつきも持ってはいけないし、どんな固定観念にも従ってはいけない。執着するようになってはいけない。私はあなたに言う。サンサーラもサダーナも、真実ではない。サダーナの虚偽は、サンサーラの虚偽を否定する目的のためにある。両方の欺瞞は同等なものに達し、お互いを中和する。その時残っているものが真実だ。その真実は、この世界でも、サダーナでもない。真実は両方の外側にある。または両方の前にある。または両方を超え、または両方を超越している。両方がない時、それは存在する。だから私は、世俗的でもなく出家するのでもない三番目のタイプの人間について、話しているのだ。

誰かが私に「あなたは出家僧《サニヤシン》ですか？」と尋ねる時、私は自分が大変な困難の中にいるのに気づく。なぜなら、もし自分はサニヤシンだと言うなら、私は自分自身が世俗的人間と僧侶の間に存在する同じ二元性に、巻き込まれているのを見るからだ。同様に誰かが「あなたは世俗的な人間ですか？」と尋ねる時、その時も、私は同じ困難に直面する。なぜならもし私が、自分は世俗的な人間だと言うなら、私はまたもや、世俗的な人間と出家者との間に存在する二元性に直面している自分自身に気づくからだ。

だから私は、自分は同時に両方のどちらでもあると言うべきだが――それは無意味だ。なぜならもしも同時に、私が世俗的であり出家していることの両方であるなら、その時すべての意味は失われるからだ。二元性のせいで意味は存在していた。意味は二分法の中にあった。世界から去ることは、サニヤシンになるという意味だ。出家の生活を受け入れないことは、世俗的人間であるという意味だ。だから、もし私が自分は両方だと言えば、言葉はその意味を失う。もし私が自分は両方ではないと言うなら、同じ困難が生じる。なぜなら私たちは、二つを超えた何かであるもの、三番目であり得るものについては全くわからないからだ。

人々は言う、「あなたはここに属しているのか、そこに属しているのかのどちらかだ。あなたは生きていると断言するか、死んでいることを認めるかのどちらかだ。どうやって、両方は真実ではないと言えるのだ？　それは容認できないだろう」

私たちが生きる唯一の方法は、物事を二つに――あれかこれかに分割することだ。私たちは闇か光のどちらかを見る――私たちの生の中に薄暗がりのための、どちらでもないもののための余地はない。私たちの生の中に、灰色の場所はない。私たちが黒か白のどちらかにものを分ける一方で、現実は大部分が灰色で構成されている。灰色が少し濃密になる時、それは闇に変わる。灰色が薄くなる時、それは白に変わる――だが、灰色のための余地はない。あなたには友人か敵のどちらかがいる――その間に三番目の場所はない。実際のところ、三番目の場所が本当に真の場所だ――しかし私たちの言語、私たちの思考の方法、私たちの生き方にはその余地はない。

仮にあなたが私に「あなたは私の友人か？　それとも敵なのか？」と尋ねるようなことがあって、「私はその両方だ」と私が答えるなら、あなたは私の言うことを理解するのが難しくなる。どうすれば、私は両方であり得るだろうか？　もし私が自分はどちらでもないと言うなら、その時でさえそれは無意味になる。私の答えは何の意味ももたらさないからだ。そして事の真相は、健康な人は、両方かまたはそのどちらでもないということだ。

これらは、同じ物事を表現する単なる二つの方法に過ぎない。そうした場合には、人は敵でも友人でもない。そして私の目から見れば、彼が言葉の真の意味で人間であるのはその時だけだ。彼には誰かへの敵意も友情もない。彼はどんな放棄の行為にも従わないし、サンサーラへのどんな愛着も持たない。

私は、この三番目のタイプの人間を探している。私があなたに話していることは、ただあなたの夢を壊す目的のためだけにある。もし夢が既に壊れているなら、私が話す意味はない。

ある物語を話そう。ある時、禅マスターが眠りから目覚めた。彼は夢分析の大変な信者だった。夢は、もちろん非常に役に立つ。それらは人間に関する多くの情報を与える。そして人は嘘つきであるため、夢などの嘘だけが、彼の嘘について私たちに伝えることができる。あなたが日中に市場でその人を見る時、彼は自分の夢の中にいるほど、完全に嘘である夢の中にいるほど本物ではない。

もしあなたが、妻は世界で最も美しい女性であることを、手を合わせて、自分の妻に伝えている男に出くわすなら——ちょっと彼の夢を覗いてみるがいい。彼の妻は、めったに彼の夢に入って来ない——間違いなく、他の女性が見つかるだろう。彼の夢は、彼についてより正確にあなたに教えてくれる。夢、それは本質的には嘘だ。

その人自身が嘘なので、彼の真実を見つけ出すためには、嘘を使うことになる。その人が本物だったら、彼の人生そのものが、彼が誰であるかを示しただろう。それなら彼の夢に入る必要はなかった。彼の顔がそれを示しただろう。本物の人は、妻にこう言っただろう。

「あなたは、私にはそれほど美しくは見えない。隣の女性は非常に美しく見える」

私たちの間には存在しないそうした男は的外れだが、もしそんな人がいたなら、夢は彼のところに来るのを止める。自分の妻に「私は今日、あなたに愛を感じない。私は通りを歩いている女性に惹かれている」と伝えることができる夫は——そのように単純で、直接的な男性は夢見ることを止める。他の女性は、もはや彼の夢にやって来る必要はない。彼は日中、その用件を始末した。問題は終わった。夢はもはやない。

夢とは、いつまでも物思いにふけっている現象だ。日中に起こらなかったこと、言えなかったこと、できなかったことは何でも、内側に休眠状態で残り、それから夜にそれ自身を生き返らせようと企てる。人は一日中嘘の中に生きているので、その嘘が夜に、彼の夢の中で現実のように現われ続ける。だから今日の心理学のすべての分野が――それがフロイト、ユングまたはアドラーであれ――夢を分析する心理学なのだ。

人間を理解するために、夢分析に頼らねばならないのは奇妙だ。夢分析は、人を知るための手段になってきた。ちょっと考えてごらん。これは何を意味するのだろう？　もし精神分析医を訪ねれば、彼はあなたにそれほど関心を示さない。彼はあなたの夢に、興味を持つようになる――なぜならあなたがいると、あなたは嘘だからだ。あなたについて何かを尋ねても、役に立たない。そのため、あなたの夢を参考にする必要がある。あなたの反映は夢の中を通って来る。あなたの心象は夢の中に――それは偽りだ――鋭く現われる。だから精神分析医は、あなたの夢の中をそっと覗きたいのだ。すべての心理学の学問は、夢分析に基づいている。

禅マスターは、夢にも非常に熱心な興味を持っていた。探求者である自分の弟子たちに、彼らの夢についてよく尋ねた。なぜなら探求者が、自分は神を見つけたかったが、その代わりにダイヤモンドの鉱山を見つける夢を見たと、言いに来るかもしれないからだ。実は、彼は神とは何の関係もないかもしれない。ある日彼が、神にダイヤモンド鉱山の所在を尋ねるために神を求めているのかもしれない、ということもあり得る。これが、夢が彼の本当の探求に関するすべてを伝える方法だ。

マスターは弟子たちに、夢日記を書き続けるように要求した。もし人々が彼らの伝記に、彼らが眠っていた時に起こったことだけを、彼らが目を覚ましていた時を無視して、正直に書くようなことがあったら、世界は生きるためのかなり良い場所になっただろう。そして私たちは、人間について多くの本当の事実を、知るようになっただろう。

昼間の世界は嘘に満ちている。偽者は、非常にうまくそれを計画する。少なくとも夢の中には、ある種の真実が存在する。なぜなら夢は計画されていないからだ。それはそれ自身で起こり、独自の現実を持っている。もし、すべての聖人たちの夢を暴露するようなことがあったら、これらの聖人たちの非常に多くが、何の価値もないことに気づくだろう。彼らのほとんどは、犯罪者のように見えただろう――もちろん、市場では犯罪を犯していないが、彼らのマインドの中で犯罪を犯している、という類の犯罪者だ。

ある朝マスターは、ちょうど弟子がたまたま通った時に起きた。

マスターは彼を呼んで言った。

「昨夜、わしは夢を見た。わしのためにそれを解釈してくれないか?」

弟子は言った。「お待ちください。私を行かせて、その解釈を持ってこさせてください!」

マスターは尋ねた。「行って解釈を持ってくるだと?」。だが彼は待った。

弟子は中に入って、水差し一杯を持ってきて言った。

「ここで、ちょっとあなたの顔を洗ってください。夢が壊れた今、それを解釈する意味は何でしょうか? まだ残っているかもしれない夢のわずかな幻想が何であろうと、わずかな痕跡が何であろうと、それが洗浄できるように、どうぞあなたの顔を洗ってください」

マスターは言った。「わしのそばに座りなさい。わしはお前の解釈が好きだ」

それから別の弟子が通り過ぎると、マスターは彼を呼んで言った。

「昨夜わしは夢を見た。この者はささやかな解釈をした。ここに水で満たされた水差しがある。お前はそれ以上の解釈ができるだろうか?」

その弟子は言った。「もし、ほんの一分間待っていただけるなら、すぐに戻ってきます」

彼は走って行って、一杯のお茶を持って来た。マスターを呼んで彼は言った。

「どうぞ、この一杯のお茶を飲んでください。するとすべての問題は終わるでしょう。あなたは眠りから起き上がって自分の顔を洗ったのに、なぜ私を罠に嵌めたいのですか?」

マスターは自分のそばに座るように彼に求め、そして言った。

「わしはお前の言ったことが好きだ。しかし、お前がわしの夢に解釈を与えようと試みたなら、わしはアシュラムの外へお前を放り投げていただろう。お前は自分自身を救った。お前は辛うじて自分自身を救った。夢がとにかく壊れている時、それを解釈することの要点は何だろう? 解釈は、ただ夢が起こっている限り有効なものだ」

だから、私のすべての説明は夢の説明であり、夢の説明は決して真実ではあり得ない。あなたは私が言うことを理解しているだろうか? 全く、夢そのものが決して真実でない時、どうやって夢の説明が真実の意味を持つだろうか? それでも夢の説明は、夢に終止符を打つのに役に立つ——

それがいずれ起こるなら、あなたは目を覚ますだろう。あなたが目を覚ます日、夢が本当だったとは言わない。あなたは説明が正しかったとは言わない。あなたはそれを、終わってしまった単なる遊びだったと言うだろう。そしてあなたは、このゲームには二つの側面があったと言うだろう。一つは夢にふけることで、もう一つはそれを破ることだ。夢にふけることはサンサーラだ。夢を壊す説明はサニヤスを作り上げる——それでも基本的には、両方とも夢の国の出来事だ。サニヤスが夢を壊すための努力であるのに比べて、サンサーラは夢にふけることを意味する——しかし、両方とも夢の出来事だ。夢が終わったら、サンサーラもサニヤスもない。その時あるものは何であれ、真実であるだろう。

二番目の質問

サダーナは自然な成長ですか？ それとも、自然の進化の過程から外れた飛躍なのですか？ もしサダーナが飛躍でもなく、また自然な進化の超越でもないなら、人類全体がひとりでに霊的な高みに達し得ることは可能でしょうか？ もし進化の過程は前進し続けるということが真実なら、なぜ過去の最も偉大なスピリチュアルな文化は、すべての進化の過程の中で置き去りにされてきたのでしょうか？

考慮されるべき多くのことがある。

まず第一に、私たちが万物から離れて人間を見るやいなや、こうした質問が起こり始める。例えばもし水を百度に熱するなら、百度で水は飛躍して蒸気に変わる。水の加熱は、水が飛躍することで蒸気に変わることと同じく、自然な現象だ。これは不自然な出来事ではない。

水が飛躍して蒸気に変わる自然の法則がなかったら、水がそれ自体、蒸気になる手段はなかった。もし自然が水を百度まで加熱させるように準備されていなかったなら、水自体には百度まで加熱する能力はなかった。

それでも、もし水に意識があるなら、それは加熱から自分自身を救うことができるか、それとも火に水自身を手放すことができるかのどちらかになる――そしてどちらの場合でも、それは自然現象となるだろう。私が言う意味は、不自然なものは何一つ、これまでこの万物においては起こり得ないということだ。実際、決して起こり得ないものは不自然なものだ。

ただ自然なものだけが、この万物で起こる。どんな不自然なものも起こる方法はない。起こるものは何であれ自然なものだ。もし人間がスピリチュアルに進化しているなら、それは彼の自然な潜在能力のせいだ。もし彼が外側へ飛躍しているなら、それも彼の自然な潜在能力だ。彼が飛躍するべきか、飛躍しないでいるべきかを選ぶことも自然な可能性だ。これは、自然の中に多様な潜在能力があるという意味だ。実際のところ私たちの間違いは、たった一つの潜在性という意味で「自然」という言葉を使うことだ。

自然は無限の可能性の積み重ねだ。これらの可能性の内では、水を百度まで加熱することは自然な出来事で、〇度で水が凍結することも自然な出来事だ。〇度で水が凍結するというような自然現象は、百度で水が蒸気に変わるという自然現象を否定するものではない。一つの出来事は自然であるのに比べて、他の出来事はそうではないというわけではない——両方とも自然だ。

闇は自然で、光もそうだ。落下は自然で、上昇もそうだ。自然の中には無限の可能性がある。私たちは常に、無数の道が現われる岐路に立っている。そして興味深いことは、私たちが選ぶものは何であれ、選択する能力それ自体が、自然からの贈り物であるということだ。たとえ私たちが間違った道を選ぶことがあっても、自然はまさしくその終わりまで私たちを連れて行く。

自然は非常に協力的だ。もし私たちが地獄への路を選ぶなら、それはその道を明らかにして、先へ進むように私たちを招待し始める。それはあなたを止めるつもりはない。もしあなたがそうしたいと思うなら、なぜ自然はあなたが水を氷に変えることを止めて、むしろそれを蒸気に変えるようにさせるのだろう？　もしあなたが地獄に行きたいと思うなら、あるいは天国に行きたいと思うなら、自然は喜んであなたの道を明らかにする。あなたが生きることを望もうと、死ぬことを望もうと、自然は常に喜んで協力する。生きることは自然だ。死ぬことは自然だ。そしてあなたが、二つの内のどちらかを選択する能力も自然だ。もしあなたが、この自然の多次元性を把握できるなら、私が話すことを理解するのは難しくないだろう。

苦しみは自然だ。そして幸せもそうだ。盲目の人のように生きることは自然で、目を開いて生きることも自然だ。目覚めることは自然で、同様に眠ったままでいることも自然だ。自然は無限の可能性を含んでいる。そして興味深いのは、私たちが自然の外で生きていないことだ。私たちは自然の一部だ。私たちの選択もまた、自分たちの中にある自然の能力によるものだ。

個人がますます意識的になるにつれて、選択する能力は、ますます深みのあるものになる。個人が無意識であればあるほど、彼の選択する能力は深みが少なくなる。例えば、太陽の下にある水が蒸気に変わることができないはずはない――そうでないことは困難だろう。水は、蒸気になるかならないかを決めることはできない。もし水が太陽の下にとどまるなら、蒸気になるはずで、冷たい中にあるなら氷になるはずだ。これは、水は自然を通して生きねばならないということだ。たとえ水が、自然を通して生きているという知識を持っていなくてもだ。なぜならその意識は低いか、あるいは全くないか、あるいは休止状態にあるからだ。

アフリカの木々は、太陽を求めて数百フィートに上昇する。彼らは高く成長する。インドの木々は、それほどの高さに成長することはない。なぜならインドには密集した森がないからだ。密林では、木は生き残るためにますます高く成長しなければならない。それは日光を受けられるように、高さで他の木を圧倒する必要がある。必要な高さが見つからなかったなら、木は死んでしまう。それは木にとって死活問題だ。木はその選択を少し行なう必要がある。

密林では木々はあまり広がらない。その代わりより高く成長し、円錐形になる。密集した森では、幅広く成長することは木にとって危険だ。それは死ぬことになる。近くの木の枝がお互いに絡み合い、木々は太陽に到達できない。だから、もし木が太陽に到達しなければならないなら、その幅広い枝を成長させることはできない。それは高く成長しなければならない。これも木の選択だ。もしあなたが、密林が存在しない国で同じ木を植えることがあるなら、その高さは短くなるだろう。

実際に、毎年数フィート動く木がある。これは私たちが自分の足で動くように、彼らの根で動く木があることを意味する。彼らは移動したい方向にある根を強化し、置き去りにしたい場所の根をゆるめる。これが少し前方に移動する方法だ。沼地はこの動きをより容易にさせる。

肉食性の木がある。彼らは鳥をおびき寄せ、鳥を罠にかけ、いったん鳥がその木に降りたなら、彼らは葉を閉じる。これらの木は、鳥をおびき寄せるための大したシステムを開発してきた。彼らには皿の大きさの葉がある。その皿状の葉には非常に香りのよいジュースが含まれていて、香りが自然に遠くから鳥を魅了する。鳥が到着して葉の上に座るとすぐに、周り中から葉が鳥の上で閉じて鳥を押し潰す。そして木はその血を吸う。

今や、木は選択をしていない、ということを受け入れるのは困難だ。それは確かであり、それはさらにいくつかの計画を立てている。それは何かに目を光らせている。動物は、さらにより大きな選択をする——彼らは走る。彼らは迅速に動く。それでも人間による選択に比べたら、彼らの選択は非常に平凡だ。

人間がはるかに大きな選択に直面するのは、意識がいっそう進化しているからだ。彼は自分の身体を通して選ぶだけでなく、さらにマインドを通して選ぶ。彼は地上で移動することを選ぶだけではない。空間の中に、垂直に移動することも選ぶ。それも彼の選択する力の範囲内だ。

たとえこの領域がまだ研究されていないとしても、私はそれでも近い将来科学が、自殺傾向がある木を発見するかもしれない、と感じている——生きることを選ばないかもしれない木、密林に短期間生息し、やがては死を求めるかもしれない木が存在することを——。これは、まだ発見されていない。

人間の中には、自殺する人々がいるのをはっきり見ることができる——彼らは生きることを選ばない。彼らは死ぬ方法を探し続ける。どこであれ彼らが棘を見ると、狂人のようにその方向へ急いで行く。花は彼らを惹き付けない。どこであれ彼らが敗北を見ると、まるで催眠術にかかったかのようにその方向におびき寄せられる。だが、彼らが勝利を見る時は、弁解するための根拠を探す。人々は、成長の可能性に反対する数多くの論拠を見つけるが、堕落した人々がある程度いるところでは、その方向に頭を向け続ける。

すべての選択肢が人に開かれている。人が意識的になればなるほど、彼の選択は幸福の方向に彼を導くだろう。無意識であればあるほど、彼は惨めさの方向に近づく。だから私が話す時、あなたは選ばなければならない……。そこには蒸気になるための方法があるが、あなたは蒸気が生まれてくる地点に到達しなければならない。そこには氷になるための方法があるが、あなたは氷が生まれてくる地点に来なければならない。そこには生きるための方法があるが、あなたは生の道理を探求しなければならない。そこには死に出会うための方法があるが、あなたは死の道理を見つけなければならない。選択はあなたのものだ。しかも、あなたと自然は二つの分離した実体ではない――あなたが自然なのだ。

だからこの意味は、自然の多次元性には二種類ある、ということだ。マハーヴィーラは考慮するに値する用語をよく使った。マハーヴィーラが使った用語は、アナント - アナント（*anant-anant*）――無限大の無限だ。そこには既にアナント、無限という言葉がある。それは一つの方向での無限を意味する。アナント - アナントという言葉は、無限の方向での無限という意味だ。それは無限が二つの方向にだけあるということではない――それはすべての方向にある。すべての無限の中に無限がある。だからこの宇宙はただの無限ではない。むしろ、宇宙は無限大の無限で構成されていると言うべきだ。

私が言うことは、まず無限の方向があり、自然はそれらすべてのために機会を提供している、ということだ。そこには無限の選択肢があり、自然はそれらすべてを利用できるようにもさせる。自然それ自体に関して、確定できない部分で無数の人々がいる。それぞれの人には、選ぶか選ばないかという選択の自由がある。それでも、このすべては上のほうから支配されてはいない——それは内側から規制される。

この無限、あるいは人がこの無限大の無限と言うべきものは、誰かが牛を、その首の周りに結んだロープで前方に引っぱるようなものではない。また、それは誰かが牛を後ろから鞭で打って押しやるようなものではない。むしろ、それはそれ自身の内側の力で飛び出して流れている湧水のようなものだ。誰かが前方に引っ張るのでもなく、誰かが後ろから押すのでもない。誰かがそれを呼び出しているのでもなく、誰かがそれを前方へ動くように強制するのでもない。それには途方もない力、途方もないエネルギーがある。ではエネルギーは何をしているのだろう？　それは外部へ破裂している。それは流れている。それはその内側の拡大だ。

だからそこには無限の次元が、無限の選択肢が、選択をしている無限の部分がある。しかし、そこには上から管理する支配的なタイプの神はいない。そこには上方に座って指図をしている神はいない。そこには何のたくらみもない。むしろ内側の無限のエネルギーが、拡大するあらゆるものの原因となる唯一の源泉なのだ。

だから、そこには三つの段階がある。一つの段階は、無意識の状態で成り立っている。そこは無意識が理由で、起こることは何であれ、ただ起こるところだ。選択はほとんどない。選択が存在する二番目の段階は、人間の段階、意識の段階だ。ここでは、起こることは何であれ、私たちの選択が理由で起こる。ここでは、私たちはそのための責任が、他の誰かにあると思うことはできない。もし人が泥棒なら、それは彼の選択だ。もし人が正直なら、それも彼の選択だ。この段階においては、人が何であろうと、それは究極的に彼の選択だ。人間の段階においては、生じるものが何であろうと、それは選択が理由だ。この水準は半意識と半無意識の状態で成り立っているので、私たちは時たま、自分たちが選びたくないものを選んでしまう。

これは非常に興味深いことだ。私たちが時たま、そもそも選びたいとは思わなかったものを選ぶということは、非常に正反対に聞こえるが、実際に私たちは毎日そうしている。あなたは怒りたくないが怒る。これは何を意味するのだろうか？　それは、怒ることを望まないという考えがあなたの意識の部分から来る間に、怒りがあなたの無意識の部分から生じている、という意味だ。

無意識の部分が怒り続ける一方で、あなたの意識的な部分は「怒ってはいけない」と言う。あなたは二つに分かれたままだ。あなたの半分は下位の世界と結合されている——すべてが無意識の状態にある岩や山の世界と。残りの半分は目覚めている。それは意識で満たされていて、前方にある世界に接続されている——完全な世界に、すべてが充分に意識している神々しい世界に。人間はその中間にいる。それが、彼が緊張状態にある理由だ。

もし、人間は緊張そのものであると言うなら、その方が良いだろう——彼の半分は一方に、もう半分は他方に引っ張られている。言い換えれば、彼にはどんな個人性もない。彼は精神分裂病だ。

彼は夜に眠ると自然の一部になる。朝目覚めると、神聖なものに向かって彼の旅を始める。彼が激怒している時は、怒りで盲目的になる。彼が数学の問題に取り組んでいる時は、大変な気づきをもってそうする。

誰も、算数をしている間に「私は二と二を加えて四にしたかったが、合計して五にした」と言うのを聞いたことはない。しかし怒りに関する限り、人は怒りたくなかったと認めても、それでも怒るようになる。明らかに、怒りの状態と算数問題の解答を見つけることの間に、隔たりが存在する。おそらく算数は、私たちの目覚めた状態の一部だ。怒りが、私たちの無意識の状態の一部であるのに比べて――。これが、人が絶え間なく不安になる理由、彼が常に心配、緊張、苦悩に悩まされている理由だ。彼は常に惨めさの中にある。彼は自分がしたくないことをして、自分が本当にしたいことができない。このようにして、彼は常に緊張の中にいる。人はずっと振り子のように揺れ動いている――ある時は左に、ある時は右に。だからあなたは、彼を信頼できないのだ――今、彼は右にいる、今、彼は左にいる。あなたが彼について確信できないのは、その人が時計の振り子のように前後に動くからだ。

人間の段階を超えると、三番目の段階――完全な目覚めの段階がある。この段階にも選択はない。それでも、一番目の段階の非選択の状態と、この段階のそれとの間には違いがある。最初の段階は無意識の状態で成り立っている。選択者が存在しない。そのため、選択をするという問題はない。

眠っている人は、何を選べるだろう？　彼は眠ったままでい続ける。彼の家が燃えている時でさえ、彼が目を覚ますまで、中にいるべきか外に出るべきかどうかを、決定できないだろう。無意識の世界には、選択の余地はない。選択者が眠っているためだ。

意識の世界、覚醒の世界——私が神と呼ぶものは、その人の本性が目覚めた状態だ。人がこの充分に目覚めた世界に入るやいなや、そこにももはや選択はない。選択が存在しないのは、人が充分に目覚めているからだ。彼は疑いなく正しいものを見る。そのため、彼に選択する理由はない。選択するための状況は、物事が漠然と現われる時にだけ生じる。それは、人がこれをするべきかあれをするべきかに困惑している時、人があれかこれかの状況に巻き込まれた時だ。これは彼がはっきりと見ることができないことを、すべてが彼にとって曖昧に見えることを示している。両方の物事はする価値があるように見えるが、両方の物事はする価値がないようにも見える——そのための選択だ。

もし、する価値があるものとする価値がないものが正確にわかるなら、どこに選択の問題があるだろう？　それならすべての選ぶことは終わる。その時、人はする価値があるものをして、する価値がないものは捨てる。そのためこの段階にいる人は、自分が決してしたくなかった何かをした、とは言えない——そうした問題は生じない。彼は「私は自分がしてきたことを後悔する」と言うことさえできない。というのも、疑問が全く生じないからだ。彼は、自分は決して犯すべきではなかった過ちを犯した、と言うことさえできない——それも問題にならない。

充分に目覚めた人がすることに関して、選択というものはない。彼は自分が見るものに応じてだけ、する価値があるものに応じてだけ行為する。それは、自分はそれをしなければならない、と感じることではない。する必要があるものは何であれ、それは起こる。だから完全な覚醒の段階では、どんな選択もない。完全な無意識の段階では、どんな選択もない。

選択は人間の段階に存在する。それは、半分の意識と半分の覚醒で成り立っている。ここでは、それはすべてあなた次第だ——あなたはどちらの方向にも行くことができる。あなたは橋の真ん中に立っている——あなたは引き返すか、先に動くことができる。それは常に、引き返す方が簡単に見える。なぜだろう？——それは、私たちの戻る場所が知られた領域だからだ。私たちはそこから来る。その場所は、そんなに多くの脅威を含んでいない。その地形はよく知られている。先に動くことが常に危険に見えるのは、私たちが方向に関してどんな感覚さえも持っていないからだ。

だから人は酒を飲み、無意識になり、後退する。これは、彼が人間であるのをやめていることを示している。この方法で彼は、実はこういうことをはっきり表わしている。つまり、「私は選択することの悩みから抜け出したい。私は人がどんな選択もしなくていい地点に到達したい。私は昏迷の状態のままでいたい——私が溝に横たわったままでいてもいいところに、道端で思い悩んでいてもいいところに、もし望むなら下品な話をしていて、望まないなら下品な話をしなくてもいいところに——。私は、起こっているものは何であれ起こっている状態に、どんな選択もしなくていい状態にいたい」ということをだ。

そこで人は、もう決定することの緊張や負担を持たなくていい地点に到着する。そのため、すべての酔わせるものは人を橋から引き戻す。それらは彼に呼びかける。「戻って来なさい。あなたは以前の場所では申し分なかった」。あなたは、前進するために意識を高めなければならない。なぜなら橋の上で前方へ動く時、あなたはますます気づくようになるからだ――ただその時だけ、あなたは進むことができる。

前方へ動くことは、たった一つのことを意味する。それは、ますます気づくようになることだ。これも選択の問題で、何を選ぶべきかはあなた次第であり、他のすべての人次第だ。あなたはその責任を、他の誰かに負わせることはできない。なぜなら、あなたに間違った選択をさせたことで非難され得るような人は、誰も上方に座ってなどいないからだ。天には誰もいない。空は空っぽだ。そこには天国に座っている神や女神、神性な存在はいない。あなたが法廷に引きずり出してきて、「私たちは正しい道に沿って動いていましたが、あなたは私たちを少し道に迷わせました」と言えるような相手はいない。あなたはこう言うことなどできない。「あなたが御自身を物事から遠ざけていたなら、それはよりうまくいっていたでしょう」と。

あなたがそう話しかけられる人は、誰もいない。そのため、それをする方法はない。最終的には個人が責任を負う。彼は、良いものと同じように悪いものにも責任がある。あなたが責任を負わせられる人は誰もいない。なぜ特定の物事が起こったのかを答えられる人は――そこには全く誰もいない。

もちろん先に進んだ人はこう言い、こう大声で叫ぶ、「恐怖の中に戻ってはいけない。なぜなら多くの喜びがあなたの前方に横たわっているからだ。いったんあなたがそこに到達したら、すべての心配、すべての落ち着きのなさ、すべての惨めさは終了する」。彼らは声を出して叫んでこう言うが、彼らの声が私たちにとって奇妙に聞こえるのは、彼らの話す場所が、私たちにとって未知だからだ。

「どうすれば、至福を達成できるのだろう？」と私たちは思ってしまう。もしこんな遠くに進んでも、とても多くの痛みが私たちの運命にあったなら、私たちがさらに先へ動いても、どれだけ同じものが私たちのところに来るのだろう？　だから人は、惨めさが存在しなかった場所に引き返すべきだと感じる。誰もが、子供時代はどれほど喜びに満ちていたことか、と言う。だからもしできるなら、彼はすぐに子供の頃の状態に戻るだろう。それができないので、彼は自分がいるところに留まる。

人は、子供の頃には惨めさがなかったと言う。彼はさらに先へ一歩進めて、こう言うかもしれない。「母親の胎内ではとても喜びに満ちていた」。もし可能なら彼はそこへ戻ることを好むだろうが、彼にはできない。そこで彼はその先に動く。私たちは生の中で、退行することを選べる。無意識の状態に戻ることができる。無意識になる方法を見つけることができる――もしそれが、私たちの望むものなら。

私たちが彼方から来る声の言語さえ理解していないのは、どんな至福があるのか全くわからないからだ。私たちは、人々が至福と呼ぶものさえどんなものか知らない。私たちは、何が惨めさかについてはよく知っている――実際のところ、あまりにもよく知っている。私たちはまた、幸福に達しようとすればするほど、惨めさを見つけることも知っている。今や私たちは、私たちの至福の探求では、多くの面倒な事に自分自身を陥らせるのではないかと恐れている。

私たちが幸福を見つけようとして、より多くの惨めさに出くわしてきたため、私たちは至福の状態が、多かれ少なかれ幸福の状態と類似したものとして受け取る――おそらく、幸福のもう少し強烈な状態として。しかし私たちは、面倒な事に直面することも恐れている。幸せを得ようと試みる中で、私たちは痛みに遭遇したという事実が残っている。そこで今、至福を見つけるための努力で、私たちはさらに多くの面倒な事に、さらに大きな惨めさに直面するかもしれない恐怖がある。だから私たちは、はるか遠くから来ているこれらの声を聞いて、合掌し礼をして、彼岸の人々に言う。「あなたたちは神です。あなたたちはアヴァターラです。あなたたちはティルタンカーラです。あなたたちは偉大です! 私たちはあなたたちを崇拝します。でも私たちは戻りたいです!」

私たちは未知のものを恐れている。その恐怖は、私たちが集めてきた少しの幸福が何であれ、私たちは失うことになる、というものだ。それらは、私たちが前進するにつれて悪化しているように見える。その理由は、渡ることだけを意図された橋の上に、私たちが自分の家を建てたからだ。私たちはそこに住み始めてきた。私たちはそこに落ち着いてきた。私たちはそれを自分たちの居間に変えてきた。今、誰かが先に動くように私たちに告げた時、私たちは自分たちの周りに集めてきたものを失うことを心配する。その先に動くことは、私たちが今持っているものは何であれ、後に残すという意味だ、ということが明らかになる。

そこで私たちは言う。「時を来させるがいい。私が老いている時、死が手元にある時、私が持っているものすべてが落ち始めた時、それが私がすぐに前方に進み出る時だ。それなら心配することは何もない」。しかし私たちが死により近づけば近づくほど、掴む力はより強くなる。死が接近する時、私たちはより堅く拳を閉じる。だから、老人は全くけちになる。若者は決してそれほどけちではない。

老人は、あらゆる意味でけちん坊になる。彼はしっかり保つ。老人は出発の時、自分がつかまっているすべてのものが、手からすり抜けるかもしれないと被害妄想になる。彼はしっかりと自分の財産を保持する、彼の掴む力が緩まないように。このとてもしっかりと物事にしがみつくことが、人を醜い老人に変える。そうでなかったら、老人の美しさと優雅さは、比類なきものとなる。

私たちは美しい子供には気づいていて、美しい若い人々がより少ないのは知っているが、美しい老人を見つけるのは非常に稀だ。ほんの時たま、人は美しい老人に成長した誰かに出くわす。でなければ、普通、けちな状態がますます増えることと、財産をしっかりと保持することで、すべてはますます醜くなり始める。開いた手は美しく見え、閉じた拳は醜く見える。自由は美しく、執着は奴隷的だ。

誰もが、いつか将来、適切な機会に自分の執着をあきらめるだろうと考える。彼は最後の瞬間まで待ち、死が最終的にすべてを強奪する時にだけ手放す。人は物を手放すのが決して好きではないので、それらが取り除かれる時は痛む。自発的に物を手放す場合、痛みはない。

今や、前方に進むことに関するこのすべての問題は、本質的に私たち自身の選択にある。一つの刺激がこの選択をさせるきっかけになり得る。そのための法則も存在する。橋は既に存在している。それも自然だ。あなたは私の要点がわかるだろうか？　橋はあなたを、前方へ連れて行く準備もできている。それはあなたをその先に行かせる。これも自然だ。そして橋は、後方に退くための通路を、あなたに提供する準備ができている。これも自然だ。

自然はあらゆる条件の下で、あなたを迎えるために準備されている。彼女のすべての扉には「歓迎」という標示がある――それは危険でもある。「入場不可」という標示がある扉は一つもない。どの扉にもすべて「歓迎」という標示がある。そのため、選択はあなたの手の中にある。どの扉に入ることも妨げられないのは、全く自然の側からの慈悲だ。あなたが好ましく感じるところがどこであろうと、そこに行くのはあなたの自由だ。地獄への扉は「歓迎」と言い、天国への扉もそう言う。どの歓迎の標示を選択するかは、最終的にはあなたの決断だ。その場合あなたは、歓迎の標示を外へ出している責任を、自然に負わせることはできない。自然はどこにでも標示を出している。自然には問題はなかった。それはどんな妨害も作らなかった。

歓迎することは、自由にさせることを意味する。その意味は本質的に、自然は絶対的に自由だ、ということだ。私たちは自然の一部だ。そのため、私たちは絶対的に自由だ。私たちは自分がしたいことをしている。自然は私たちのすべての行動において私たちを支援しているが、選択は常に私たちのものだ。私が選択は私たちのものだと言う時、誤解してはいけないのは、基本的に私たちは自然の重要な部分だからだ。究極の言葉でそれを表現するなら、それは私たちが、自然そのものの無限の可能性であるという意味だ。私たちは、自然の無限の開口部だ。基本的に、その無限の部分を通って探求すること、その無限の扉を叩くこと——選択し、彷徨い、道に迷って進み、そして到達するのは自然なことだ。

しかしこれは、物事を進めるには非常に円形《サーキュラー》（回りくどいこと）な方法だ——そこには隅や角はない。そして問題は、自然のすべてのやりかたが円形であるということだ——その形態のどれも角がなく、その進路のどれも四角ではない。その星、月、惑星、そして衛星のすべてが円形だ。それらの宇宙での運動は円形だ。自然におけるすべてのシステムは、円形だ。これが、私たちが多くの宗教的な象徴に、円が使われているのを見つける理由だ。だから自然は円形現象だ。あなたは自分の好むどこからでも始められるし、どこにでも達することができる——選択は常にあなたのものだ。

ひとたび、選択は常にあなたのものであると理解すると、その時人は、正しい方法で自然の法則を使うことができる。例えば通りを歩いている間、あなたも万有引力の法則を利用している。もし地球に重力がなかったなら、あなたは地球上を歩けなかっただろう。あなたが自分のもう一つの足を持ち上げる時までに、もし最初の足が地面に安定したままでなくて、それ自身で持ち上がるようなことがあれば、あなたはどこに行き着くのだろう？　あなたはどこに立っているだろう？　あなたが自分の左足を持ち上げる時、地球は右足を保持する——それが、あなたが自分の左足を持ち上げられる方法だ。右足を保持している地球は、持ち上がっているあなたの左足に対して責任がある。右足も同時に持ち上げなければならないなら、もうお手上げだ！　地球が右足を保持している間、あなたは左足を持ち上げる。あなたが左足を降ろすと、自然はあなたが右足を持ち上げるまでそれを保持する。

これが重力が働く方法だ。しかし重力は、人が屋根から跳ぶ時にも働く。その瞬間、地球は彼を歓迎し、彼を落とすこともする。ちょうど地球が左右の足を引っ張るように、それは跳んでいる人も引っ張る。さて、落ちている人の骨が地面に当たる時、それは砕ける。私たちは不平を言う。「これは何という類の自然なのだ？　それは哀れな人の骨を折ってしまったではないか！」。しかし、自然は単にその仕事をしただけだ。それは言う。

「あなたを歓迎します。あなたの骨を砕きに来て下さい」

同じ法則が働く。あなたが歩くのを助けた同じ重力は、あなたの骨を砕いて、あなたを不具者にする。それにも関わらず、あなたはそれに責任を負わせることができない。なぜなら自然は、単にその仕事をしていたに過ぎないからだ。

それは全く完璧な仕事をする。それは決して不足しない。それは非の打ち所がない。あなたが自分の足を動かそうが、自分の首を壊そうが――あなたがしたいと思うことが何であろうと、自然の法則はいつものように働く。この法則を覚えていて、あなたは自分の骨を砕きたいのかどうかを、選ばなければならない――それなら、あなたは屋根から飛び降りてもいい。もしあなたが歩きたいなら、あなたは適切に自分の足を上げる必要がある。あなたは、自分が自然の法則に反していないことを、見守らなければならない。

私にとって、科学にはたった一つの意味がある。科学の適応は、私たちが自然を征服してきたことを意味しない――自然を征服する方法はない。科学とは、私たちが自然に従って生きる特定の方法と手段を発見してきたことだけを意味する。それが科学の意味するすべてだ。征服することを脇に置きなさい。問題は、誰が誰を征服しようとしているのだろう？

実は私たちは、自然に従って生きる方法を発見してきた。例えば、自然はずいぶん前に、この扇風機が動くことを望んでいた。私たちは適切な場所に扇風機を設置して、それを動作させるのにとても時間がかかってしまった。あなたは私の言うことを理解しているだろうか？　風は常に、外から吹く準備ができていた。私たちは壁を建てることでそれを防いでいた。私たちは窓を作らなかった。しかし、窓を作ったなら、あなたが風を征服したことになるのだろうか？　あなたは単に、風に道を譲っただけだ。風は常に、通過する準備ができていた。

扇風機を回したり、電気で明かりを灯すことができるのは、私たちが自然を克服することを見つけたという意味ではない。私たちは単に、自然と一致するための方法を学んだだけだ。今私たちは電球とスイッチを固定し、電気がそれらを通過できるように電線を配置する。実際、電気は常にそれらを通過する準備ができていた。私たちの行為は、単に窓を開けるということに帰する。


科学は、外部の世界に有利な自然の法則の探求を表わす。宗教は、内面の世界に快い自然の法則の探求を表わす。外側の世界に存在する一定の自然の法則がある。私たちがこれらの法則に従うなら、自然は快適になる。私たちが逆らうなら、それは不快になる。ある意味で、自然が快適になるとか不快になると言うことは間違いだ。その正しい言い方は、私たちは自然の助けを受け取れるかどうか、となる。むしろ、人はこう言うべきだ。私たちが、自然が私たちの助けになり得る方法でふるまうなら、私たちは快適さを得ると。私たちが、自然が助けになり得ない方法でふるまうなら、それから快適さを失う。

例えば頭の上に傘を差して歩いていると、風があなたに向かって吹いている。今、もし傘を前方に傾けるなら害にはならないだろうが、自分の肩より後ろに傘を置くと、風はそれを裏返しにするだろう。ここでは自然に落ち度はない。あなたは風に合わせて傘を差していなかった——それはすべてあなたの責任になる。両方の事例で自然は同じ方法で働いていた。あなたが傘を前方に曲げる時、風は傘に向かって吹いていたが、その力はあなたに向かっていた。傘があなたの肩に置かれていた時も、風は傘に向かって吹いたが、この時傘はあなたから離れていた。だからたとえ圧力は同じでも、その違いはあなたが傘をどう持つかにあった。

同様に、内側の自然の法則もある。怒りを持って生きる人は、彼の傘を肩に置いている。今それは、彼に困難を引き起こす――彼の内側にあるすべての傘は。バラバラにならざるを得ない。愛を広げる人は、彼の傘を前方に置いている。彼は自然に合わせている。

愛する方法を学んだ人は、実際には内側の科学の一つの法則をマスターしたのだ。彼は愛が内側の生の中に快さ、調和をもたらすことを学んできた。怒りが内側に不和、不調和を作るのに反してだ。これは引力の法則にとてもよく似ている。怒りの中ではあなたは自分の足を折る。愛の中ではあなたはそれを癒す。自然はあなたがしたいと思うことによって、両方の事例で働く気がある。怒りの中では、人は屋根から跳びたいと思う。

瞑想は、内側の生における究極の心地よさ、最高の調和で、すべての点において最も深遠なものだ。瞑想とは、内側から、人は今や生の究極の法則との完全な調和の中にいることを意味する。老子がそれに対して使った言葉は美しい。彼はそれをタオと呼ぶ。タオは法則を意味する。あるいはヴェーダの先見者たちによって与えられた名前も適切なものだ。彼らはそれをリット (*rit*) と呼ぶ。リットは法則を意味する。同様に、ダルマ (*dharma*) も法則を意味する。ダルマは、あなたの内なる自然、法則を意味する。ダルマの意味は、もしあなたが法則に従って行動するなら、あなたは幸福に達するだろう、ということだ。アダルマ(*adharma*)、邪な行為とは、それは法則に反することであり、それはあなたに不幸を引き起こすということだ。これが内側の科学の原理だ。

瞑想は究極の意味で、最も内側の感覚において、快いこと、快適さを意味する。言い換えれば、あらゆる意味で快い人、生との争いがどこにもない人、生から分離した地点にいない人、生のすべての法則と調和するようになった人は、究極の真実、究極の生、究極の至福に達する。

私たちも、同じ法則の下に存在している。しかしその法則そのものと戦うなら、私たちは究極の束縛で終わる——その法則そのものと戦うなら——。それはこのような類のものだ。金の価値を理解して、それから装飾品を作る人々がいる。そしてその価値を理解しないで、それから手錠を作る他の人々がいる。そこには金に作用する法則がある。そこには金の成形、鋳造に適用される法則がある。今や装飾品を作るか鎖を作るかどうかは、完全にあなた次第だ。

内側の自然の法則をもって、自分の快適さを完全に確立する人は、ダルマに達する。外側の世界での自然の法則に完全に一致する人は、ヴィギャーナ(*vigyana*)に達する。これらの言葉はとても美しく、それは理解する価値がある。

ダルマを通して実現されるものを、私たちはギャーナ(*gyana*)と呼ぶ。科学を通して得られるものを、私たちはヴィギャーナと呼ぶ。両方の言葉は非常に意味深い。私たちはギャーナの前にどんな接頭辞も使わない。それの前にどんな形容詞も置かない。ヴィギャーナは専門知識を意味する。ギャーナはただ知っていること、自然を意味する――それはどんな特別な知識でもない。

宗教とは、自発的になる方法について、生の内側の自然と一つになる方法について理解を持つということだ。そのため、それはただ知っている――それは専門知識ではない。ヴィギャーナは専門知識だ。それは自然のこの法則やあの法則にとって、何が快いかを見つけ出すために、ありとあらゆる方向性を探らなければならない。そこには、外側の世界で作用している数多くの法則がある。

あなたが内側に行けば行くほど、最終的にはただ一つの法則で終わることは明らかだ。そしてその法則は、私たちが外側の世界でますます動くにつれて増加し続ける。それは一つの点から離れて線を描くようなものだ。それらは原点では一つだが、それらがその点から離れて行くにつれて、その数は増え続ける、それらの距離は増大し続ける。これはあたり一面に広がる太陽の光に似ている。それらは太陽では一つだが、それから離れると、その一つは二つ、四つ、千、百万、十億になる――それらは拡散し続ける。それらの距離はますます大きくなる。

ヴィギャン (*vigyan*)、科学は専門知識、あらゆる光線の知識であり、そのため専門化する。いったん科学が一つの光線を手に入れるなら、それはそれに関するすべてを見つけ出す。私が昨日あなたに言ったように、科学はより少ないものについて、ますます多く知ることを意味する。しかしその場合、光線はますます細くなり続けるだろう――その距離が大きければ大きいほど、それはより狭くなる。だから、科学はますます狭くなっているのだ。

宗教は拡大する。それはますます膨大になる。それはアドヴァイタ(*advaita*)、非二元性、一つであることが最後に残らない限り、形のないものになり続ける。その時、二つは残されない。そのため、私はあなた方に言う。多くの科学は存在できるが多くの宗教は存在できない、と。宗教が一つでしかあり得ないのは、それが「知っていること」であって専門知識ではないからだ。

もし私たちがこれを理解するなら、それは法則が存在すること、私たちが存在すること、そして私たちが法則を用いてすること、そして私たちと共に、その選択する能力も存在することを意味する。私たちが何をしようと、私たちにはそれを終わりまで、生きる能力もある。さて、これがそのあり様だ。知性的な人はそれでも、至福の方面を強化することに向けて働きかけ続ける。愚かさを選択することに決めた人は、至福を達成する能力を継続的に減少させ続ける。そこに責任があるとみなされるものは、何もない。すべての責任は人間にかかっている。

そのためのサダーナでの私の強調であり、私が繰り返しあなたに言っていることだ。それをやり続けなさい、跳びなさいと。法則はしっかりと根付いている。あなたは既に跳び込み台の上にいるが、ただそこに立っているだけだ。海は下の方で波打っている。あなたは跳ぶことができる。太陽は熱く、暑さは強烈だ。あなたは汗をかいている。そして冷たい海が下でうねっている。あなたはもちろん、跳んで冷たい水に入ることができる。あなたは跳び込み台に立っている。もしあなたが進んで跳ぶなら、跳び込み台はあなたを助ける準備ができている。それはバネを持っている。それらはあなたを下に放り投げることができる。しかしあなたは、太陽の下で汗をかいてそこに立っている。その跳び込み台、そのバネは、あなたの下で涙を流している。もしあなたが跳びたい気になるなら、それらはあなたを助けたいと思っている。しかしあなたは跳んでいないので、跳び込み台は静かだ。下方にある冷たい海は、あなたが汗をかいているのを見守っている。

このような事態を示されると、あなたは断固として選択せざるを得ないだろう。あなたは決断しなければならない。もしあなたが待ちたいなら、それはけっこうだ。問題はない。しかし決断しなさい。「私は待ちたい。私は冷たい水の中にいたくない、私は暑さの中で立っていたい、私は汗をかきたい、私は跳びたくない、私はここにいるつもりだ」。これをあなたの選択にさせて、それから待ちなさい。私は信じている、もしあなたがこれをしたなら、その時でさえ、その決定的な行為は、あなたが成長したことを示すだろうということを。少なくともあなたは決断を下したのだ。しかしあなた方は、非常に奇妙なタイプの人々だ。あなたは言う。「私たちは海に跳び込みたくない。私たちは冷たい水に入りたい。私たちは、太陽が熱くて自分たちがやたらと汗をかいているのを知っているが、今すぐに跳ぶことはできない。私たちは跳びたいと、飛躍したいと思うが、どうか待ってほしい。どうやって私たちはそれに突入したらいいのだ？　私たちは明日か、または明後日にはそれをするつもりだ」

これは、あなたの成長を止めさせる。やがてそれは、あなたを無気力にさせる。あなたは自分がいるところで動けなくなる。あなたはこの汗をかくこと、その暑さ、そして自分は跳びたい、が明日に、という戯言に慣れるようになる。あなたは明日も同じことを言うだろう、次の日に跳びたいということを。それからあなたはこれを言うことに慣れてくる、あなたは同じことを繰り返し続ける。それでも、自然のすべての法則は辛抱強く待つ。太陽は輝き続ける。彼はあなたを歓迎し、彼を楽しむようにとあなたを誘う。私たちが汗をかいている間、海は呼び続ける。「よかったら来なさい。それはあなたの好みだ。冷たい水はあなたを受け入れる準備ができている」。跳び込み台は言い続ける。「私は、はずませる準備ができているが、あなたはまず選択をする必要がある——あなたは飛び立つ必要がある」。状況はこのようにある。

私の見たところ、本当の害は、あなたが不幸に苦しんでいるという事実のせいではない。それはあなたの不幸が、あなたの決定の成果ではないという現実に起因する。断固として苦しみなさい！その苦しみも、あなたの決定であるべきだ。もし人が盗みたいなら、彼は泥棒になることで、とても決然と盗みをするべきだ。彼はそれをはっきりさせるべきだ。「私は泥棒でいるつもりだ。そして私はすべての聖人たちに、彼らはそのすべての戯言を止めるべきだ、と言いたい。それは私にとっては無用なものだ。彼らの話のどれも、私にとっては何の意味もない。もし彼らが神聖でありたいなら、彼らにそうさせればいい。私は泥棒であることに決めたのだ」

だから覚えておきなさい。彼自身の決定なしで聖人になった人に比べて、彼自身の決定を通して泥棒になった人の方が、はるかに優れた生を生きるだろう……なぜなら決定は彼の意識を高め、彼の存在に重みを与え、彼の責任のレベルを引き上げるからだ。決定する時、彼は責任を持つようになる。自分自身が意思決定者であることで、彼が決定した時、それが彼自身の選択になった時、意志が作られる。そして意志が作られると、意識が目覚める。その時それは、これ以上眠ったままではいられない。

あなた一人で決定することは、無意識の状態を終わらせる。なぜなら、決定は無意識の状態で生じることはできないからだ。決断することが欠けていると、あなたはただ単にあちらこちらへ漂流し続け、社会によって押し動かされる。父親があなたを学校に入学させるので、あなたはそこに行く。母親があなたに仕事を見つけたので、あなたはその仕事をする。妻があなたに逆立ちするように求めるので、あなたは逆立ちする。それから子どもたちがあなたを取り囲む。あなたはますます制限される。あなたはあらゆる面から、ただ引っ張られたり押し動かされたりするだけだ。だからあなたが優柔不断なままでいるなら、無意識の状態はますます凝縮するようになる。

もし人が決めなければならないとしても、害はない——たとえそれが間違った理由のためであったとしても。私が見るところ、たった一つの間違った行為がある——それは決断をしないことだ。そしてたった一つの美点がある——それは決断的であることだ。だから決断的でありなさい。もしあなたが泥棒であることを決めるとしても問題はないが、全面的な心で決断をしなさい——その時あなたは、長い間泥棒にとどまることはない。全面的な心で決断する人は、とても多くの意識に達するので、彼はもはや盗むことができない。彼は自分にとって、盗むことが馬鹿げていると思えるような理解に至る。

人々が聖人や聖女になる時でさえ、彼らがそうするのは、彼らがどうにかしてその中に押し込まれているからだ。誰かの妻が死ぬと、彼は聖人に変わる。ある女性の夫が死ぬと、彼女は聖女で終わる。ある男は破産を申し立てて聖人になる。ある人の父親は出家者になろうとしている。息子は父親に従わざるを得ない――父親は彼をも入門させる。さてこれは無意味だ。これはどんな目的も果たすことはない。決断がなければならない。一瞬一瞬を決断的に生きる人にとって、彼の意識は刻々と成長し続けるだろう。小さな問題で決定しなさい。それらを固守する方法を学びなさい。

手短かに、あることをちょっと言わせてほしい。それから私たちはこの話を終えよう。

グルジェフは彼の信奉者たちに、小さな実験をよく経験させていた。それは非常に小さな実習だったが、それなりに、それは意識を高める上で非常に有効なことを証明するために使われた。それはストップ・エクササイズと呼ばれた。例えば、もしグルジェフがここに座っている人々に話しかけるようなことがあれば、不意に話の途中で彼は「ストップ!」と言う。それはここに座っている誰もが、凍ったようにじっと動かなくなることを意味する――あなたの手、頭、足、全身は彫像のように、静止したままになる。彼は見守り続ける。そして、もし誰かが動いたなら、彼は「しばらくの間そのままでいるための充分な意志を、奮い起こすことができないのか?」と言う。

たまたま一度、彼の信奉者たちとともに、彼はティフリスで実験していた。彼らは村の外れのテントに滞在していた。運河が近くにあった。その時、そこは乾いていた。水はまだ運河を流れていなかった。突然グルジェフがテントの中から「ストップ！」と呼びかけた時、三人の探求者たちは乾いた運河を渡っていた。三人はみんな運河の真ん中に立って静止した。その間に誰かが運河の水を放った。グルジェフがテントの中にいた間、運河はいっぱいに満ち始めた。探求者たちはそこに立って動かなかった。

勇敢にも、三人は水が自分の腰に達するまで留まった。水がさらに上昇し始めた時、彼らは心配になった。彼らが言葉を口にできなかったのは、それが「ストップ」の命令を破ることを意味したからだ。グルジェフはまだテントの中にいた。彼らは、グルジェフが運河が一杯になっていることさえ、知っていたのかどうか確かではなかった。おそらく彼は、弟子たちが運河の真ん中に立っていたことさえ知らないのだろう。彼らはどうすべきかわからなかった。彼らは水が首のところに来るまで勇気を持ち続けた。それがさらに上昇し始めた時、彼らの一人は「これは馬鹿げている！」と叫んで運河から飛び出した。二番目の者は水が彼の鼻に達したところまで持ちこたえた。グルジェフが、ストップ・エクササイズを中止するかもしれないと期待して。それから彼は、もはや踏みとどまることは危険だと感じて、彼も水から飛び出した。

三番目の若い男は、身動きすることなくそこに立っていた。水は彼の頭の上を越えて行った。グルジェフはテントから走ってきて、運河に飛び込んでその男を連れ出した。グルジェフは彼に、水が彼の頭の上を越えて行ったその瞬間に、内側でどう感じたのかを尋ねた。彼は言った。
「私の待っていたことが起こりました。しかし、それは私の決意でしっかり立っていた時にだけ起こりました。水が頭の上を越えて行った時に達した意識は、ただただ究極のものでした。今や私は、これ以上何も学ぶ必要はありません――私の決意はその完成に至りました！」

この男は死に直面していても、彼の決意でしっかり立っていた。グルジェフは言った。
「これはすべて、私が計画したことだ。私は運河の水を放出した。私はあなた方が、単に自分の手足の動きを止める以上の何かができたかどうかを、見たかったのだ」

彼は他の二人の探求者を退去させ、戻ってくることを決して考えないように、決して少しも考えないようにと彼らに告げた。彼らに、ここではどんなやるべき事もないと言った。

意志の強烈さが大きければ大きいほど、決意の感覚が心底であればあるほど、人の意識は完全であることに、より近づくようになる。もしあなたが、自分の絶対的な意志をたった一つの瞬間にでも示すなら、まさにその瞬間、あなたは完全な意識に達する。すべての準備は、この完全な意識の達成に向けて調整される。それらはその絶対的な意志を作るための手段だ。

そのため私の見るところでは、選択することは常に良い。もし神が、私たちを操り人形のように踊らせるなら――何人かを罪人として、そして他の人たちを聖人として作るなら――すべての物事は無用に、絶対に役に立たなくなる。すべてが役立たずになるだけでなく、神自身でさえ非常に愚かであることがわかる。これは何という類の狂気だろう？　もし神だけが意思決定者なら、そしてもし彼だけが誰か良い人と誰か悪い人——ラーマという一人の男とラーヴァナというもう一人の男——を作るなら、では何が要点なのだ？　その時すべては馬鹿げたことになり、何の意味ももたらさない。

違う、個人が意思決定者だ——上からあなたに決定を強いる者は誰もいない。決定があなたの内側からやって来る瞬間が目覚めの瞬間だ。一日二十四時間、探求者は普通の決定をすることさえ楽しみに待つだろう——それらがどれほど取るに足らないかは問題ではない。人は、ただ大したことのない、ごく普通の決定をすることを捜すままでいるべきだ。

朝から適切に、あなたは決定するための機会を見つけることを、絶え間なく切望するべきだ。そしてそのような機会が起こる時はいつでも……機会はいつもあなたの道にやって来る、あらゆる種類の機会が……。もしあなたが、すべての瞬間に決定できるなら、数日中にあなたは、あなたの内側で矢のように急激に上昇している意識に気づくだろう。あなたは単純に、普通の決定を通してそれが上昇しているのに、毎日スピードを増しているのに気づくだろう。私たちが犠牲、耐乏と名付けてきたもの——そして誰がこんな愚かな言葉を他に知っているだろうか——それらはすべて馬鹿げている。もしこれまでそれに何かの正当性があったとしたら、もしこれまで誰でもそれらの適用を意味あるものにさえしたなら、その意味深さは彼らの意志にあった。誰かが、例えば、彼は一日食べないことに決める。さて、これの価値は食べない行為以上に、それが彼の決意によることに意味がある。

もしこの人が、彼の心《マインド》の中で一度でも食べるなら、すべての物事は終わる。それは完全に役立たずになる。食べないことは物理的にだけでなく、精神的にも食べるのを控えることを意味する。もし人が十二時間食べ物を食べずに注意深く留まることができたなら、彼は自分の決意を維持することに成功しただろう。食べないことはそれ自体で重要なのではない——それは単純にその人が自分の意志を掛けるための釘として作用する。十二時間後、彼の実存の質は変化するはずだ。


幾年も断食してきても、まだ彼の実存の質が変わっていない人を私が見る時、私は彼が自分のマインドの中で食べてきたに違いないのがわかる。そうでなければ、その質は変わっていただろう。彼は生涯を通して断食してきた——この断食や、あの断食を経験してきたが、それでも彼はどんな質の変化もどこにも示さない。その人は同じままだ。彼は鍵を掛けて、それが掛かっているかどうか確認するために、再び戻ってくる人のようだ。


私はそのような人を知っている。彼は私の家の向かいに住んでいる。彼は断食をして、定期的に礼拝するが、大変貧しい意志の男だ。私は何度も彼を見守ってきた。彼は扉に錠を閉め、十歩歩いて、それから戻ってきて、確かにするために鍵を振る。私は彼に尋ねた。

「なぜあなたはこれをするのだ？　あなたは自分で、扉に錠を閉めたのだよ！」

彼は言った。「しばしば私は、自分が錠を閉めたかどうかが確かではないので、二度確認するために戻って来るのだ。少なくとも一度確認することに、何の害があるのだ？」

私は言った。「既に一度確認したのなら、実際に一度戻って錠を見たかどうか、二度目の時にあなたの心に浮かばなかったのだろうか？」

彼は言った。「あなたはどうやって知ったのだ？　それは実際に私の心に浮かぶ。一度だけでなく二度、さらには三度も私は戻って錠を確認したくなる——しかし私は、それを恥ずかしく感じる」

断食をしているが、断食が何を意味するのか知らない男がここにいる。断食の目的は決断力をもたらすこと、意思決定力をもたらすことだ。一度決断をしたなら、人は引き返すべきではない。そしてそのような決定——それは戻らない地点であることを証明する——をする人は誰でも、そのような人の生では何も眠ったままではない、すべてが目覚めている。

第五章

距離が違いを生む

The Distance Makes the Difference

最初の質問

人が死ぬ時に目覚めたままでいるため、あるいは瞑想の中で意識的な死をうまく経験するため、探求者は次のことにどう働きかけるべきなのかを、詳細に説明してください。身体のシステム、呼吸のシステム、呼吸の状態、人の存在の状態、禁欲、人の心《マインド》の状態についてです。

死の瞬間に意識したままでいられる前に、まず痛みや苦しみに意識したままでいるための準備が必要だ。普通、惨めな中でさえ無意識になるような人にとっては、死の時に目覚めたままでいることは不可能だ。人は惨めな時に無意識になる意味を、理解する必要がある。そうすれば、惨めな中で意識的になることの意味もわかるだろう。

惨めな時に無意識になるのは、自分自身を惨めさに同一化させてきたという意味だ。頭痛がする時、あなたは頭痛と自分自身との間にどんな距離も感じない。あなたは、ただ遠く離れて見守る者のままではない。むしろ、まるで自分が痛みの中にいるかのように感じる。熱があると、身体が熱くなっているかのように感じるのではなく、あなたから離れたどこかでそれを感じるのではなくて、その代わりに、まるで自分が熱くなっているかのように感じる。これが同一化だ。足が怪我をして傷ついた時、あなたはただ、怪我の影響を受けた足だけを感じるのではない。むしろ、あなたはまるで自分自身が怪我をして傷ついたかのように感じる。

基本的に、私たちは自分自身と自分の身体の間に、どんな距離も感じていない。私たちは、身体に同一化して生きている。人は空腹が生じたら、自分の身体が空腹で、自分はそれに気づいている、とは言わない。その代わりに彼は「私は空腹だ」と言う。しかしこれは真実ではない。真実は、身体が空腹であって、彼はそれに気づいている、ということだ。彼はただ単に意識の中心にいる――何であれ起こっていることに、連続的に気づいている。足を傷つける棘があるなら、彼はそれを知る。頭痛があるなら、彼はそれを知る。胃に食べ物が必要なら、彼はそれを知る。

人間とは意識、連続的に気づいている意識だ。彼は体験者ではない。単なる知る者だ。これが現実だ。しかし私たちのマインドの状態は、知る者のそれではなく、体験者のそれだ。知る者が体験者になる時――彼は知るのではなく、むしろその行為そのものに同一化するようになる時――彼が遠くから見守る観照者に留まるのではなく、むしろその行為に関与するようになる時――それが同一化が起こる時だ。その時、彼は行為と一つになる。この同一化が彼の目覚めの邪魔をする。なぜなら目覚めるためには、気づくためには、一定の距離が必要とされ、空間が必要になるからだ。

あなたと私の間に距離があるというだけで、私はあなたを見ることができる。もし、あなたと私の間のすべての距離が取り除かれたりしたら、私はあなたを見ることができないだろう。私があなたを見ることができるのは、間に空間があるからだ。このすべての空間が取り除かれたりしたら、あなたを見ることは不可能になる。私の目があなたを見ることができるのは、その間に空間があるからだが、私のまさに目は、目そのものを見ることができない。

たとえ私が自分の姿を見る必要があっても、私は鏡の中の他人にならなければならない。自分自身から離れていなければならない――ただその時だけ、私は自分の反映を見ることができる。鏡の中の反映を見ることは、私の像が離れていることを意味し、今それは私に見える。鏡の用途は、あなたから離れてあなたの像を存在させることだ。こうして作られた間の空間が、あなたに見ることを可能にさせる。

見るためには距離が必要だ。身体と同一化して生きる人にとって、あるいは自分は身体そのものだと考えている人にとって、彼と彼の身体の間に距離はない。

かつて、ファリッドと呼ばれたイスラム教の神秘家がいた。ある朝、ひとりの男が彼に会いに来て、あなたが私に尋ねた同じ質問をした。彼はファリッドに言った。

「イエスが磔にされても、叫んだり、悲鳴を上げたり、惨めになることはなかったと聞いている。また、マンスールの手足が切断されたとき、彼は笑っていたとも聞いている。どうしたらこんなことがあり得るのだ？　これは不可能だ」

ファリッドは一言も言わなかった。彼は笑って、帰依者たちが提供したココナッツの中から、近くに落ちていた一つを拾ってその男に与えた。ファリッドは彼に言った。「このココナッツを取りなさい。それはまだ熟していない。それを砕いて開けなさい。だが仁（果実の核）は砕かれないままであることを確かめなさい。外殻を砕いて、砕かれていない仁を持ってきなさい」

男は言った。「それは無理だ。ココナッツは熟していないので、仁と外殻の間に隙間がない。もし殻をこじ開けたら、仁も砕けるだろう」

ファリッドは言った。「このココナッツは忘れなさい。ここにもう一つある。この一つを取りなさい。それは乾燥している。その仁と外殻の間には隙間がある。ただ殻だけを砕いて仁をそっくりそのままにできる、と私に保証できるかね？」

男は言った。「それほど難しいことではない。殻は砕かれ、仁は何の問題もなくそのままだろう」

ファリッドは言った。「なぜ仁がそのままなのかを言いなさい」

男は答えた。「ココナッツが乾燥しているので、殻と仁の間に隙間があるからだ」

ファリッドは言った。「さて、ココナッツを砕いて開けることは、気にしなくていい。それも脇に置きなさい。あなたは答えがわかったのか？　それともわからないのか？」

男は言った。「私は別の何かを尋ねていたのに、あなたはココナッツの話に持って行った。私の質問は、『なぜイエスは磔にされた時に叫ばなかったのか』だ。なぜ、彼は泣かなかったのだ？なぜマンスールは手足が切断されても、痛みで悶え苦しまなかったのだ？　なぜ彼は笑ったのだ？」

ファリッドは答えた。「なぜなら、彼らは乾燥したココナッツだったからだ。私たちが湿ったココナッツであるのに比べて――これより他に理由はない」

イエスが磔にされても泣かなかったのと、マンスールが痛みに苦しまずに、むしろ笑って、微笑んでいた理由は、彼らが自分の身体と自分自身を完全に非同一化していたからだ。これより他に理由はない。磔にされていたのは、本当のイエスではなかった。イエスは内側から、磔にされた自分の身体を見守っていた。彼は、彼の周りに立っている人々と同じくらい離れたところから見守っていた――外側から、彼の身体から離れて。群衆の誰も「私を殺すな！」と叫ばず、彼らの誰も泣かなかった。なぜだろう？――なぜなら、彼らとイエスの身体の間に距離があったからだ。イエスの内側にも、見守る要素と彼の身体の間に距離があった。そのためイエスも「私を殺すな！」とは叫ばなかった。

マンスールの手足は切断されたが、彼は笑ったままだった。誰かが彼に「あなたの手足が切り落されているのに、何があなたを笑わせるのだ？」と尋ねた時、マンスールは言った。「あなたが私をばらばらにしたなら、私は泣いただろうが、あなたが切り離しているのは『私』ではない。あなたがそれをしている相手は、愚か者よ、私ではない。私があなたを笑うのは、あなたがこの身体を、マンスールのように受け取っているからだ。ちょうどあなたが、自分がその中にいる身体を、本物の自分のように受け取るように。あなたは明らかに痛みを伴って死ぬだろう。あなたが私にしていることは、あなたが自分自身を扱う中で犯してきた過ちの繰り返しにほかならない。あなたが自分の身体と分離していることに気づいていたなら、私の身体を切断しようとしなかっただろう。あなたとあなたの身体は二つの異なるものだと知っただろう。その時あなたは、身体を切断しても、マンスールは切断されないのだとわかっただろう」

意識的な状態で死に入るための最大の準備は、まず意識的に痛みの中に入ることだ。なぜなら、死は頻繁には起こらないからだ。それは毎日やって来ない。死はたった一度だけ訪れる。あなたがそのために準備をしようがしまいが――死のためのリハーサルはあり得ない。しかし、痛みや惨めさは毎日やって来る。私たちは痛みや苦しみを経験する間に、自分自身を準備できる――そして覚えておきなさい。もしそれらに直面している間にそうできるなら、それは死の時に役立つことになるだろう。

そのため、探求者は常に苦しみを歓迎してきた。他にその理由はない。苦しみは良いものだ、というわけではない。その理由は単に、苦しみは自己準備、自己達成のための機会を、探求者に提供するということだ。探求者は常に、自分が受ける苦しみに対して神に感謝してきた。それは、不幸の瞬間に、自分の身体から自分自身を非同一化するチャンスを得るという単純な理由からだ。

覚えておきなさい。サダーナ、スピリチュアルな訓練は、幸せな時に従うのは少し難しい。あなたが惨めな時は、より簡単だ。なぜなら幸せな瞬間には、人は自分の身体から分離しているというわずかな感覚も、持ちたくないからだ。あなたが幸せなら、身体はあなたにとって非常に親密に感じる。あなたは一インチさえも、それから切り離されているようには感じない。

幸せな瞬間には、身体に近づく。そのため、幸福の探求者が物質主義者になるのは、驚くべきことではない。もし絶え間なく幸せを求めている人が、自分自身を身体以上の何物でもないと信じているなら、それも驚くべきことではない。なぜなら幸せな時は、彼は乾いたココナッツの代わりに、熟していないココナッツのように存在し始めるからだ。彼と彼の身体の間の距離は、ずっと狭まり続ける。

痛みの瞬間には、人は自分が身体ではないことを願う。普通、自分自身を身体以外の何物でもないものと受け取る人も、頭が痛い時や、足が負傷したり身体が痛む時は、自分が身体ではないことを願う。彼は「私が身体でなかったならもっと良かったのに」と言い広める世界中の僧侶に同意する傾向がある。身体の痛みを感じると、自分が身体でないことを、どうにかして見つけ出すことを熱望するようにもなる。だから私はあなたに言う。痛みの瞬間は、スピリチュアルな訓練の瞬間になり得る、それらはサダーナの瞬間に変えることができると。しかし普通は、私たちはどうするだろう?

普通、苦しんでいる時には、痛みを忘れようとする。もし困った事が起こると酒を飲む。痛みの中にあると、彼は映画館に座りに行く。惨めなら、彼は祈りと祈祷の歌で自分の惨めさを忘れようとする。これらはすべて、痛みを忘れるための異なる方法と手段だ。

ある人は酒を飲む。これは一つの策略と言える。ある人は映画を見に行く。これはもう一つの策略だ。人はコンサートに行く。これは痛みを忘れるための、第三の方法だ。ある人は寺院に行き、祈りと聖歌に没頭する。これは第四の戦略だ。そこにはあらゆる戦略がある――彼らは宗教的や非宗教的で、あるいは世俗的でいられる。それは大した問題ではない。すべてこの下にある基本的な事は、人間は自分の惨めさを忘れたいということだ。彼は惨めさを忘れることに夢中になっている。

惨めさを忘れている人は、決して惨めさに目覚められない。どうやって、自分たちが忘れがちなものに気づくことができるだろう？　ただ覚えているという態度だけで、私たちは何かに気づくことができる。そのため、ただ痛みを覚えておくだけで、それに気づくことができる。


だから、あなたが惨めな時はいつでも、それを一つの機会として受け取るがいい。それに完全に気づいていなさい。するとあなたは、素晴らしい経験をするだろう。自分の苦しみに充分気づくようになる時、痛みから逃げずに対面して見る時、自分がそれから分離している様相を、垣間見るだろう。例えば、あなたは倒れ、負傷し、自分の足を傷つけた。今、内側の痛みを捜し出そうとしてごらん。それが痛む正確な場所を特定しようとしてごらん。するとあなたは、自分がどのようにして痛みを、その強さがそれほど大きくない元の場所から離して、はるかに広い範囲にわたって広げてきたかを発見して、びっくりするだろう。

人は自分の苦しみを誇張する。彼は自分の惨めさを大きく見せる。実際には、決してそれほどでもないものをだ。背後にある理由は同じ――身体との同一化だ。惨めさはランプの炎のようなものだが、私たちは分散されたランプの光のように、それを経験する。惨めさは炎のようなもので、身体の非常に小さな部分に限られている。しかし私たちはそれを、はるかに大きな範囲を占めて、非常に拡張されたランプの光のように感じる。目を閉じて、内側から痛みを見つけようとしてごらん。

これも覚えておきなさい。私たちはこれまで常に内側からではなく、外側から身体を知ってきた。たとえあなたが自分の身体を知るとしても、他人がそれを見るようにそれを知る。あなたが自分の手を見たら、それは常に外側からのものだ。しかしあなたは、自分の手を内側からも感じることができる。それはまるで、人が外側からだけ自分の家を見て満足したままでいるかのようだ。しかし、家の内側も存在する。

痛みは身体の内側の部分で起こる。痛む点は身体の内部のどこかに位置するが、痛みは身体の外側の部分に広がる。それはこのようなものだ。光が外側に放射するのに比べて、痛みの炎は内側に置かれる。

私たちは外側から身体を見慣れているので、痛みは非常に広がっているように見える。内側から身体を見ようとすること、それは素晴らしい体験だ。目を閉じて、身体が内側からではどのようなものであるかを感じ、体験しようとしてごらん。人間の身体には内的な壁もある。それには内的な覆いも同じ様にある。この身体には内的な制限もある。その内部の領域は、確かに目を閉じて体験できる。

あなたは手が上がるのを見た。今、時々目を閉じて、手を上げてごらん。するとあなたは、上げている手を内側から体験するだろう。あなたは空腹であることを、外側から知っていた。目を閉じて内側から空腹を体験してごらん。すると初めてあなたは、内側からそれを感じられるようになる。あなたが内側から痛みをつかまえるやいなや、二つのことが起こる。一つ、痛みは、それが元々そうであるように見えたほど、広く拡大して残ってはいない。それはすぐに、小さな点に集中する。あなたがこの点に強烈に集中すればするほど、ますます小さくなっていくのに気づくだろう。そして信じがたいことが起こる。その点が非常に小さくなる時、あなたは驚いたことに、それが現われたり消えたり、去ったり来たりするのに気づく。隙間《ギャップ》が現われ始める。そして最後にそれが消える時、あなたは何が起こったのか不思議に思う。何度もあなたはそれを見逃す。その点は非常に小さくなるので、しばしば意識がそれを見つけようとする時、それは存在しない。

ちょうど、痛みが無意識の状態の中で拡大するように、気づきの状態では、絞り込まれて小さくなる。意識のこうした状態では、その感覚は、たとえあなたが非常に多くの痛みに満ちた経験を経てきたとしても、たとえ途方もない苦しみを生き抜いてきたとしても、にも関わらず、苦難は実際にはそれほど多くはなかった、ということだ。私たちは誇張された痛みに苦しんできた。同じことが幸福に関しても真実だ。私たちが経験してきた幸福は、そう見えたほど多くはなかった。私たちはそれらもまた、誇張された形で楽しんできた。

もし人が、気づきをもって自らの幸せを楽しむようなことがあるなら、その幸せも非常に小さくなるのがわかるだろう。もし、同じ種類の気づきをもって惨めさを生き抜くようなことがあれば、それも非常に狭くなるのがわかるだろう。気づきが大きくなればなるほど、痛みや惨めさはますます狭く、小さくなる。それらはとても小さくなるので、より深い意味で無意味なものになる。実際、痛みや惨めさの意味は、それらが拡大することにある。それらは人のすべての生を包んでいるように見える。しかし大きな気づきを通して見ると、それらは絞り込まれ続け、最終的に無意味になるので、それらは生それ自体とは関係がない。

起こるであろう第二のものは、あなたが自分の惨めさをじっくりと見る時、あなたと惨めさの間に距離ができる。事実、あなたが物事を見る時はいつでも、あなたと物事自体との間に、すぐに距離ができる。見ることが距離を引き起こす。私たちが何を見ようと、すぐに距離が生じ始める。

もし、自分の惨めさを綿密に見るなら、惨めさとあなたとが分離しているのがわかるだろう。なぜなら見ることができるのは、分離しているものだけだからだ。明らかに、あなたと分離できないものは見ることができない。自分の惨めさに気づいている人、意識で満たされている人、想起に満ちている人は、惨めさをどこか別のところのものとして経験し、彼はそこから距離を置いたどこかにいる。

自分自身と惨めさの違いを実感するようになる日、彼の痛みが距離を置いたどこかで起こっているということを知る途端、惨めさに起因する無意識は存在しなくなる。そして一度、幸福と同じように身体の苦しみも別のところで生じること、人とは単にそれらを知る者であると理解すれば、身体との同一化は断たれる。その時、自分が身体ではないことを知る。

これは初期の準備だ。いったんこの準備が完了したら、気づきとともに死に入ることは簡単だ。簡単なだけでなく、間違いなく起こるだろう。そうなれば、本当に死を恐れなくなる。結局のところ、死を恐れるということについてさえ、死をよく知る必要がある。自分たちが何も知らないものへの恐れを、どうやって感じられるのだろうか。

だから私たちは、死の恐怖を本当に持っているわけではない。むしろ私たちのマインドの中で、死が病的な形で存在しているのだ。それが私たちの死についての考えだ。軽い病気でさえ、大変な苦しみの中に私たちを残す時――足が痛む、すると私たちはとても苦しむ。頭が痛む、すると私たちはとても苦しむ――身体全体が傷ついて、ガタが来る時、それは何という苦しみだろう！

死の恐怖は、すべて私たちの病気の総和だ。それでも、死はそれ自体においては病気ではない。死は病気とは何の関係もない――ことごとく、病気とは関係ない。もし病気が死の前に起こるならそれは別問題だが、両方の間に因果関係はない。人間が病気の後に続いて死ぬということは的外れだ。だが、病気が死を引き起こすと誤解したり、考える必要はない。おそらくその逆が真相だ。

人が死に近づいて来ているので、彼は病気に捕えられるのだ。誰もこれまで病気で死んではいない。死が近づくにつれて、彼は病気を掴まえ始める。死が近づく時、彼の身体は弱くなり、病気の方への感受性は増大する。彼は脆弱になり、病気を探し始める。同じ病気は、生のより近くにいる人には影響を及ぼせなかっただろう。おそらくそれは、彼を掴めなかっただろう。

自分が病気を受け入れていない瞬間がある一方で、自分が病気をもっと受け入れている瞬間があるのを、あなたは知っているだろうか？　希望と楽観主義に満ちている人が、病気を受け入れなくなるのに比べて、失望と悲しみの瞬間にいる人は、病気に対して脆弱になる。病気でさえ、あなたがそれを進んで受け入れることなしには、あなたの中に入らない――それはあなたの内側の承認が必要になる。

そのため、たとえどれだけ多くの薬を与えても、自殺的な心《マインド》を持つ人々の治療は決してできない。彼らのマインドは、薬に受容的ではないままだ。彼らのマインドは病気を求め続け、両手を広げて病気を招いている。しかし薬に関する限り、彼らの扉は非常に固く閉じたままだ。

いや、誰もこれまで病気で死んではいない。むしろ死が近づいているせいで、人は病気に対して脆弱になる。だからまず病気が生じて、その後に死が続く。私たちは通常、最初に起こるものが原因で、その後に生じるものが結果だと考える。それは間違った考え方だ。病気は原因ではない。常に原因は死だ。病気は単なるその結果だ。

だから私たちの心《マインド》の中の死の恐怖は、本当は病気の恐怖だ。まず第一に、私たちは自分たちのすべての病気を加えることで死の恐怖を作る。覚えておくべき二番目のことは、私たちが死んでいると見てきたすべての人々については、本当に彼らが死んでいるのを見てきたのではなく、ただ病気になっている彼らを見てきただけだ、ということだ。いったいどうやったら私たちは、誰かが死にかけているとわかるのだろう？　死はそれほど全く内側の現象で、誰も目撃できない。あなたがこれこれの人が死ぬのを見ていると証言する前に、よく考えてごらん。なぜなら、ある人が死にかけているのを見ることは非常に難しいからだ。今日まで、それはこの地球上で起こったことはない。

誰も、誰かが死にかけているのを見たことはない。ただ、これくらいのことは見てきた。それは、その人が病気になり、より多くの病気を、ますます多くの病気を成長させ、ある日その人がもはや生きていないことがわかった、ということだ。しかし基本的には、人が死んだ時を誰もこれまで見たことがない。誰もこれまで、人が死んだ瞬間を、そして死の過程で何が起こっているかを、正確に示せなかった。私たちが見てきた唯一のものは、生から解放されている人だ。

私たちは、対岸に触れている舟を見ていない。私たちはこの岸を去る舟しか見ていない。私たちは、意識が生の岸から立ち去るのを見てきて、それから特定の地点の後にそれを見失った。私たちと共に残っている身体は、それが昨日まであったようにはもはや生きていないので、その人は死んだのだと考える。

私たちにとって、死は一つの推測だ。それは私たちの前で、正しく起こっている出来事ではない。

私たちは病気の人々を見てきた。私たちは、死にかけている人の苦しみを見てきた――手足の痙攣、つり上がった目、ゆがんだ彼の顔、食いしばった顎――。私たちは、おそらくその人は何かを言いたくても言えない、ということを見てきた――私たちはこのすべてを見てきた。私たちは自分たちに関して、このすべてを総合したものを持っている。それは私たちの集団的マインドの一部になった。何百万年もの年月に渡って、死の時に起こったものは何であれ、私たちはそれをすべて集めてきた。私たちはそれを恐れている。

私たちも、自分たちの死の時に同じ困難に直面することに怯えている。そのため、人間は非常に巧妙な手段を考案してきた。彼は生に関するすべての考えから、死の事実を追い払ってきた。私たちは、より頻繁に死を思い出さないために、町の外に墓地を作る。本当は、理想的な墓地は町の真ん中に作られるべきだ。なぜなら、生の中で死そのものよりも確かなものは何もないからだ。他のすべては不確かだ。他のものはあるかもしれないし、ないかもしれない。人が最終的に信じられる唯一のものは死だ。死は最も確実なものであり、誰もその存在を疑うことはできない。

私たちは、神の存在を疑うことができる。魂の存在を疑うことができる。生そのものを疑うことはできるが、死を疑う方法はない。死はある。私たちが町の外に置いたのは、それがとても確かだからだ。もし葬儀が通り過ぎたら、母親は子供たちを家の中に入れるために呼ぶ。なぜなら誰かが死んだからだ。実際のところ、もし誰かが死んだなら、誰もが通り過ぎる生の最大の事実を見ることができるように、外へ出るように求められるべきだ。誰もが必ず死を通過する。それを否定する必要はない。しかし私たちは、死をとても怖がっていて、それについて言いたくもない。

私は聞いたことがある。ある老婆が僧侶に会いに来て、そして「魂は確かに不死です」と言った。老人たちは、しばしば死の恐怖という理由だけのために、魂の不死性について話す。それが私たちが寺院やモスク、教会でそうした多数の老人たちを見つける、唯一の理由だ。なぜ若者や子供たちには、これらの場所に行くことに興味がないのだろう？　彼らが死の知らせを得るまでには、まだ間がある。それは少し時間がかかる。彼らは今は、死を拒否する余裕がある。彼らはしばらくの間、それを忘れることができる。

どうすれば、老人は死を忘れられるだろう？　彼は、毎日思い出させられる。ある日、自分の足が歩けなくなるのに気づく。別の日、彼の視野は衰え、ある時彼の耳は聴力を失う。彼はその周りのすべてからヒントを受け取り、彼の身体の一部は、次々と「死」に差し出されているように見える。今、彼は教会、寺院、モスクへ駆け込み始める。神とは関係がなく、単に確かめるためにそこに行く。在るべきものと理解していた生が終わりに近づいているにも関わらず、彼も死滅するのだろうか？ということを確かめるためにだ。

魂の不死性を信じている社会が、魂の存在を信じていない社会よりも、死を恐れているのは奇妙だ。例えば、私たちの国を見てみればいい。長い間、私たちは魂の不死性の断固とした信者だった。にも関わらず、地上のどの人種も私たちの人種ほど臆病ではなく、どの人々も、私たちより多く死んではいない。

魂は不死であると宣告する国家が、千年も奴隷状態で苦しんでいる。何と奇妙なことだろう！　どうしたら、魂は不死であると宣言する八億の魂が住んでいる国家が、三百万人の支配下で奴隷のように生きることができるのか、人は不思議に思う。魂は不死であると、それは決して死ぬことができないと信じている人は、奴隷になることにどんな恐れを持ち得るのだろう？　彼らは敵と戦うことに、どんな恐れを持ち得るのだろう？　彼らは絞首刑による死に直面することに、どんな恐れを持つのだろう？　どうしたら、銃や大砲が彼らを怖がらせることができるだろう？　しかし違う、何か別のものがここに関与している。

魂の不死性を信じることとは、魂の不死性を知ることと同じではない。それを信じることは死の恐怖を消すための、それを偽るための単なる策略だ――町の外に墓地を作るのと同じように。

毎日、人々は自分たちの経典を開いて、魂の不死性の教えを読む。死は存在しないことを彼らが絶対に確信できるように、彼らは生き残る、だから心配する必要はない、という希望を持ち運べるようにだ。彼らは主張する、

「身体は死ぬだろうが、私たちはそれでも生き残るだろう！」と。

あなたの存在を、身体以外のものとして主張しているあなたとは誰だろう？　あなたには、それに関する知識がない。あなたは「身体は死ぬかもしれない。私は生き続けるだろう」と言うが、実

は自分が身体以外のものであることを、全くわかっていない！　あなたは身体がもうない時、生き残るものは何なのかを知らない。もしあなたが「私は誰だ？」と本当に考えるなら、あなたは自分が身体であることを除いては、自分自身について、何も知らないことを知るようになるだろう。

そこで、その老婆は僧侶に言った。

「私は魂は不死だと信じています。魂は確かに不滅です。あなたはどう思いますか？」

魂の不死性について、僧侶は何も答えなかった。彼は単にその女性を見て、彼女の手を取って言った。「あなたは死についてどう思いますか？　あまり時間は残されていません」

女性は悩み、そして言った。

「これは何という類の不吉な話なのですか？　どうかそんなことを言わないでください。僧侶であり、善人であるあなたが、そんな不吉なことを話すべきではありません」

僧侶は言った。「もし魂が不死なら、どうしたら死が不吉であり得るでしょうか？　魂が死ぬものでありさえすれば、死は不吉であることができます」

しかし女性は続けた。「それは止めて、他のことを話してください。神について、モクシャについて話してください。あなたが死について話すのを聞くために、来たのではありません」

実際、人々はまさにどうにか彼らを慰めることができて、彼らの怖れを軽減できることを聞くために、僧侶のところに行く。彼らは「あなたは死のうとしていない」と話してくれる誰かを求めている。彼らはこう言われたい。「あなたは罪人ではない。魂は永遠に純粋であり、堕落していない。あなたは自分が盗人であると言ったのか？　それを忘れなさい。誰も盗人ではない。あなたは自分が闇商人であると言ったのか？　それはすべて馬鹿げている。魂はいったい、闇商売に従事できるのだろうか？」

その結果、すべての闇商人は、こう言い続ける僧侶の周りに集まる。「魂は純粋で、汚点はない。それは常に清廉であり、それが汚されることは決してあり得ない」。そして前に座っている男、老いた盗人は、同意してうなずいて言う。「あなたは絶対的に正しいです。神聖なる人よ！　なんという真理でしょう、神聖なる人よ！」。彼は信じたい。彼は魂が絶対的に純粋であることを、彼に保証する誰かを求めている。そこで彼は純粋になることへの悩みから自由でいられるし、不純になることを心配する必要はない――だから、そこにはもはや恐怖は存在しない。

この精神状態が基本的に根づいている現実を、理解する必要がある。私たちは死を恐れているのではない。私たちは病気を恐れているのだ。そして私たちは、生命と呼んでいるものを手放すことを恐れている。

例えば、あなたがこの家から私を外へ押し出すとする。私はこの家の外に、何があるのかわからない――そこには大きな宮殿があるのか、森があるのか、荒涼とした場所なのか、砂漠があるのかどうかわからない――私は全然見当がつかない。私は、自分が家の外で幸せになるのか不幸になるのかどうか、確かでない。私は全く知らない。たとえ扉の外に未知なるものがあっても、それでも家を出ることの恐怖が、私を惨めにさせる。家は信頼できたし、知っていたし、熟知していた。よく知っているものを捨てることと、よく知らないものに入ることは怖がらせる。恐れは、本当は未知に対してのものではない。なぜなら私は、知らないものについての知識を、全く持っていないからだ。恐れは、知っているものを捨てることにある。

あなたは驚くだろうが、マインドは既知のものに所有されているので、私たちは馴染みの病気を手放すことさえ難しいことに気づく。馴染みの惨めさをあきらめることさえ困難だ。ほとんどの医師は、めったにあなたの病気を治さない。彼らは病気が治るということを、単にあなたに言い聞かせるだけだ。ほとんどの薬は、あなたの病気に対して何もしない。それらはただ、それを取り除くための勇気をあなたに与えるだけだ。

最近、有名な科学者がこの分野で多くの実験を行なった。彼は、同じ病気を患っている二十人の患者を診療した。彼らの内の十人を彼は薬で治療した。一方で彼は他の十人を、水だけでもたせた。興味深いのは、両方の患者たちが一緒に回復したことだった。さて、これは何を意味するのだろう？

その意味は、それが薬の問題でもなく水の問題でもないということだ。大きな問題は、その人の病気が治ると言い聞かせることだ。もし水がこの働きをするなら、水で患者を治すことができる。もし、同種療法的に砂糖の丸薬が成功したなら、その時彼は、その丸薬によって治される。もし、お守りが効果的であるとわかるなら、それも治すことができる。もし患者が、苦行僧によって与えられた一つまみの灰を信仰しているなら、それも彼を治すことができる。ガンジス川の水への信仰も、その目的を果たす。あらゆるものが作用する。

アリストテレスのような高度に知的な人間でさえ、私たちを笑わせるような治療を提案した。彼は、言うなれば論理の父だった。彼はとてつもない治療法を提案した。それが効果的でなかったなら、彼はそれをほのめかすことはできなかった。その治療法は作用した。例えば彼は、女性が分娩中は、彼女の腹部に馬の糞を塗れば痛みは完全に止む、と書いている――アリストテレスのような賢くて知的な人が、これを言う。腹部に馬の糞を塗れば出産の痛みを乗り越えられる、ということがこれまで可能だっただろうか？　しかし明らかにそれは作用した。妊娠中の女性は、基本的に決して腹部に痛みを感じなかったため、出産の痛みから解放された。分娩中は、ただ単に出産するだけだ。

女性が出産を恐れれば恐れるほど、痛みは成長する。彼女が痛みを恐れるようになるにつれて、すべての生殖器官を縮小させる。女性がすべての器官を縮小し続ける一方で、子供は彼女の身体の出口を押す。これは二人の間に争いを引き起こし、その争いが痛みの原因になる。だからほとんどの赤ん坊は夜に生まれる。赤ん坊の七十％がそうだ。なぜなら母親は、出産が昼間に起こるのを許さないからだ。彼女は日中はずっと油断なく、偶発的な出産を妨げる。そのため赤ん坊は、母親が眠っている時、彼女が気づいていない夜に生まれることを強いられる。だからかわいそうな赤ん坊の七十％は、日光の下で生まれることができない。夜の闇の中に生まれなければならない。

レビンと呼ばれた人がいる。彼は女性たちに、出産に協力することを教えている。彼は出産の間に協力することを彼女たちに求めて、どんな痛みもなく、数千人の女性たちに赤ん坊を生ませることに成功した。彼は馬の糞も塗らないし、また注射もしない、また女性にお守りを結んだりもしないし、霊的導師《グル》からどんな供物も持って来ない――そんなことは何もしない。彼は単に、女性に協力するように言い聞かせる。彼は女性に助言する。「子供にどんな障害も引き起こさずに生まれるようにさせなさい。子供と協力しなさい。子供に誕生を与える感覚で満たされなさい。それで充分です。あなたにはどんな苦痛もないでしょう」

どんな出産の痛みも経験しない部族が、何百もある。彼女たちは畑で働き続け、時期が来たら、子供を生む。母親は籠に幼児を置いて、その場で仕事を再開する。

人間は、彼がとても長い間苦しんできた病気を、手放しさえしない。彼はそれらにしっかりとつかまっている。人々は、自分たちの鎖を保つことさえも主張する。この事実は、フランス革命時に明るみに出た。最も危険な囚人たちの何人かが、大きな刑務所に収容されていた。彼らは終身刑を言い渡されていた。彼らの鎖は決して外されなかった。彼らは永遠に、その中に留まることになっていた。ただ彼らが死んだ時にだけ、足鎖は取り外される。

革命家は刑務所の壁を壊して、囚人たちを独房から連れ出した。囚人たちはそれまで、外に出るという希望をすべてあきらめていた。何人かは二十年間投獄されていた。何人かは三十年間、そして何人かは五十年間そこにいた。彼らはほとんど盲目になっていた。その鎖は、ほとんど彼らの身体の一部になっていた。それらが彼らの身体から分離しているとは言えなかった。彼らの身体と鎖との間には、もはやどんな隙間も残されていなかった。五十年間、人の手を縛っていた鎖が分離したままだと思えるだろうか？　それらは人間の手の一部にならざるを得ない。

その人は、鎖が身体の一部ではないことを忘れる。自分の手と同様にそれらの世話をする。自分の身体と同じように、毎朝その鎖を掃除して光らせる——結局、鎖は一生、彼と共に留まる。もしこれが実情なら、すべての事柄は終わっている。

だから、革命家が囚人たちの鎖を切断し始めた時、彼らの多くは反対した。鎖がないと外では非常に不愉快に感じると、彼らは革命家に言った。しかし、革命家は常に非常に頑固だ。革命家は人々と一緒では頑固でいられないことを、まだ学んでいない。もし人々に、鎖を手放すように強いるなら、彼らは新しい鎖を身に付けるだろう。そこで革命家は、強制的に鎖を切断して囚人たちを解放した。その後に起こったことは信じられなかった。日暮れまでに、囚人たちの半数以上は戻ってきて、外は好きではないと言った。彼らは、鎖なしでは自分たちが裸でいるように感じた。

明らかに、もし女性が身に着けている多くの黄金の装飾品を取り除いたなら、彼女は裸でいるように、重さがほとんどないように感じるだろう。彼女は自分が何かを失ってしまったかのように、体重を失ってしまったかのように感じるだろう。だから囚人たちは言った。「我々の鎖を返してくれ。

鎖なしでは、午後の昼寝もできない。どうしたらいいのだ?·」。それらの鎖の音さえも、彼らの精神状態の一部になった。鎖の重さが加わることは、彼らの精神の、潜在意識の一部になっていたので、寝返りをする間でさえ彼らはそれを感じた。

人はよく知られたものにとても縛られるようになるので、鎖を壊すことにさえ痛みを感じるのだ。私たちはよく知られたものに、私たちが生として受け取るものに、捕えられている。私たちが死をとても怖がるのは、よく知られたものにしがみついているせいだ。そもそも、私たちには死の知識がない。目覚めるための第一の原則は、惨めさに気づくことだ。そうすれば人は、自分が身体から分離しているのを知ることができる。

二番目は、目撃する能力だ。それは、私たちにこれまで起こらなかった。時々、市場の真ん中を歩き、突然自分自身に少し衝撃を与えて、ただ二分間だけ静止して立ってごらん。何もせずにただ見守りなさい——単なる目撃者でありなさい。道の真ん中で見守る者として立つ瞬間、突然あなたは自分の環境から引き離され、それらの外にいる。何かの目撃者になる瞬間、あなたはそれを超越する。あなたはそれから飛び出す。しかし、路上に立っていて目撃者でいることは、非常に困難だ。映画を見ている間でさえ、目撃者でいることは簡単ではない。

映画館の暗闇は、映画を見ている人々にとって全く便利なものだ。何も恥ずかしいと感じることなく、暗闇で泣くことができる。人々が映画館を出て行く時に彼らのハンカチを調べると、私たちは何が内側で続いていたか、何人の人々が泣いていたかを発見できる。私たちは、スクリーンの上では本当は何も起こっていないのを、実によく知っている。それはただのスクリーンだ。また、自分たちがスクリーン上で見たものは単なる見かけに過ぎないこと、そこでは何も起こっていないことも、完全によく知っている。これは単純に光と影の戯れであり、映画館の後部から投影された光線のネットワークに過ぎない。スクリーンは映像以外の何も示していない。にも関わらず、あらゆるものはスクリーンから離れて起こる。私たちはスクリーンに対してさえ、目撃者のままではいない。私たちはその一部になる。

映画を見ている間、あなたは本当に見守る者のままでいる、という思い違いをしてはいけない。間違えないように。あなたは出演者にもなる。あなたはフィルムの外に留まってはいない。いったん映画館に入ったら、しばらくの間あなたも映画の中に入る。あなたは映画の中の誰かを好きになり始め、そして他の誰かを嫌う。あなたは他の誰かに幸せを感じる一方で、ある人を気の毒に思う。しばらくして、あなたは同一化するようになる。あなたは映画の出演者になる。

映画を見ている間に、どうしても目撃者のままでいられないのなら、人生で目撃者のままでいるのは実に困難になるだろう。このように、人生は映画以外の何ものでもない。もしあなたが少し深く見るなら、人生は映画とそれほど異なるものではない。あなたがさらにより深く見れば、光線のネットワークが映画のスクリーンに現われるように、電気のネットワークが生のスクリーンに現われるのがわかるだろう。

生は、電気の深いネットワークで構成されている。それは電子の大きな相互作用だ。もし人間の身体をいろいろな方法で解剖したりしても、最後には電子を除いて何も見つからないだろう。もし私たちがこの部屋の壁を分解して、それができている要素を探してみても、究極的に残るものは、電気以外の何ものでもないことがわかるだろう。それなら、何がその大きな違いなのだろう？

本当に、映画のスクリーンと生のスクリーンとの違いは何だろう？　私たちは映画のスクリーン上でも電子の相互作用を見つける。唯一の違いは、生のスクリーン上では映像が三次元にあるのに反して、映画のスクリーン上では映像が二次元にあることだ。しかしそれは大した問題ではない。近いうちにもう一つの次元――今、映画に欠けているものが出会うだろう。

ちょうど私が今あなたを見ているように、ある日、人はまさにそのようにスクリーン上で人々を見ることができるだろう。何の困難もない。スクリーンから抜け出して映画館の中を歩き回ることが、俳優にとってすぐ可能になるだろう。それはあまり長くかからないだろう。それはまさに技術を開発することの問題で、あまり難しくはない。もし三次元の人間がスクリーン上で動き回ることができるなら、彼がほんの十フィートほど、スクリーンから踏み出して館内を歩き周ることは、単に技術を少し進歩させるという問題に過ぎない。映画女優がスクリーンから踏み出して、あなたと握手したり、あなたに優しくするのを予想するのは、あまり難しいことではない。

今、逆のことが起こっている。ヒロインがスクリーンから抜け出すのではない。むしろ、あなたがスクリーンに入って彼女を撫でる。あなたはこの手間を省くことができる！　あなたにわざわざ、それだけのことをさせるのはよくない。あなたは不便なことを経験する必要はない。あなたは椅子に座ったままで、ヒロインがあなたのところに来て優しくする、ということが可能になるだろう！　いずれにせよ、生においては何が起こるのだろう？　私があなたと手をつなぐ時、何が顕われるのだろう？　私があなたの手をしっかりと握る時、あなたはそれを、愛か敵意のどちらかの表現として見る。それは単に解釈の問題だ。いずれにせよ手は握られている。その違いはただ、解釈においてだけ生じる。

手が握られている時、直ちに両方の事が大した苦もなく起こり得る。初めのうちは、手を握ることは愛の気持ちで起こり得るが、一方最後には、敵意の気持ちがそれらを引き離すかもしれない。これを想像することは難しくない。すぐに、それだけ多くの変化が起こる。

私があなたの手を握る時、あなたはそれを、私の愛の表現として受け取る。しかし実際には何が起こっているのだろう？　本当は何が顕われているのだろう？　もし私たちの両方の手が検査されることがあれば、どうなっているように見えるだろう？　いくつかの電子が、他の電子に向かって圧力をかけている。そして興味深いことは、私の手があなたの手には決して触れていないということだ。空間はどうしても二つの間に残る。そして、時々それは縮小する。そこに隙間がある時、空間は見えるようになる。隙間が減るにつれて、空間はますます目に見えなくなる。隙間が非常に狭まると空間は消える。

だから、一方の手がもう一方の手を握っている時、二つの間には常に空間が存在する。その圧力はまさにその空間に作用するのであり、あなたの手にではない。だが実際には、その空っぽの空間の圧力は、あなたの手に作用する。私たちは、この空っぽの空間の圧力を愛、または敵意のどちらかとして解釈する。

それは、すべて解釈の問題だ。けれども、もし人が目撃者となって握っている手を見守ることができるなら、信じられないことが起こる。誰かがあなたの手を握っている時、それを愛か敵意のどちらかとして見ることを、急いではいけない。ただ、握っている手の目撃者のままでいてごらん。するとあなたは、自分の意識の全一《トータル》な変容を感じるだろう。

誰かの唇があなたの唇に押し付けられた時、愛やその他のことについて忘れて、少しの間、単純に目撃者になりなさい。あなたは自分の意識の中で、以前には決してなかったような、奇妙な経験をするだろう。その時あなたは、自分自身を笑うかもしれない、ということが起こり得る。

他人を笑う限り、あなたは目撃者ではない。自分自身を笑う日、あなたは目撃者になる。その日から、あなたは目撃し始める。世界中の人々は他人を笑い、ただサニヤシンだけが自分自身を笑う。そして自分自身を笑える人は、何かを見始めている。

もう一つのことは、生の中で目撃者でいることだ――どこでも、いつでも。例えば食べている間、突然ちょっと見守る者になりなさい。あなたの手が食べ物をつまんでいるのを、見守りなさい。食べ物を噛んでいる自分の口を、見守りなさい。食べ物があなたの胃に到達するのを、見守りなさい。間隔を置いて立って、単純に見守りなさい。あなたは、突然味が消えてしまったのに気づく。不意に、食べる行為は違う意味を持つようになる。あなたは自分が食べていないのに気づく――食べ物は摂取されているが、あなたは単に見守っている。

素晴らしい物語がある。その物語とは……。

かつてある僧が、クリシュナが住んでいた町の郊外に到着した。その時は雨季で、川は氾濫していた。僧は対岸にいた。村の女性たちは僧に食べ物を与えることを心配していたが、川がその道を塞いでいた。その途中で彼女たちは、クリシュナに会うために立ち寄った。彼女たちはクリシュナに尋ねた。「どうやって川を渡ったらいいのでしょう？　流れは非常に強いです。舟は渡れません。僧は、ここ数日間は食べ物なしでいます。時々、私たちは彼についてのいくつかのニュースを受け取ります。彼は反対側で待っています。そこは深い森で覆われています。私たちは彼に食べ物を持って行かなければなりません。どうか私たちに、川を渡るための方法を示してください」

クリシュナは言った。「川まで行って、彼女（川）に言いなさい。もし僧が彼の生涯でどんな食べ物も決して食べてこなかったなら、もし彼が常に断食中であったなら、彼女はあなたのために道を通さなければならない、と」。これらはクリシュナの言葉だったので、女性たちは彼を信じた。

女性たちは先へ進んだ。川に話しかけるように彼女たちは言った。「おお川よ！　もし僧が彼のすべての人生を断食状態で生きたのなら、私たちが彼に食べ物を持って行けるように、どうか道を譲ってください」

物語は、川が道を譲ったことになっている。女性たちは川を渡って僧に食べ物を与えた。彼女たちが持ってきた食べ物は充分すぎるほどだったが、僧はすべて食べた。帰る時間になった時、彼女たちは突然、自分たちの帰り道を見つけるための鍵を、クリシュナに尋ねていなかったことに気づいた。今、彼女たちは、自分たちが大変面倒な目に遭っていることに気づいた。

その前に彼女たちは、僧が生涯断食してきたと川に言った。どうしたら、彼女たちに今同じことを言えるだろう。僧は、普通に食べる人ではなかった。彼が断食中だったと言うのは、真実からほど遠いものだった――彼は女性たちが持って来たすべての食べ物を、食べ尽くした。僧は、二杯目や三杯目のお代わりを提供する女性を、待ちきれなかった。食べ残しはなかった。

女性たちは、非常に心配するようになった。僧は尋ねた。

「なぜあなたたちは、とても困っているように見えるのでしょうか？　何が問題ですか？」

女性たちは言った。「大変困っています。私たちは、ここに来るための方法だけを知っていました。帰るための鍵を知りません」。僧は、彼女たちを彼のところに連れてきた方策が何なのかを尋ねた。

女性たちは言った。「クリシュナが私たちにこう告げました。私たちが川を渡りたいなら、私たちは川にこう言うべきだ、もし僧侶が断食中であるなら、私たちに道を行かせるべきだ、と」

僧は言った。「それで何が問題なのですか？　その同じ方策は再び使えるでしょう。閉めることができる鍵は開けることもできますし、開けることができる鍵は閉めることもできます。もう一度、同じ鍵を使ってください」

女性たちは言った。「今どうやって、それを使ったらいいのですか？　あなたは既に食べ物を食べてしまいました」

僧は大笑いをして、その声はその川の土手に際立って響いた。女性たちは非常に困惑した。彼女たちは言った。「ここで私たちは困っているのに、あなたは笑っているのですか！」

僧は言った。「あなたたちを笑っているのではありません。私は自分自身を笑っているのです。川の前に行って、あなたが前に言った同じことを言ってください。川は私の笑いを理解していたに違いありません。もう一度、彼女のところへ言いに行ってください」

大きな恐怖と大きな躊躇い、そして確信のなさとともに、彼女たちは川に近づき、言った。「おお川よ！　もしこの僧が生涯にどんな食べ物も食べてこなかったら、どうか道を譲ってください」。彼女たちは、自分たちが言うことは全く真実ではないと内側では知っていた。しかし川は彼女たちに道を空けた。

女性たちは非常に困惑した。彼女たちがこの岸に来て見ていた奇跡は、彼女たちが帰り道で見たものとは比べものにならなかった。彼女たちは、直接クリシュナのところに行って語った。

「これはあんまりです！　私たちは最初に川を渡った時、あなたが奇跡を行なったのだと思っていました。しかし奇跡を行なったのは、本当は僧です。私たちが僧に会うために道の途中で言ったことはすべて正しかったし、それは作用しました。でも私たちは帰り道の途中で同じことを言い、そして川は道を譲りました！」

クリシュナは言った。「もちろん、川は道を譲らざるを得なかった。なぜなら、彼だけが決して食べない僧だからだ」

「でも、私たちが運んできたすべての食べ物を食べ尽くしていた彼を、この目で見ました」

クリシュナは言った。「ちょうどあなたが、彼が食べるのを見守っていたように、その僧も自分自身が食べているのを見守っていた――彼は、食べるという彼の行動の行為者ではなかった」

これはただの物語に過ぎない。このように川を渡ろうとしてはいけない。あなたはある僧を不必要に困らせるかもしれない！　川は決して道を譲らない。にも関わらずその事実は残る。もし、行為者としてではなく見守る者として、すべての行動において自分自身を見ることができれば、私たちのすべての行動においては、死のうとしていることも行為――最後の行為だ。

自分の行動から離れた自分自身を保つことに成功すれば、死の瞬間にも離れたままでいることができる。その時、あなたは見るだろう。昨日まで食べていた人、自分の仕事にがんばっていた人、通りを歩いていた人、喧嘩し、争い、愛した人、それは死のうとしている彼だ。その時あなたは、一つの追加された行為、死のうとしている行為を見守ることができるだろう。まさに愛することに熱中したり、その人の事業を経営したり、市場にいたりする他の行為のように、死のうとしていることも一つの行為だ。あなたは他のこれらすべての事をした同じ人が、死のうとしているのを見ることができる。

サルマッドという名前の、イスラム教の行者《ファキール》がいた。非常に甘美だが、奇妙な事件が彼の生に起こった。常に起こってきたように、聖職者は彼に反対する訴訟を起こした。聖職者は、常に神秘家に反対してきた。サルマッドは、皇帝の法廷に出頭するために呼び出された。

イスラム教徒は経文、格言を通して、彼らの信仰を表現する。それは「唯一の神がいる、彼より他に神はいない、唯一の神の使者がいて、その彼はモハメッドだ」というものだ。しかしスーフィー神秘家たちは、経文の後半分を落とす。彼らは「一人の神より他に神はいない」と繰り返すが、他の半分「神の唯一の使者がいて、その彼はモハメッドだ」を落とす。なぜなら彼らは、多くの神の使者がいると信じているからだ。だからイスラム教神学は常に、スーフィーに反対してきた。

サルマッドはさらに危険だった。彼はスーフィーの経文を完全に繰り返すことさえしない。彼はそれの半分さえも落としていた。その経文は「唯一の神より他に神はいない」だ。サルマッドはその後半分「……神はいない」だけをよく繰り返していた。さて、これはあんまりだった。モハメッドの名前を落とすのは問題なかった。それは、彼が無神論者だということにはならない。それは単に、結局はイスラム教徒ではないということだ。それでも、ただその人がイスラム教徒ではないという理由だけで、宗教的な人であることをやめるわけではない。しかし、サルマッドのような男をどうしたらいいだろう？　彼は「神はいない！」と言ったのだ。

サルマッドは、法廷に連れて来られた。皇帝は尋ねた。

「お前は神はいないと言うが、それは本当か？」

サルマッドは「私はそう言っています」と答えた。そして彼は大きな声で宣言した。

「神はいません！」

皇帝は尋ねた。「お前は無神論者か？」

サルマッドは言った。「いいえ、私は無神論者ではありません。しかし私は、いまだにどんな神も知りません。ではどうやって私は、神はいると言えるでしょうか？　私はただ、自分が知っているだけのことしか言いません。この経文については、これまで私はそれの半分だけを知るようになりました。それは、神はいないということです。他の半分に関しては何も知りません。私がそれを知るようになる日、私は誰にでも知らせるでしょう。もし私が知らないのなら、どのように嘘をつけるでしょうか？　宗教的な人は嘘をつけません」

それは難しい状況だった。彼は最終的に処刑され、デリーのジャマー・マスジッドの前で斬首された。これは物語ではない。数多くの人々が処刑された彼を見た。彼がマスジッド、モスクの正面の扉で斬首された時、そして頭部がモスクの階段を転がり始めた時、転がっている頭部から声が発せられた。「唯一の神がいる。その一人の神より他に神はいない」

群衆の中に立っている、彼を愛する者たちは言った。

「サルマッド、あなたは狂っている。もしあなたがそう言うのなら、なぜそんな単純なことを、以前に言わなかったのだ?」

サルマッドは言った。「人が自分の頭を失うまで、どうしたら彼を知ることができるだろう? 今、私はそれを知った。私は、神はいると言う。それは彼より他に、神は存在しないということだ。しかしどうしたら、知ることなしにこう言えただろうか?」


それらを経験することによってのみ、知るようになるという真実がある。死の真実が、これらの一つだ。だが死を知るために、まだ生きている間に準備をする必要がある。死の準備は、人がまだ生きている間に行なうことだ。そうすることに失敗する人は、間違った死に方で死ぬ。

間違った人生を生きることは許されるかもしれないが、間違って死ぬことは決して許されない。なぜならそれは究極の地点であり、それは全く真髄そのものであり、人生の最終章だからだ。人生のあちらこちらで犯したいくつかの誤りは見落とされるかもしれないが、人生の最後の瞬間の誤りは永遠に、しっかりと永続的に確立されるだろう。そして興味深いのは、あなたは人生で犯した誤りに対しては後悔できる――それらは改めることができる――が、死後彼の過ちを改め、後悔し、それへの許しを請う方法はない。死は最終的な認証になる。そのため、間違って生きた人生は免除されるかもしれないが、間違った死はそうできない。

覚えておきなさい。そもそも間違って生きてきた人が、どうやって正しく死ねるだろう？　結局のところ、生は終わりを迎えざるを得ない。最終的にはそれが出発したところに到達する、というのが生だ。実際、私が生涯の間にしたことは何であれ、私は死の最後の瞬間には、その総計として出発することになる。その瞬間、私の人生のすべては累積的に私の前に立つ。死の瞬間に、私は私の一生の総体になる。

こういう言い方で言ってみよう。生とは広がる現象だ。死は濃縮されたものだ。別の言葉では、死が生のすべての広がりの全一な、累積的な濃縮——それの要約であるのに比べて、生は巨大な広がりだ。死は非常に原子的だ。すべては一つの原子の中で一緒に生じてきた。だから死よりも重大な現象は他にない。しかしそれは一度だけ起こる。けれどもこれは、あなたは以前に死んでいなかった、という意味ではない。いや、それは以前に何度も起こってきたが、それは一つの生涯に一度だけ起こる。そしてもしあなたが、この人生を眠ったままで生きたなら、死も眠りの状態で起こる。これは次の生で新たに生じ、また一度だけ起こる。

だから、心に留めておきなさい。意識的な死に方で死ぬ人は、次の生で意識的に誕生する——それは彼の死の別の部分になる。そして意識的に死んで、意識的に誕生する人の人生は、全く異なる水準で作用する。初めて、彼は生のすべての意味を、生のすべての目的を、生の高みと深みを、正確かつ意識的に掌握できる。彼は生のすべての真実を把握できる。

さて、私は二つのことに言及してきた。まず、あなたが意識的な死を迎えるかもしれないために、苦しみに対して油断なくあること、それに気づくことだ。痛みから逃げてはいけない。惨めさから逃げてはいけない。私が言った二番目のことは、日々の活動を動き回って実行している間、突然止まって、ちょっとの間目撃者になることだ。それから、あなたの活動を再び始めなさい。もしあなたが二十四時間の中で、わずかな瞬間でさえ目撃者になれるなら、あなたはこの世界が何という大きな気違い病院であるかということが、突然わかるだろう。目撃者になることで、あなたはそれから一歩踏み出す。

誰かがあなたを罵る時、すぐにあなたは、自分を罵っている人を見失うような受け手になる。彼があなたを罵るやいなや、あなたはそれを受け入れる。実際、あなたはその言葉が彼の唇から出る前であっても、それを受け入れる。罵る人がそれを何とか完了することさえできる前に、あなたはそれのすべてを受け入れる。実際には、あなたを罵ったものの二倍を受け入れている。罵っている人でさえ、彼が罵ったより以上のものを、あなたがどうやって受け入れたのかを見てびっくりする。あなたは何が起こっているのかを見ることに、完全に失敗する。

もしあなたが、本当に見ることができたなら……。次に誰かがあなたを罵る時は、見守る者になりなさい。受け手であってはいけない。ただそこにいて、あなたを罵っている人を見守りなさい。それはあなた自身を笑わせるだろう。そしてその笑いは解放させる。あなたは自分の人生のすべてを通して、すべて冒涜の絶えざる受け手であった自分の存在を笑うだろう。おそらくあなたは、彼に感謝さえして自分の道を行くかもしれない。そうすることで、あなたは勝手に想像しているかわいそうな人を、置き去りにするかもしれない。なぜならそうした行為は、彼の理解を超えているからだ。彼は完全に途方に暮れるだろう。

二十四時間の間、起こるかもしれないことが何であれ――怒りの中で、憎しみの中で、愛の中で、友情の中で、敵意の中で、歩いている間に、休んでいる間に、それが何であれ――ちょっと、ほんのちょっとだけ、時々はそれを見守りなさい。ほんの一瞬だけ自分自身に衝撃を与え、気づきを持って何が起こっているかを見守りなさい。その瞬間は受け手であってはいけない。起こっていることが何であれ、ただの見守る者でありなさい。途方もない静けさが、その瞬間にあなたを取り囲むだろう。あなたは非常に気づくようになるだろう。というのも、その瞬間あなたは瞑想に満ちているからだ。気づきのまさにその瞬間が、瞑想の瞬間だ。

もし、これら二つの実験を続けられれば、あなたが尋ねていた残りの部分がその後に生じるだろう。例えばあなたは尋ねている。「もし探求者が禁欲を実践するなら、それは死において役に立つでしょうか？　彼は覚醒を達成するのでしょうか？」。実際、目撃者になる彼だけが禁欲を達成できる。そうでなければだめだ。

耽溺な人は、きっと性的なままだ。耽溺な人とは好色な人を意味する。彼はセックスに耽溺していたい。もし人が目撃者でいられたなら、色欲とセックスはゆっくりと除々に、その人の人生から消える。もし性交の間ずっと目撃者になれれば、おそらく彼は決して再び、それに入ることはないだろう。というのもすべてがとても無意味に、とても価値のないものに見えるからだ。すべてはとても子供っぽく見えるので、こう感じるようになるかもしれない。「どうしたというのだ？　何が起こっているのだ？　とにかくこのすべては何なのだ？　どうやって私は、今までこれをうまくやってきたのだろう？　なぜこのすべては、それほどまで私を支配してきたのだろう？」。しかし私たちが目撃者にならないため、私たちはそれを繰り返し続ける。

実際、もしあなたが自分の過ちを絶えず繰り返したいと思うなら、全く目撃者であってはいけない。すべての過ちは、その後それ自身で繰り返すだろう。それから再び、すべての過ちにはそれ自身の時期があって、ただ再発し続ける。もし自分の人生の毎日を、数ヶ月間記録し続けることができれば、すぐに自分自身が定期的に狂っている者の一人であるのがわかるだろう。

ちょうどこの午後に、私は友人から手紙を受け取った。彼は六ヵ月ごとに狂気となり、他の六ヶ月間は正気のままでいる。彼はしばしば、なぜこれが起こるのか私によく尋ねていた。私は言った。「あなたがその違いを知ることができるのは、あなたの正気と狂気の状態の期間が、はっきりと定義されているからだ。これは他の人々にとってはそうではない。彼らは日中、六回は狂気のままでいて、六回は正気でいる。そのため彼らは、それがわからない。あなたは六ヶ月間の連続した期間に狂気のままでいて、「別のすべての六ヶ月間に正気のままでいる」。明暗が非常にはっきりしている。普通、人は一日に十回気が狂い、残りの十回は正常にふるまう。彼が正気である時と狂気である時は、彼も知らないし他の人々も知らない。

もしも数ヶ月間、自分の生の中で起こることを完全に記録し続けられたら、あなたにとってすべてのものは、それ自身で繰り返すということがすぐに明らかになるだろう。例えば、怒りは毎日ほぼ同じ時間に再発する。毎日、あなたは決まった時間に空腹を感じるだけではない。あなたは決まった時間に怒りもする。あなたは正確に、十一時に空腹を感じる。時計が十一時か十二時、または午後一時を告げるやいなや、何であれ、あなたは空腹を感じる。あなたが食事をする時が何時であれ、あなたはその特定の時間に空腹を感じる。身体はそれが空腹であるのをあなたに告げる。同様に、あなたは定刻に怒りを感じ、性的に感じ、愛らしく感じる。これらもすべて空腹であり、それらは一定の時刻に生じる。

あなたは、同じ過ちを繰り返し続ける。なぜならあなたは、自分がすることは何でも、すべて機械的な日課であるという事実を、理解しようとしなかったからだ。そして時折、これが問題を引き起こす。例えば、あなたは空腹なのに食べ物が近くにない。ただその時だけ、あなたは自分が空腹なのを知るようになる。もし空腹な時に食べ物を見つけたら、空腹とは何かを決して知らないだろう。問題は対処される。

同様に、あなたが怒っていて、怒りを発散できる人が周りにいなければ、ただその時だけあなたは怒りが何なのかを知ることができる。しかしあなたは、誰かを周りに見つける。時々あなたは空腹なのに、食べ物が周りにないということは起こる。だが非常に稀なのは、自分の怒りを曝せる相手が誰も見つからない、ということだ。そして身近に誰もいない時、人は生命のない物に怒りをぶつける。もし他に何もないなら、彼は自分の万年筆を、それを罵り始める。もしこの男がこれまで何をしてきたかに気づいたら、自分自身をどう思うだろう？　この男は本当にどう思うだろう？

自動車事故の心理的な原因を見つけるために、かなり多くの研究が、アメリカで行なわれている——それはかなりの数で、私たちに責任があるように見える。怒りの状態では、人はそれに気づくことなくアクセルをより激しく踏む。おそらく精神的に、彼は自分の妻の頭を、あるいは息子の喉を踏んでいるのかもしれないが、その特別な瞬間に、彼の足はアクセルの上にある。この場合、アクセルは彼の妻や息子の代用だ。彼は踏み続けるが、自分が車を運転していることを忘れている。実際は、彼は自分の怒りに乗っているのだが、誰も彼が何をしているのか知らない。それが危険なことは明らかだ。

車は、この男の怒りとは何の関係もない。車には、彼の怒りについての知識がない。もし運転手が怒っていたら、車が動くことを拒否するような内蔵システムは、これまでのところできていないのが現状だ。私たちは、そうした装置を開発できなかった。男がアクセルを踏むと、それは彼がスピードを上げたいという意味だ、と車は受け取る。車は、その瞬間はゆっくり行く必要があることを知らない。車はその男が危険な状況にいること、その男はその瞬間には何も見えないことを、理解していない。

二十四時間の時間内で、怒りの瞬間、セックスの瞬間は、繰り返して起こり続ける。私たちは、機械のように設定されたパターンで動く。もしあなたが目を覚まして見るなら、あなたは尋ねるかもしれない。「私は本当に生きているのだろうか？　それとも私は回転台《ろくろ》に繋がれた牛のように、環の中をただ動いているだけなのだろうか？」。生きることは明らかに、回転台に繋がれた牛でいることと類似したものではあり得ない。回転台に繋がれた牛のようにぐるぐると回る中で、どうしたら何らかの生があり得るだろうか。牛は単純に、機械的に動く。これが、今まであなたに起こってきたのだろうか？

不思議な実験をしてきたある素晴らしい人に関する本を、私は読んでいた。彼はあることを観察した。それは、あなたが路上で男に出くわすと、彼は「こんにちは、お元気ですか？」と言い、そしてあなたは「元気です、ありがとう」と答える、ということだ。その男は、あなたの返事に耳を傾ける気があったのでもなく、あなたの答えを聞く目的で質問したのでもない、ということをあなたは理解しなかったかもしれない。彼は何か、別の事を尋ねたかったに違いない。突然尋ね始めるには、少し奇妙に思えたので、彼は「お元気ですか？」と尋ねることから始めたのだ。

人は電話でさえ、「あなたの健康はいかがですか？」と尋ねる――たとえ彼が、あなたの健康についてあまり関心がなかったとしても――。彼はあなたの健康などこれまで心配してこなかったし、全く心配する必要もないだろう。そのため、たとえあなたがどんな応答をしても、彼は決してそれに耳を傾けるつもりはない。彼はあなたの答えを飛ばして、何か他のことを話し始めるだろう。

そこでその人は、一つの実験をすることに決めた。ある朝、誰かが電話で彼を呼んで「こんにちは、お元気ですか？」と尋ねた。するとその人は「私の牛はミルクがたくさん出ます」と答えた。その相手は「それは良いですね！　あなたの奥さんは元気ですか？」と言った。これを聞いて、その人は誰も本当には、あなたの言うことを聞いていないことがわかった。私たちは、絶対に機械的に物事を受け取る。

私はある男の伝記を読んでいた。この男は世界中を旅してきた。彼が行ったどこの国でも、彼はあらゆる種類の書式用紙に、記入する必要があった。彼はなぜ自分が、これらのすべての書式用紙に書き込むという苦しみを我慢しなければならないのか、理解できなかった。そこで彼は、不合理なことを詳細に記入し始めた。彼はどこへ旅に行ってもこれをした。どんな政府も、彼を疑問視しなかった。彼は自分の年齢を五千歳と書いたが、誰も異議を唱えなかった。誰がこれらの書式用紙を読むだろう？　誰が心配するだろう？　誰が興味を持つだろう？　誰も気にしない。人生は全く監視から外れて、機械的に進み続ける。すべての答えは機械的だ。誰かが「お元気ですか？」と尋ねる。あなたは「私は大丈夫です」と答える。コンピュータでさえこの仕事ができる。一つのコンピュータが「お元気ですか？」と尋ねる。もう一つのコンピュータが「私は大丈夫です」と答える。それが本当に起こっている有り様だ。そこには何の意識も、何の油断のなさも、何の気づきもない――何もない。

人は、このすべてに少し気づくようになる必要がある。目撃者でいることだ。ちょっとしばらく止まりなさい。どんな瞬間も、油断がなくなるための瞬間にさせなさい。自分自身に突然衝動を与えて、そして驚いて見回してごらん。ちょっと見守る者のままでいてごらん。

もし、この二つの領域で自分自身を準備できるなら、怒りがますます少なくなるだろう。なぜなら、目撃している意識は決して怒れないからだ。怒るためには、同一化が必要だ。無意識にならねばならない。目撃している意識が禁欲に達し続けるのは、性欲によっては使い尽くされないからだ。目撃している意識を持つ人は、決して食べ過ぎることができない。そのため彼は、ダイエットをするという誓いを立てる必要はない。たとえ私たちが気づいていなくても、食べ物それ自体が私たちの過食の原因ではない。その理由は、非常に深いところにある。

例えば、食べ過ぎる人がいる。今彼は、なぜ自分が食べ過ぎるのかに気づいてさえいない。あなたは自分が怒っている時、あまりにも多く食べるということを、今まで心に浮かべたことがあっただろうか？　あなたは今まで、それを考慮し続けてきただろうか？　あなたは今まで、愛が欠けていると感じる時、自分がより多く食べることに、意識的に注目してきただろうか？　あなたは今までそれに関して、何らかの記録を保持してきただろうか？　あなたは今まで、ある人の人生が愛で満たされる時、人はあまり食べないということを、意識して発見したことがあるだろうか？　男性が彼の最愛の人に出会う時、彼は食欲を失う。愛の瞬間に空腹は消える。しかし愛が不在の時、彼は貪欲に食べ始める。なぜだろう？　そこには、その背後で作用する機械的なシステム、長きにわたる心理的な条件付けがある。

子供は、母親から愛と食べ物の両方を受け取る。子供にとってまさに最初の愛の体験は、食べ物を受け取るというものだ。もし子供が母親から食べ物を受け取らないなら、彼は愛の欠如を感じる。彼女が彼に食べ物を提供する時、彼は愛を感じる。だから食べ物と愛は、子供の初期の体験においては、二つの別々のものではない。食べ物と愛は、彼にとっては同義だ。子供にとって、食べ物と愛の最初の体験は一つであり、同じものだ。

もし母親が、自分の子供を非常に愛していたら、彼はあまりミルクを飲まない。なぜなら彼は、自分にはいつでもミルクがある、将来を心配する必要はない、と常に保証されているからだ。そのため彼は、胃をいっぱいにする必要性がない。だから母親がたくさん愛した子供は、あまりミルクを飲まない。子供を愛さない母親、彼にしぶしぶ、冷淡にミルクを飲ませる母親、いつも子供を押しのけている母親――その子供は、たくさんミルクを飲む。なぜなら、彼は確かではないからだ。その母親はしばらくして彼にミルクを与えるかもしれないし、与えないかもしれない。誰にわかるだろう、彼がいったいどれだけ長く、空腹のままでいなければならないのかを……。

豊かな愛情があれば、食べる量がより少なくなるという一方、愛の欠如は、子どもにより多くの食べ物を食べさせる。これは彼の、心理的な条件付けの一部になる。愛が生に流れる時はいつでも、食べる量は減る。愛が彼のところに来るのを止める時、彼は過食し始める。たとえ今は、その関連がそれほど明らかでなくても、今それは単なる機械的な日課になる。

そのため、愛が欠けていると感じる人は過食し始める。だがそれに気づくようになると、あなたはとても驚くだろう。あなたが食べ過ぎている時、問題は、より少なく食べる誓いをすることではない。問題は愛のような何かが、あなたの生に起こってこなかったことだ。もしこれを理解するなら、あなたは基本的な問題の根本原因をつかまえられる。トラブルはどこにあるのだろう？　問題は、本当は何なのだろうか？

一人の男が過食に苦しんでいる。彼は寺院に行って、牟尼《ムニ》（インドの苦行者）や僧侶の前で、一日一回食べることを誓う。けれども彼は今、一日一回の食事中に、その二〜三回分より多くの食べ物を食べ尽くす。彼は一日中空腹に苦しんでいて、終始食べ物のことを想う。彼は狂人に変わる。その時彼は、もはや単なる空腹のままではない。彼は気が狂う。彼は食べ物に夢中になっていることを明らかにする。そして食べ物は二十四時間、彼の唯一の関心事になる。

今この国には、一日二十四時間、食べ物について考え込んで生きる何千人もの僧侶たちがいる。彼らは狂人であり、狂っている。彼らは自分自身に何をしてきたのか、自分たちがどんな類の狂気の中にいるのか、理解していない。彼らは食べ物についての考えに、ずっと心を奪われている。まるでそれが、世界に残された唯一の心配すべき主題であるかのように、まるで夜明けから夕暮れまで、食べ物について考え込むことが、生における唯一の目的であるかのようにだ。彼らは考える──もし、食べることの取り決めを、自分たちが望むように正確に作り上げたら、問題は片付くだろうと。

ヴィヴェーカーナンダは、アメリカにいた時に言った。「私たちの宗教が、台所の宗教になっていなかったなら、私の国は荒廃してこなかっただろう。それがその惨事の原因だった」。もし、台所に制限された宗教であることが暴露されたら、宗教はその名前の価値を残せるだろうか？　これが起こる理由は、私たちが目覚めていないため、自分たちの内側の条件付け──私たちがすることと、それをする時を、見ていないからだ。

例えばある男がいて、彼はアルコール中毒だとする。人々は彼を心配して、彼に酒をやめさせたいと思う。その男も酒をやめたいが、なぜ、とにかく酒を飲み続けるのかを理解する気には、決してならない。なぜ彼は、無意識になりたいのだろう？　そこには彼がすべて忘れたい何かが、むしろ思い出したくなかった何かが、自分の人生の中にあるに違いない。彼がカーテンで覆いたいものが、生の中にあるのだ。

もしこの男が、忘れようとしているものに気づくことができれば、おそらく何らかの解決策が見つかるかもしれない。しかしその代わりに、彼はその上を覆う。彼は覆いの上に覆いをかぶせ続ける。なぜなら、彼が見られたくない何かが、その背後に隠されているからだ。その時彼の人生は、覆う物に向けて絶え間なく奔走することになるが、すべては嘘ということになる。最終的に、そもそも彼はなぜ物事を忘れたかったのか、それを理解することさえ、その男にとって困難になる日が来る。彼自身、それについてすべて忘れている。彼自身、いつ、なぜ彼が飲み始めたのか、全くわからない。

ある男は一日中たばこを吸い、一服し続ける。誰かが尋ねるかもしれない。「どういうわけだろう？なぜ彼は、煙を吸ったり吐き出したりし続けるのだ？　この煙を入れたり出したりする背後に、秘密があるに違いない。なぜなら世界中の人々が、何の理由もなく喫煙しているのを想像することは難しいからだ」

もし喫煙者が念入りに見守るなら、自分にタバコを吸わせる要因を見つけることができる。寂しく感じる時はいつでも、仲間のいない状態でいる時はいつでも、彼はすぐにタバコを取りに行く。彼は仲間として、むしろ安価な仲間としてタバコを使う。それは何の問題も生じない。あなたは自分のポケットにそれを入れておき、あなたが好きな所はどこにでも、それを持ち運ぶことができる。

あなたは一人で座って、いつでもそれを吸い始めることができる。それは気晴らしだ。ある意味、それは無垢な気晴らしだ。あなたは誰にも害を引き起こしていない。あなたは多かれ少なかれ、自分自身に害を与えている。あなたはただ、煙を外へ投げているだけだ。あなたは単に、気晴らしをしているだけだ――それがすべてだ。

かつて私は、列車で旅をしていた。列車で旅をする時、できる限り静かに寝るのが私の習慣だ。同じ客室で私と一緒に旅行している人は、私の睡眠で非常に悩まされていた。彼は数回、私を起こそうとした。私が六時間後に起きて、シャワーを浴びて、再び眠りにつく準備をした時、その男はもはや我慢できなかった。彼は言った。「いったいぜんたい、あなたは何をしているのですか？　私は同じ新聞を十回読み、この窓を数回、開けたり閉めたりしました。それでも、ここであなたは穏やかに眠っています。私はこれまで、これほど多くのタバコを吸ったことはありませんでした。もしあなたが起きていれば、良かったでしょうに」

彼は正しかった。人は群衆の中でさえ、寂しいものだ。周りにはとても多くの人々がいる――妻、息子、娘、父、母、家族全員、たいへんな群衆、そしてその他のあらゆるもの……それにも関わらず、人間は寂しいものだ。

これまでのところ、私たちは孤独を解消できていないので、自分の孤独から逃れるために何かしらをやり続ける。彼は喫煙する。トランプで遊ぶ。彼は他の人とだけでなく、自分自身とさえもトランプで遊ぶ。人が両方の手口で遊ぶ時、狂気はその限界に達する。あなたは最も知的な人でさえ、これをしているのに気づくことができる。

いわゆる最も知的な人でさえ、本当には知的でないように見える。なぜだろう？　人はこの状態に気づくようにならねばならない。人はそれを目撃すべきだ。もしこの、両方の手口で遊ぶ人が、しばらくの間気づきで満たされ、目撃者として物事全体を見ることができたら、彼はあなたがちょうどしたように、自分自身を笑わないだろうか？　確かに彼は笑うだろう。彼は「何が起こっているのだ？　私は自分の人生に対して、何をしているのだ？」と驚くだろう。

万が一これが明らかになったら、誓いや宣誓をする必要はない。その時人は、何も放棄する必要はない。価値のないものは自然と落ちる。もし人が根本的な原因を把握し、それらに深く気づくようになり続けるなら、彼は、その原因が何の困難もなく根絶され得る地点に達する。

覚えておきなさい。もし木の葉を剪定し始めるなら、あなたは面倒な事になるだろう。なぜなら、ひとたび葉が剪定されるなら、それは四枚の新しい葉に取り換えられるからだ。木は、あなたが継ぎ木をすることに興味を持っているのだ、と信じている。それは間違ってはいない。木は、たぶんあなたは四枚の葉を求めているのだ、と感じる。だからあなたが一枚を剪定すると、それは四つ葉を生み出すのだ。四枚の葉を見ると、あなたはパニックになってそれらの四枚をすべて切り取る。それは十六枚の新しい葉を生み出す！

いや、物事は根絶されるべきだ――単に葉を剪定することは助けにならない。私たちは、根については何もわかっていない。私たちはただ、葉で遊び続けているだけだ。

禁欲の誓いを立てる人がいる。かつて私の友人と私は、カルカッタで下宿人だった。私たちの家主は七十歳の男性で、私の知る限り最も正直な一人だった。ある日私に打ち明けるといって、彼は言った。「教えてくれ。わしはどうすればいいのだ？　わしは人生で三回、禁欲の誓いを立ててきた」老人が言ったことは申し分なかったが、驚くべきことは、私の友人が彼に非常に感銘を受けたことだった。彼は、「三回も？」と叫んだ。

私は友人に言った。「君は三回誓いを立てることが、どういう意味なのか理解しているのか？」。それから私は老人に尋ねた。「なぜあなたは、それを四回立てなかったのですか？　あなたの誓いは三回目で成功したのですか？」

彼は言った。「いや、わしは三回おじけづいたのだ」

彼は確かに正直な男だった。誓いを三回立てるということは明らかに、毎回それを破ったという意味だ。そして誓いを毎回破ることで、失望と欲求不満は深くならざるを得なかった。誓いを三回破ることで、彼の自信喪失が強まったのは確かだった。彼が四回目の誓いを立てるための勇気を、これ以上示せる方法はなかった。

そこで私はその男に言った。「あなたに誓いを立てさせた僧は、実際のところあなたの敵だ。あなたは彼を友人だと思い込んでいた。彼はあなたの意志を完全に壊した。七十歳の今でさえ、あなたには禁欲の誓いを立てるための勇気が残っていない」。その理由は何だろう？　葉だ。一枚の葉を摘み取ると、さらに三枚が出てくる。どんな禁欲の誓いがあり得るだろう？

禁欲の誓いは存在しない。人は、性欲とは何かを理解することが必要なだけだ。あなたはセックスに気づく必要がある。禁欲の果実は、セックスに気づくことから生じる。人が自分の性欲に気づき、それを調べそれを理解し、それを生きてそれを認識する時、彼は突然、自分がたずさわっているゲームをはっきり理解する。

このゲームは、私が先ほど言及したトランプのゲームと何の違いもない。セックスに関するすべてのゲームは、トランプ遊びを止めることに他ならない。この気づきが矢のように彼の実存の深みに達する時、突然その人が自分自身に見つけるものは、すべて禁欲へと上昇する。ブラフマチャリア、禁欲はある種の誓いではない。

覚えておきなさい。宗教は、誓いを立てることとは何の関係もない。誓いを立てる人々は、決して宗教的ではない。彼らは決してそうあることはできない。宗教的な人間は、結果として、その人の生が果実のように開花することを誓う人だ。生を見守り続ければ続けるほど、特定の物事が、絶え間なく変化していることに気づく。

例えば、ある人は色のついた石を掴んでいる。あなたは彼に、石を投げ捨てるようにと空しく叫んで言うかもしれないが、彼は耳を傾けないだろう。それが色のついた石であっても、彼はそれを色のついたダイヤモンドのように見る。その輝きと光沢を見て、彼はそれがダイヤモンドであると思う。明らかに、どうしたら彼はそれを手放すことができるだろう？　その人は言う。「私たちはそれを手放した人々を神とみなす。私たちは俗人だ。私たちはそれを捨てることができない」

同じ人がダイヤモンド鉱山に出くわす時、彼はいたるところにダイヤモンドを見る。今、その色のついた石を処分すべきだと、彼を説得する必要が私たちにあるだろうか？　彼は何が起こったのかをはっきり理解する前に、すでにその石を落とし、走って行って自分の手をダイヤモンドで満たすだろう。もし人が後で、手に持っていた石はどうしたのかと彼に尋ねたなら、彼はこう言うかもしれない。「あなたが私に思い出させてくれて、私は嬉しい。私はそれについて完全に忘れていた。私はそれらに何が起こったのか知らない。私はそれらがいつ落ちたのか知らない」。ダイヤモンドが見えている時、人はすぐに自分の手を空にする必要がある。

生は肯定的な上昇だ。それは否定的な降下ではない。生は肯定的な成就であって、否定的な放棄ではない。目撃する意識がより深く成長するにつれて、至福の新たな段階が明るみに出る。惨めさの層は遠ざかり続ける。多くのゴミは捨てられる。あなたが小石を捨て続けると、ダイヤモンドはあなたの手の中に現れ始める。これらの二つのこと、非本質的なものを落とすことと、本質的なものを手に入れることは、あなたが質問で提起してきた以下の要点に、常に当てはまるだろう。

だから、あなたの惨めさへの気づきが強烈に、鋭くなるようにさせなさい。その状態で、あなたの身体との同一化を止めなさい。あなたの意識が、あなたの身体と一つにならないようにしなさい。そして、あなたの日々のすべての活動や働きの中で、目撃者でいなさい、経験者でいてはいけない。

私が意味していることを説明するために、短い物語を話させてほしい。

私はいつも、この物語を愛してきた。

つい最近、イシュワールチャンドラ・ヴィディヤサーガルの誕生日祝いが催されたようだ。一度彼は演劇を見に行ったことがある。イシュワールチャンドラは、彼の時代の非常に有名な人物で、非常に知的な人だった。彼は名誉ある客で、最前列に座っていた。演技が進む中で、悪役がヒロインを苦しめようと、彼女につきまとう場面があった。彼はあらゆる可能な方法で、彼女を困らせようとする。最終的に、暗い夜の鬱蒼とした森の中で悪役が女性を捕まえた時、その場面は最高潮に達する。それは非常に暗い夜だ。すべてが静かで、周りには誰もいない。悪役は女性を掴む。女性は悲鳴を上げるが、彼女の叫びはただ森の静けさの中に響くだけだ。

イシュワールチャンドラは、その場面を見ていた。彼は良い男だった。彼はこれ以上悪役の振る舞いを、容赦できなかった。彼は自制心を失い、それが単なる演劇だったことを完全に忘れるほど、激怒した。彼は自分の靴を脱ぎ、ステージに飛び上がって、悪役を強く打ち始めた。彼は俳優を殴り始めた！　俳優はイシュワールチャンドラの靴を取り、感謝の意を示すために、自分の額の上に置いた。

俳優は、イシュワールチャンドラよりも、ずっと理解していることを示した。観客に向かって彼は言った。「私はこれよりも偉大な賞を受賞したことは、今までにありません。イシュワールチャンドラのような知的な人が、演劇を本物であると受け取るとは、それは本当に俳優の演技力への賛辞です」

ヴィディヤサーガルに向かって俳優は言った。

「失礼ながら、私はこの靴を大切にしなければなりません。私はあなたに、それを返すつもりはありません。これは私の最大の報酬です」


もしヴィディヤサーガルほどの人が、演劇を本物だと受け取るのなら、私たちのような普通の人々は、どうやって理解したらいいのだろう？　私たちが本物だと思っているものを、演劇として受け取ることの意味を――？　しかし、目撃者であることに関するいくつかの実験で、私たちはそれが意味するものを理解できる。現実はドラマのように見え始めるだろう。もしこれが起こるなら、気づきをもって死に入ることは可能だ。

第六章

秘教の科学

The Science of the Esoteric

最初の質問

あなたはある講話の中で言いました。深い瞑想において、もし男性か女性の発光体、微細身が肉体の外に出たら、それは異性の助けを借りずに戻ることはできない、それは彼らの接触によって、電気回路は完結し、身体の外に出ていた意識がすぐに戻るからだと。あなたはさらに、木の上に座って瞑想していた時のあなた自身の体験を語りました。その状態の中で、あなたの肉体は落下して、あなたの微細身は木の上からそれを見守り続けました。その時、女性の接触によって、あなたの微細身は再び肉体に入りました。そこで質問です。このテクニックにおいて、なぜ異性が必要なのですか？　そしてどれくらいの期間が？　相手の助けを借りずに肉体に戻ることは、可能ではないのですか？　何が難しいのですか？

いくつかのことを理解する必要がある。

まず、この宇宙におけるすべてのシステムは、正《ポジティブ》と負《ネガティブ》の極性に基づいている。引きつける力があるところはどこでも、あなたが引き寄せるものを見るところはどこでも、そこには二つの部分、負と正が働いているのに、あなたは気づくだろう。男女の分割、あるいは性の分割は、その大規模な極性の一部だ。

電気の言語では、負極と正極は大きな力で、互いに引き合う。同じ原理が、男性と女性の間の引きつける力の背後にある。この引きつける力の性質と、磁石で引っ張られた鉄の部分との間に、根本的な違いはない。もし鉄片が話せればこう言うだろう。「私はこの磁石と恋に落ちてしまった。今や私は、それなしでは生きていけない。それと一緒に生きるか、一緒に死ぬかのどちらかだ」。もし鉄片が話せたら、それは人間が書いたのと同じくらい、多くの愛に関する詩を書いただろう。話す能力がないのが唯一の違いだ。そうでなければ、引きつける力は同じだ。もし、この引きつける力の性質をあなたが理解できれば、他の二、三のことの理解が容易になるだろう。

この引きつける力は、一般的にすべてで経験されるが、霊的《スピリチュアル》な意味でも価値があるものだ。そして一定の条件において、必須のものにさえなる。例えば万が一、男性の微細身が全く偶然に彼の肉体から出てくると――偶然に、どんな事前の準備もなく、それを引き出すための霊的な修行もなく出てくると――それは微細身にとって、戻ることが困難になる。同様に、もし女性の微細身が、事故で彼女の肉体から出て行くということが起こったら――何らかの病気で、事故で、けがのために、あるいは何らかの霊的な修行を続行している間に――そのための彼女の計画なしにそうしたことが起こると、微細身が戻ることは非常に困難になる。なぜならこのような場合、人は身体の外へ出るための方法も知らないし、身体に戻るための方法も知らないからだ。このような状況では、引きつける力と反対の地点の存在が役に立ち得る。

女性の接触は、男性の微細身が肉体に戻るために便利なものだ。これは磁石と鉄片との間に、ガラス板を配置することに類似している。鉄は中間にガラス板があっても、磁石に引きつけられる。そのように、中間にその人の肉体があるにも関わらず、女性の接触は微細身を戻すための役に立つ。磁気力はそれがそれが起こるようにさせる。もし女性の微細身が偶然に外へ出てしまったら、同じ様にそれは戻るのを助けることができる。しかしそれは、偶然の出来事でなければならない。もしその実験があらかじめ計画されたものなら、そのような助力は必要ない。なぜそうなのだろう？

もし、私の以前の話を聞いたことがあるなら、それぞれの男性の第一身体は男性であり、第二身体は女性であると話していたのを思い出すかもしれない。女性の第一身体は女性で、第二身体は男性だ。もしある人が、彼の微細身が出て行くように準備を整えたなら、彼は女性の身体を必要としない。彼は自分の第二身体を——それは女性だ——微細身を戻すために、使うことができる。その時、他の女性は必要ない。これはそれでも、身体から出て行くことが偶然に起こらないように、実験が充分に計画されていれば可能なことだ。

こうした出来事が偶然に起こると、あなたは自分の内側に存在する他の身体に、気づかないままでいる。あなたは、これらの身体がどのように機能するのか何もわからないし、また、利用する方法も知らない。だから男性の微細身が、女性からのどんな助けもなしに戻れる可能性はあるが、これも微細身が出て行くのと同じくらい、偶然なことと言える。だから、人はそれについてあまり確信できない。

タントリカ（タントラの実践者）ほど、人間の内的な生に多くの実験をしてきた人たちは他にいない。そのため、あらゆるタントラ的な実修の場《ワークショップ》――ワークの最も多くの量が、男性の内側の身体に為されたところでは、女性の存在が不可避となっていた。普通の女性の存在ではなく、特別な女性の存在が――。処女の少女が、タントラでは大いに重宝された。なぜなら、もし女性が多くの男性たちと性交していたなら、彼女の磁気力は消散するからだ。これが、処女の少女が必要とされた唯一の理由だった。

もし女性が二人以上の男性と、あるいは一人の男性と何度も性的関係にあったなら、彼女の磁気力は低下する。老いた女性があまり魅力的に見えないのは、老齢が唯一の理由ではない。同じことが男性に対しても言える。最も根本的な理由は、彼らの極性が弱まるということだ――男性は男らしさがあまり現われない、女性は女らしさがあまり現われない。もし人が年老いるまで男らしいままで、または女らしいままでいられたなら、彼または彼女は、最後まで人を惹きつけることだろう。最後まで男らしいままで、または女らしいままでいることの活力性《ダイナミクス》が、ブラフマチャリア、禁欲についてのすべてだ。

アメリカには、七十歳を超えた淑女がいる——その魅力において、彼女を上回る女性は他に誰もその国にはいない。この歳でさえ、彼女は特別な警察の保護を必要としている。この女性は明らかに、全く七十歳になるまで、彼女の磁気力的要素を保持することに成功してきた。男性も同様に同じことができる。プリスヴィシングジがここに座っている。すっかり老齢にも関わらず、彼は途方もなく若々しい。彼は非常に長い期間、磁気力を蓄えてきた。どうにかして、彼は全くこの日まで、この老年期でさえまだ魅力的なままでいる。

だからタントラでは、処女の少女は探求者の意識を身体に引き戻すことにおいて、非常に貴重になった。これらの処女たちは、彼女たちの磁気力が漏れ出さないように、非常に細心の注意を払って、彼女たちの神聖さを維持しなければならなかった。この力を弱くする方法があるように、それを増やす方法がある。シッディ・アーサナ、パドマ・アーサナなどの様々なアーサナ、身体の姿は、この力が身体の外へ逃げるのを妨げるという考えで、特別に考案されたものだ。

私たちの身体には特定のポイントがあり、それを通って私たちの磁力は外側に動く。例えば、それは私たちの指を通って流れる。実際には、このエネルギーが外側へ流れるためには、通過するための尖ったものが必要になる。それは円形の何かからは、外に流れることはない——そこでは、それは周りを回り続ける。それはつま先からも外に流れる。だから手と足は、この力が外へ流れる二つの主要な捌け口になる。だからシッディ・アーサナやパドマ・アーサナで、手や足を一緒に結ぶのは、エネルギーが一方から他方に流れて、外へ流れ出ないようにするためだ。
目は、磁気力が流れ出すもう一つの大きな開口部だ。ただし、人が目を半分閉じたままにできるなら、この力は流れるのを止める。目が大きく開いている時だけでなく、それが完全に閉じている時も、エネルギーが流れていることを知ればあなたは驚くだろう。目が半開きの時は、エネルギーは流れない。目が半分開いて半分閉じている時、目の内部に作られた回路が壊されるという状況が生じる。エネルギーは、出て行くことと中に留まることの両方を求めている。エネルギーは内側で分割される——半分は外へ流れたい、一方他の半分は中で動きたい。両方はお互いに対抗して否定する。そのため、半開きの目は非常に重要になった——タントラ、ヨーガ、等々で……。

エネルギーがすべての側面から保存され、個人が内側にある自分と反対の身体に気づいているなら、他人は必要でなくなる。けれども、時たま物事は偶然に起こる。瞑想の状態では、例えばその人が知識を持たずにこの現象が生じる、という瞬間が来る。このような場合、外側から助けを受けてもいい。しかしそれは、予期しない状況下を除いては必要ではない。

私の見るところでは、もし夫と妻が互いに協力すれば、彼らはスピリチュアルな意味でもパートナーになれる。もし両方が完全に、お互いのスピリチュアルな状態と、お互いの磁気と電気の力を理解し協力するなら、彼らは男性または女性のサニヤシンが、単独で内側の経験をするよりも、ずっと簡単に経験できる。両者がお互いを密接に知るようになるという事実に加えて、彼らの磁気力も深い調整を見い出す。

そのため、人は非常に奇妙なことを体験する。もし男性と女性が深く愛していて、お互いに非常に近しく感じて、非常に親密でいて、何の争いもないなら、彼らはお互いの悪癖と長所を反映し始める。それほどまで、カップルが非常に愛しているなら、彼らの声は似始める。彼らの表情は同じように見える。彼らの人格の間に調和が現われ始める。実際に、彼らが内に含んでいる電気がお互いの中に入る。やがて両者は同質になる。だが、もし不和が彼らの間に存在したら、これは不可能だ。そのように男性と女性は、お互いに充分助けになり得る、と心に留めておくのは役に立つ。夫と妻の夫婦関係は、単にセックスに限定されない——それはサマーディを体験する関係にもなれる。


一般的に、サニヤシンが非常に魅力的に見えることも、この点では注目に値する。普通の男性は、彼ほど女性を魅了しない。この理由は、男性サニヤシンが磁気力の大きな貯水池を含んでいること以外にない。同様に、普通の女性に比べて、女性サニヤシンは男性にとって、はるかに魅力的に見える——磁気力が彼女の中に蓄えられているという、単純な理由のために。

夫と妻もこの力を保存して、それを失わない方法をよく理解すれば、互いの磁気力の浪費の元となるよりも、それを節約する方がずっと役に立つことが彼らにはわかる。もし様々なヨーガのテクニックと、タントラの訓練の知識をもって実践したなら、セックスでさえエネルギーを保存することを証明できる、と言った私の前の話を思い出すかもしれない。

だから覚えておきなさい。異性の役割は、ただ偶然の状況においてだけ不可欠なものだ。けれども、異性からの肉体的な助力を求める必要はない。何度も、現象が思いがけなく起こる時でさえ、微細身は戻る。しかしその場合、それを可能にさせるのは内側の女性だ。だからどちらにせよ、女性は必然的に助けになり、男性は必然的に助けになる。

第二の質問

身体の中に戻ってくるための正確な技法は、何ですか？　どうか説明してください。

この点についても、あることを理解する必要がある。普通、私たちは自分たちのすべての接触が、磁気を含んでいることに気づかない。私たちが愛に満ちて人に触れる時、その人は違う質の接触を感じることができる。私たちが憎しみに満ちて誰かに触れる時、その違いも気づかれる。私たちが無関心に誰かに触れると、その人はそれも同様に知る。三つの場合のすべてにおいて、私たちの中の磁気的要素は、異なる経路《チャンネル》に流れる。さらに、もし人が全一《トータル》な意志をもって、自分の心をただその人の手に集中するなら、磁気力は非常に強くなる。メスメルはそれを「磁気的通過」と呼ぶ。

ある人を裸で横たわらせなさい。彼の頭上の四インチのところで、あなたの両方の手のひらを広げなさい――彼の身体に触れてはいけない。今、あなたの手を力強く振動させて、手を頭からつま先まで動かしなさい――あなたの手を、身体から四インチ離したままにしなさい。もしあなたが十五分間これをするなら、その人は非常に大きな平安、非常に奥深い眠りに達するだろう――彼がこれまで、決して体験しなかったかもしれない類の睡眠にだ。彼に触れてはいけない――四インチ離れたところから、ただあなたの手で電流を作るだけでいい。電流が流れているのを、ただ感じなさい。そして両手を振り、それを頭から足まで動かしなさい。

オルダス・ハクスリーの妻は、彼女の回顧録の中で奇妙な事件について語ってきた。彼女は、彼の最初の妻がまだ生きていた頃に、ハクスリーに会った。彼女は精神科医で、ハクスリーは治療のために彼女に近づいた。彼女は彼の精神分析のために、彼の家に行った。彼女は彼をソファの上に横たわらせて、ほぼ二時間、彼に話した。けれども彼女は、ハクスリーが大変知的な男だったので、彼から何かを引き出すことは、非常に困難であるとはっきり理解した――明らかに、知的な人々に対処することは困難だ！

彼女が何を言っても、ハクスリーはそれ以上のことを知っていた。彼女が言及した本については、ハクスリーはその本ともっと多くの本を読んでいた。ハクスリーはさらに彼女に、彼女が彼との話で使った言葉や用語の意味を説明した。それは困難な状況になった。患者はセラピストより賢明で、より多く学んでいて、より知的だった。

ハクスリーは、この時代で最も賢明な人々の一人だった。ハクスリーが非凡な男だったのに比べて、その女性はただの普通の医師、精神科医だった。彼女は約二時間で神経質になった。彼女は科学的な専門用語の使用が、彼女をどこにも導いていなかったことに気がついた。当然、言葉の正確な意味が、しばしば本当の意味に達し損ねることに気づいている人は――彼らは文字通りの意味で動けないままでいる。

彼女は非常に混乱した。彼女がしていたことはうまくいかないだろうということが、明らかになった。しかし彼女は、ハクスリーが磁気的通過について何か知っていたことを、突然思い出した。そこで彼女は言った。「私はあなたが、磁気的通過について、何か知っていると聞いたことがあります。それは本当ですか?」。これを聞いて、ハクスリーはすぐに起き上がった。今まで彼は、むしろしぶしぶ彼女に答えていたが、彼は今、非常に興味を持つようになった。彼は彼女に、ソファの上に横たわるように頼んだ。

ハクスリーがちょっと何かをするチャンスがあるかもしれないし、何らかの関心を持つかもしれないように、彼女はソファの上に横たわった。ハクスリーは約二時間そこに横たわっていて、確かに不快な気分になっていた。そこで女性がソファに横たわっている間、ハクスリーは彼女の身体より四インチ離れたところから、彼女に手の動きを施した。これは非常に単純なテクニックだ。指を顔から四インチ離したままにして、力強くそれを横に振る。電気が指を通って流れるのを感じて、頭からつま先まで動かす。

ハクスリーはこのテクニックに従い、十分以内に女性は深い平和な状態に入った。すべては彼女がハクスリーをいくらか高ぶらせようとしていたことだった。それから彼女は起き上がって、彼に横になるように頼んだ。

女性はしばらくして家に帰ったが、彼女は自分の眠気から抜け出せなかった。彼女はその間ずっと、まるで睡眠状態にいるようなままでいた。彼女は何が起こっているのか理解できなかった。彼女は電話でハクスリーの妻を呼んで、どのように自分がそのおかしな空間にいたのか、彼女に言った。ハクスリーの妻は尋ねた。「ハクスリーはあなたを起こしましたか?」

女性は「いいえ、彼は私を起こしませんでした。私は自分で起きました」と答えた。

これを聞いて、妻はハクスリーを呼び出した。

「あなたはローラを起こすのを忘れていました――彼女はいまでも眠い状態です」

ハクスリーは言った。「私が彼女を起こす前に、彼女は自分で起きた。それから私たちは話を始めて、私はすべてを忘れてしまったのだ」

ハクスリーは、彼が磁気的通過を通して彼女に与えたエネルギーを、回収していなかった。それは約二日間、彼女につきまとった。そのように、エネルギーを伝達する時は、手を頭から足に動かす。それを取り戻す時は、手を足から頭に動かせばいい。

身体の中には、非常に敏感な特定のポイントがある。エネルギーは非常にすばやく、そこを通過する。すべてのポイントの中で最も敏感なものは、私たちの二つの目の間にある。それはアギャ・チャクラ、または第三の目と呼ばれている。それは私たちの身体の中で、最も敏感な場所だ。もしあなたが目を閉じて座り、誰かがあなたから四インチ離れて、あなたの目の間に彼の指を指すなら、あなたはすぐに内側でその指を見始めるだろう――眼を閉じているため、たとえ外側では見えなくても――。指は外側からあなたに触れていないが、あなたは内側からその接触を感じ始め、チャクラは内側で活性化する。もし同じ実験が、さらに眠っている人に実施されたなら、彼のチャクラは睡眠中に活動的になる。

第二の最も活動的なポイントは、首の後ろにある。このセンターに実験することは、しばらくはおもしろいだろう。例えば、見知らぬ人があなたの前を歩いている。あなたが四フィート離れたところから、彼の首の後ろに目の焦点を合わせて、彼に振り返るように暗示を与えるとする。そうすると数分で、その人が神経質に後ろを見ているのがわかるだろう。あなたは彼に、彼の左または右から後ろを見るようにさせることさえできる――あなたがどんなやり方で暗示するにせよ、彼は振り返るだろう。あなたは彼に、前方へ直進する代わりに、次の通りに向かって行くように暗示することさえできる。二、三の実験後、あなたが確信するようになると、あなたは人を道に迷わすことができる。あなたは彼が決して行きたくなかったところに、彼を行かせることができる。

子供たちが誘拐されても、手足は縛られない。むしろ彼らの首の後ろにあるセンターに、影響が及ぶ。もし人が路上で公然と、彼らの手足を縛ることを企てたら、子供たちは大声で叫んで悲鳴を上げて、人々の注意を引くことができる。誘拐犯は簡単につかまえられる。だがもし、首の後ろのセンターに作用する方法を知っていたら、どこでも望むところへ、彼と一緒に誰かを連れて行くことができる。そして興味深いことは、この男Xは、例えばY——彼が働きかけている人の後ろを歩いていても、だから誰も離れて誰かを導いているXを、告訴することはできない。たとえYがXの前を歩いていても、彼はただXの暗示に従うだけだ。XはYを、彼が望むどんな道にも、歩かせ、向かせ、動かせることができる。彼は自分の望むところへ、Yを連れて行くことができる。

だからこれらの二つのポイントは、非常に重要だ。身体には他にも多くのポイントがあるが、それらについては話さない方が良い。これら二つのセンターは単純で率直だ。私が以前の話で指摘したように、グルジェフに会いに行ったどんな女性も、すぐに彼女のセックス・センターで何かの働きが起こっているのを感じた。多くの知的な女性たちが彼に会いに行ったが、彼女たちの経験は同じだった。彼女たちがグルジェフのところに行った途端、いくつかの奇妙で強烈な感覚が、そのポイントで円運動を行ない始める。それは途方もなく敏感なポイントだ。臍もまた、そのようなセンターのひとつだ。同様のセンターが他にも多くある。

そこで質問は、もし人の意識が外に出ているなら、それが戻れるようにするには、身体のどこに触れるべきだろうかということだ。一般的には、その人の性格を知る必要がある。彼の身体の中で最も生きていたところはどのポイントなのかを、知る必要がある。もし彼が性的なら、彼のセックス・センターに触れることで、彼の微細身をすぐに戻らせることができる。もし彼が知的で、知性を通して生きているなら、アギャ・チャクラに触れることで身体は戻るだろう。もし人が感傷的、感情的なら、微細身は彼のハートに触れることで戻せる。だからそれはすべて、その人が最も生きているところのセンターに依存する。

覚えておきなさい。人が死ぬ時、彼の生命は彼が最も生きてきたセンターから立ち去る。そしてその同じところが、彼の微細身にとって、彼の肉体に入るための場所でもある。例えば、性的な人が死ぬ時、彼の生命は彼の性器を通って離脱する。死にかけている人を観察することで、その方法を説明する完全な科学がある。あなたは彼の身体のどのセンターが、最も活発だったのかを言うことができる。なぜならそこは、死の瞬間に壊れるセンターだからだ。

私たちはいまでも、火葬の時に長年の慣習を観察する。それは、たとえ今では完全に無意味であっても、かつて実現した素晴らしい瞬間に考案された慣習だ。火葬の終わりに私たちは、燃えている身体の頭蓋骨をこん棒で打ち壊す。その強打は、サハスラーラ、第七チャクラの場所に打たれる。その真相は、死の瞬間にサハスラーラに達した人の頭蓋骨を、壊して開けるということだ。彼の生命エネルギーは、その場所から脱出する。現在は、私たちの最愛の人の生命の息は、サハスラーラを通過するだろうと望む愚かしさで、私たちは火葬で頭蓋骨を壊すという伝統に従ってきた。これが全く無意味なのは、その人の生命の息がすでに、別のセンターを通って脱出したからだ。けれども、意識の最も高い状態に達した人は、彼の死の瞬間に、彼の額に穴が現われる。それは、生命の息がそのポイントから脱出したからだ。人々がこの事実に注目するようになってから、彼らは火葬場で頭蓋骨を壊してきた――たとえ実際に人が死んでいて、生命の息がすでに外へ出ていてもだ――愛情を込めて、彼らの死んだ最愛の人の生命の息が、この方法でそのセンターを通して立ち去るかもしれないことを期待して――。

私たちの生のセンターは、生命の息が離脱する所と同じだ。だからこのセンターに触れることで、微細身はすぐに戻る。たとえこのセンターがそれぞれの個人で異なっていても、百人中九十人はセックスを彼らのセンターとして持つ。なぜなら、全世界がセックスに取りつかれているからだ。だからもし理解できないなら、セックス・センターに触れればいい。もしそれが作用しないなら、九分通りそれはアギャ・チャクラ、第三の目だ。なぜなら非常に知的な人々か、または知性をかなり多く使う人々の場合、彼らのセックス・エネルギーは知性に変えられるからだ。もし両方のセンターが反応しないなら、人はハートのセンターに触れるべきだ。全く性的でもなく全く知的でもない人は、感情的な人々だ。

これらの三つが一般的なセンターだ。それからいくつかの珍しいセンターもあるが、そんなセンターを持つ非常に少数の、珍しい人々がいる。これらの共通のセンターに触れることによって、この接触の実践において、いくつかのことを考慮する必要がある。もしその接触をしている人の中で特定のセンターが目立って活動的なら、それは珍しい状況を作り出す。例えば、もしアギャ・チャクラが活動的な人が、誰かのハート・センターに触れるということがあれば、それはごくわずかな影響しか与えないだろう。すべての物事には独自の科学がある。

そのため、単独でこれらの実験を実践すること――七つの身体を体験すること、身体から外へ出る体験、等々は常に危険だ。システム全体を理解する人々、何らかの援助になり得る人々がいるスクール、アシュラムは、そのような実験を指導するのに適切な場所だ。だから、遊行僧《パリヴラジャカス》のままでいることに決めた僧侶の伝統においては、七つのチャクラ、七つの身体はすべて消えたのだ。なぜなら遊行僧は、それらを利用できないからだ。絶え間なく移動し、周りを放浪し、決して一つの場所に滞在しない僧侶たちは、これらの領域での実験があまりできない。そのため、これらの分野での大きな実験は、修道院とアシュラムだけで実行された。

例えばヨーロッパには、これまで男性が入ったことのない修道院がある。修道院は約千四百年も古いものだ。ただ修道女だけが、そこに住んでいる。ひとたび女性が入居したら、彼女は決してそこから出られない。彼女の名前は市民の名簿から抹消される。彼女は死んだも同然になる。世界は彼女にとって無意味になり、彼女はもはや世界のために存在しない。

似たような類の修道院は、男性たちのためにも存在する。この修道院を作ることで、秘教的キリスト教は注目すべき仕事をしてきた。一人の女性も、今までその男性たちの修道院に入ってこなかった。そこに入った男性が、これまでそこから出て来たことはない。これらの両方の修道院は、互いの近くにある。修道士の微細身が彼の肉体から出て行っても、女性の接触は必要ない。その女性の修道院の壁の隣に、彼を置くことで充分だ。その修道院全体が充電されている。一人の男性も、今までそこに入ってこなかった。内部には数千人の女性たちがいる。男性の修道院の内部には、数千人の男性たちがいる。それは普通の決意ではない。異常な決定だ。それは、生きながら死を受け入れるという決意だ。今や引き返す方法はない。

最も秘密の科学がこれらの修道院で開発できたのは、彼らが実験を続行するのに非常に便利だったからだ。タントリカたちもまた、そうした施設を作っていたが、やがてそれらは跡形もなく消された。その責任は私たちにある。なぜなら、この国の人々の馬鹿げた清教徒的な態度が、タントリカたちを不道徳だと宣言してきたからだ。もし裸の女性が僧院で礼拝されるなら、それは明らかに外側の世界において、倫理的で道徳的な人の気を転倒させるだろう。僧院で女性が裸で座っていて、探求者たちが彼女を礼拝することが知られるようになるなら、それは確かに危険なことだ。男性に礼拝されている裸の女性について、外部の男性は彼自身のマインド、彼自身の行為を必ず投影する。

だから私たちは、この国で多くの偉大な僧院や、非常に多くの経典を破壊したのだ。ボージャ王(1010-1053)だけで、十万人のタントリカたちを虐殺した。発見された所はどこでも、彼らは国中で一斉に殺された。その理由は、彼らがこの国のいわゆる道徳的で清教徒的な心や、すべての聖職に終わりをもたらしたであろう特定の実験を、続行していたからだった。もし彼らの実験が正しかったなら、私たちのすべての道徳は間違っていることになる。

もし男性が畏敬の念から、裸の女性の前で特定の種類の礼拝を行なうと、永遠に女性から自由になる、ということがタントリカたちの体験だった。同様に、もし女性が裸の男性の前で特定の種類の礼拝を行なうなら、彼女は永遠に男性から自由になる。

男性と女性の間の磁気力は、実際は彼らを結合させるために設計されている。だから、もし男性が畏敬の念を持って、前にいる裸の女性を見ることができるなら、それは小さなことではない。たとえ自然が、女性を楽しむために男性を準備してきたとしても、男性が敬意を持って女性を見る熟練者になるなら、彼の磁気力――そうしないと外側の女性に向かって動いたエネルギーは、内側の女性に向かって流れ始める。それがそうすることのできる唯一の方法だ。それは、彼の女性に引きつけられる力が消えたからだ。今や彼女は、彼にとって母親になる。今、彼は彼女を女神のように見る。彼女は尊敬すべき誰かになる。

一度エネルギーが逆に流れたら、それはどこへ行くのだろう？　明らかにエネルギーが破壊されることは決してない。人は単にそのコースを変える。エネルギーがこれまで破壊されたことはない。ただそのコースが、脇へ逸らされただけだ。もし外側の女性が礼拝の対象になるなら、エネルギーは内側に流れ始め、内側の女性との出会いが起こる。ひとたび内側の女性との結合が起こったら、外側の女性との出会いには何の目的もない。それは無意味になる。

そこには、裸の女性を礼拝するための具体的な手順、マインドの特定の状態、特別な瞑想、特定のマントラ、明確な言葉、選ばれたテクニックがあった。内側の女性との結合は、その実験がこれらすべての要素を含んでいた時に起こった。すべてのシステムは、科学の実験室で行なわれる方法と類似していた。

私たちはみな、水素と酸素との化合が水を作ることを知っている。これはそれでも、もしあなたが水素と酸素であなたの部屋を満たしたら、その結果として水が生じる、という意味ではない。単に水素と酸素の両方の存在だけでは充分ではない。高電圧の電気が、水素と酸素を水に化学変化させるために必要だ。雨水は稲妻によって引き起こされる。水素と酸素の両方は存在するが、電気によって発生する熱が両方の気体の混合物をもたらすほど、強力な力で稲妻が光った時にだけ、水が作られる。

とんでもないことだが、科学者たちのおかげで、水素と酸素を化合させることで水は作られる、と単純に言及する本と一緒に、私たちは後に取り残されるかもしれない、という大変不幸な日が来るかもしれない。しかしただこれだけでは、水を作るのには役立たない。同じことがタントラの本についても真実だ。本はただ、献身の気持ちをもって裸の女性を礼拝することで、エネルギーは内側に流れる、というくらいの情報を含んでいるだけだ。しかし私たちは、電気の何らかの充電やこの種の特別な出来事が、この現象が起こるためにどれくらい必要なのかわからない。それをこのように見てみよう。

あなたは、チベットのマントラ、『オーム・マニ・パドメ・フーム』を聞いたことがあるかもしれない。もしこのマントラを繰り返すなら、自分の身体のそれぞれの部分が、これらの言葉を発することに巻き込まれているのがわかるだろう。例えば、オームという言葉は喉の上のレベルに反響し、一方パドメという言葉は臍に達し、そしてフームはセックス・センターへ行く。単にこのマントラを繰り返して発することは、それがどのようにあなたの身体の異なる部分に浸透するかを示すだろう。さてこのマントラ、『オーム・マニ・パドメ・フーム』だが……もし、フームという言葉がしばしば繰り返されるなら、その強力な影響はセックス・センターの流出を止める。このフームを繰り返し使用することで、男性の性欲は破壊される。それは消える。

多くのテクニックが、裸の女性の前で実行された。もし礼拝している男性も裸になっていて、他の探求者たちが彼を見守っているなら、テクニックが作用しているかどうかを見つけるのは簡単だ。しかし裸の女性を外側から見ても、彼女が性的に興奮しているかどうか確信が持てない。彼女の性的メカニズムは、身体の内側に隠されている。しかし裸の男性を見れば、人は瞬時に彼が性的に興奮しているかどうかを見分けられる。マハーヴィーラは、フームの音を深く実践してきたこれらの僧侶たちにだけ、裸のままでいることを許した。彼らは裸のままでいることを許された。彼らの生殖器は、睡眠中でさえ影響を受けなかった。

あなたは知って驚くだろうが、普通、夜の睡眠中に勃起を二～四回もしない人を見つけることは困難だ――彼がそれに気づいていようとなかろうとだ。アメリカで、かなり多くの研究が睡眠に関して行なわれているところでは、非常に驚くべきことが注目されてきた。すべての男性は一人残らず、夜の睡眠中に二～四回勃起をする。夢がセックスに集中する時はいつでも、性器が影響を受ける。夢が生殖器官に影響を与えられるなら、言葉も影響を与えられる。夢が生殖器官に影響を与えられるなら、写真も同様に影響を与えられる。結局のところ、夢とは何だろう？

だから、そこには変容のためのすべてのシステムがあり、エネルギーは内側へ向きを変えることができる。エネルギーを内側へ向けることに関連して、男性が裸で立って女性が彼を礼拝するところが、なぜタントラのシステムではなかったのか？と疑問を持つかもしれない。これも理解される必要がある。

裸の男性が女性に礼拝されるようなタントラのシステムが決してなかったのは、そうした実習は不必要であるとわかっていたからだ。この背後には二、三の理由がある。一番目の理由は、男性が女性に引き寄せられる時はいつでも、彼は彼女の裸を見たいということだ。女性にはそうした欲望はない。男性は観淫者だ。男性は裸の女性が見たい。女性にはそんな興味はない。これが性交の間ずっと、男性が目を開いたままでいるのに比べて、百人中九十九人の女性が目を閉じている理由だ。

あなたが女性にキスをする時でさえ、彼女は目を閉じたままだ。それには理由がある。彼女はその瞬間を外向きに生きたくない。彼女にとって、この瞬間は外にあるものとは何の関係もない。彼女はこの瞬間を内向きに、内側で楽しみたい。

この理由から、男性たちはとても多くの裸の女性の彫像、映画、絵画を創造したが、女性たちはいまだに裸の男性には興味がない。彼女たちは裸の男性の写真を保有することもなく、また裸の男性を描いたり、自宅に裸の男性のカレンダーを掛けることもしない——彼女たちは、裸の男性を見ることには絶対に興味がない。女性たちは、裸の男性に決して関心を示してこなかった。だが、男性の裸の女性への関心は非常に深い。裸の女性はかなり、男性の変容の手段になり得るかもしれない。しかし裸の男性は、女性が目を閉じてしまう原因にしかならない——それ以上の何もない。だから、同じようなテクニックは、女性にとっては無意味だ。

女性の変容は異なって起こる。女性とは受け身の性であることを、心に留めておくことが重要だ——彼女は攻撃的ではない。彼女は受容的だ。女性は攻撃的ではあり得ない。彼女は「私はあなたを愛しています」と言うために、それについて攻撃的であることはおろか、自分から誰かのところに行くことさえ決してしない。これくらいを表現することさえ、彼女の側からすれば攻撃的な行為となる。女性が誰かと恋に落ちる時でさえ、男性が彼女のところへ行って、「私はあなたを愛しています」というような方法で恋をする。女性は、自分からそんなことを言いに行かない。彼女は、これくらい攻撃的になることさえできない。

男性が女性に近づいて「私はあなたを愛している」と言う時、たとえ女性が好意的に応答したくても、彼女は「はい」の代わりに「いいえ」と言う。彼女はほとんど「はい」とさえ言わないことで、男性の攻撃に協力することを控える。彼女は「いいえ」と言う。彼女は拒否する。女性の拒否が、実際には承認を示しているかは別問題だ。この場合女性の否定には、受け入れが含まれている。女性の「いいえ」はもちろん、彼女の喜びである「はい」も反映している。しかし彼女は「はい」と言うことができない。

男性は、性行為の中へ女性を招かなければならない。彼はセックスの世界に、彼女を導かなければならない。けれども、もし裸の女性を見ている男性が、性的興奮をする代わりに内側のエネルギーと一つになるなら、その現象は女性にとって計り知れない価値があることを証明する。男性の内面へ進むエネルギーは、女性のエネルギーが内側に動くための助けになる――それは彼女にとって、イニシエーションになる。まさに男性が女性をセックスに導くことに成功したように、もし彼が、彼女の存在の中でセックスを超越することもできるなら、彼は彼女をセックスの超越へ招くことも、同様にできる。だから、女性のために別個のシステムは開発されなかった――そのための必要はなかった。

第三の質問

男性的な性質の女性に対してはどうなのですか？

これは可能だ。それには理由がある。それについて少し話をするのは、役に立つだろう。実際のところ、ある人は男性で、ある人は女性だと言うことは、全く正しくない。実は、誰も男性だけではなく、また女性だけではない。男性か女性であることは程度の問題だ。一定期間、母親の胎内の子供は両方の性を含んでいる——それは明らかに、男でも女でもない。胎児は徐々に、男あるいは女のどちらかに発育する。

この発達もまた、程度問題に過ぎない。私たちが誰かを『男性』として認知する時、それは彼が六十％の男と四十％の女、または七十％の男と三十％の女、または九十％の男と十％の女であることを意味する。私たちが『女性』と言う時、それは彼女の女の要素が、男の要素よりも比例してより大きいことを意味する。時たま、男性が五十一％の男と四十九％の女——非常に小さな違いであるということが起こる。そのような男性は、女性的に見えるだろう。同様にもし女性が、四十九％の男と五十一％の女なら、彼女は非常に男性的に見えるだろう。もしそうした女性が女性的な夫を見つけるとしたら、彼女はすぐに支配的な役割を受け持つだろう。

このような場合には、私たちは言葉の誤りを犯す。こうした状況でもし言語を正しく使うなら、男性は妻と呼ばれ、女性は夫と呼ばれるべきだ。なぜなら、支配的な人が主人だからだ。その場合には、男性と女性に対する同義語としての『夫』と『妻』を、落とさなければならない。

正しく話すなら、『夫』とは特定の機能を表わすものだ。夫であることは、本来は一つの立場だ――男性または女性のどちらでも、その立場にいることができる。妻でいることもまた、機能上のことだ――男性または女性のどちらでも、その機能を果たせる。多くの男性たちは、妻として機能して生きている。多くの女性たちは、夫として機能して生きている。

彼らの人格における男性／女性の比率の高さや低さが、男性や女性にそうした生き方をさせる。そして時たま、男性が偶然に、何かの病気で女性になる、あるいは女性が男性に変わる、ということが起こる。

先ほど、女性が彼女の結婚後すぐに男性に変わったという事件が、ロンドンであった。訴訟は、彼女が結婚した男性を騙している、と彼女を訴えることで起こされた。訴訟は、彼女は彼らの結婚の時には既に男性であり、男性は騙されていたと主張した。彼女は結婚した時は本当に女性だったこと、彼女がその後に男性に変わったことを証明するのは、哀れな女性にとって非常に困難だった。しかし、医学が彼女を救うために証明した。それは彼女が結婚した時は女性だったが、男性になる間際にいたことだ。彼女はぎりぎりのところにいた事例だった――もう一歩で、彼女は男性に変わることができた。そして彼女はその一歩を動いた。

将来的には、もし彼らが望むなら、男性と女性が自らの性別を変更させることは、科学にとってあまり難しくはないだろう。それは良いことだ。なぜなら、結局人々は同じ役割を演じることに、退屈するようになるからだ——変化が必要だ。


自分の中に男性的な要素をより多く持っている女性は、傲慢になる。そのような女性たちは、常に不幸なままだ。その理由は、そうした傲慢な要素は、彼女たちの女性的な性質に反しているからだ。そのため、彼女たちの惨めさには終わりがない。実際に、女性は彼女を支配できる男性が好きだ。どんな女性も、彼女に支配される男性を好きではない。男性的な要素が高い女性は、自分が相手を支配するが、不幸に苦しむことにもなる。なぜなら彼女は、自分を支配する男性を見つけられなかったからだ。彼女の惨めさには終わりがない。男性についての状況はどの程度であれ、彼の幸福は彼に明け渡している女性にあるということだ。だがもし彼が、自分から彼女に明け渡すなら、女性は常に不安なままでいる——彼女は決して満たされない。

だから、男性でいることや女性でいることは、どうでもいいことであってはならない。しかし、私たちが開発してきたその種のシステムは、やがて男性たちと女性たちが、どうでもいいように生きる原因になってしまっている。この責任を負うべきものは、唯一私たちの文明だ。事実、私たちの文化が発展させてきた方法で、それは男性と女性の役割を、ほぼ同一にさせてきた。これは有害であることが証明されてきた。そのために女性の女らしさは減少し、また男性の男らしさも減少した――たとえ理想的であっても、両者は両極端でいる必要がある。

男性は九十九％の男と一％の女であるべきだ――一％の女性的性質は必ず残る。それは彼には避けがたいものだ。女性は九十九％の女と一％の男であるべきだ。これが可能であるには、両者のための異なる訓練、異なる食品、異なる種類の教育が必要だ。彼らすべての生の規律は、異なっていることが不可欠だ。そうすれば、彼らを二つの極性としてみなせるようになる。

人間が彼の理解において成長する日、私たちは男性のようになる女性や、女性のような男性を望まない。その日、私たちは女性のような女性と、男性のような男性を求めるだろう。そして私たちは、その二人の間に大きな隙間《ギャップ》を求める。なぜならその距離が大きければ大きいほど、二人の間で引きつける力は大きくなり、二人の間に流れる生気《ジュース》はより多くなるからだ。その距離が大きければ大きいほど、二人の間において、結合する喜びはより大きくなる。その距離が少なければ少ないほど、二人の間に流れる生気は少なくなり、出会いの喜びは少なくなる。

だが、これが起こってきたことだ。文化的になる過程で、男性はますます柔らかくて優しくなってきた。彼が戦闘で戦いに行くこともなく、また彼が畑へ働きに行くこともなく、動物と戦うこともなく、または石を破壊することもなくなって以来、彼の女性的な性格は成長し始めてきた。彼は柔らかくなってきた。彼は自分の筋肉を失ってしまった。男らしさの非常に基本的な部分は、消えてしまった。

女性は、男性であることに近づいて来ている。彼女は男性と同じ教育を受けている。もし彼女が、男性と競争せざるを得ない男性指向の構造の社会の中で成功する必要があるなら、男性がするような同じ仕事をすることだ。もし工場で働く必要があるなら、男性のようでいなければならない。もし会社的環境で働くことを選ぶなら、彼女は男性のように振る舞わねばならない。そのような状況では、彼女はただの名目上の女性に過ぎない。生物学的に、女性であることは無意味になる。なぜなら他のすべての点で、彼女は男性のままだからだ。彼女は男性がしている同じ仕事をする。彼女は彼らとの競争の中に留まる。

一方、男性はますます女っぽくなり、男らしさがより減少している。他方では、女性は男性に近付いてきている。彼女は男っぽくなっている。これは非常に有害であることが証明されてきた。それが引き起こした最も大きな害は、女性がどんな男性にも、満足を感じられないということだ。同じことが男性についても同様だ。その結果、両方とも二十四時間不満で苦しんでいる。これは起こらざるを得ない。私たちが、男性と女性が反対の極性にいるための、互いとは全く別のものであるための可能性を与えない限り、彼らの苦しみは避けられない。この要因が彼らの苦しみの原因となる——それは病気だ。そうでなければ、その理由は何もない。

第四の質問

私たちは、これを倒錯と呼んではいけないのですか？
これらの人々を、倒錯者と呼んではいけないのですか？

それは彼らを倒錯者と呼ぶという問題ではなく、ひとつの事故だ。それは倒錯とは何の関係もない。それは基本的に事故で、そのような事故からその人自身を救うための方法が、発見されるべきだ。こうした同情に値する事故の犠牲者を、倒錯者と呼ぶべきではない。その人に過失はない。彼らの女っぽさや男っぽさを尊重することで──それはそれほど難しくはない──人々の中に質的な変化をもたらすことを気にかけない限り、私たちが彼らを矯正するすべての努力は、愚かな行為だ。ホルモンを注射すれば、その人は女性的または男性的になるが──私たちはこれらの方向に沿っては考えない。

もし、女性が夫にうるさく小言を言い、彼を苦しめ、彼を支配しても、夫は決して医師に相談することを考えない。彼はむしろ彼女に忠告するために、僧侶や聖人のところへ彼女を連れて行く方を好む。実際、聖人はこの問題では少しも信頼できない。彼はそれとは何の関係もない。そこには、誰かが女性に助言するという問題はない。彼女には、より女性的になるホルモンが必要だ。そうしたホルモンを与えることはできる――それには何の問題もない。もし男性が女性的な傾向を示していて、妻がもはや彼に興味を持てなくなっても、動揺したり惨めになる理由はひとつもない。彼には他のどんな状況でも必要とされるように、同じ類の治療が必要だ。

第五の質問

いったん微細身が外に出たら、それは完全に肉体の中に戻ることはできません。二つの間の調整と調和は永遠に引き裂かれます。これがヨーギが常に病気で、早い年齢で死んできた理由です。不調和を避けるためには、私たちはどのように、自分自身を準備したらいいのでしょうか？　病気の可能性を最小限にすることはできますか？　どうしたらこれは可能ですか？

この点でも、まず第一に、微細身が肉体の外に出る瞬間、自然の秩序は必ず崩壊させられる。その現象は自然ではない。言うなれば、それは自然を超えている。自然に反しているか、または自然を超えている現象が起こる時、すべての調和と自然の調整は無秩序になる。もし人が、そうした無秩序状態から自分自身を守りたいなら、かなり多くの準備が必要になる。さまざまなヨーガ・アーサナとムドラー、ヨーガの姿勢は、この点で非常に役に立つ。事実、ハタ・ヨーガのすべてのテクニックは、この方向において役に立つ。だからあなたには、特別な身体が必要になる――普通の身体は役に立たないだろう。あなたは、自分の身体がそれほど途方もない大きさの、不自然な現象に耐えられるように、鋼で作られた身体にする必要がある。

例えば、ラーマムルティの身体と他の人間の身体の間に、根本的な違いはなかった。しかし彼はいくつかのトリックを習得していた。私たちは、毎日そのトリックが作用しているのを見るが、それは決して印象に残らない。重い重量の車を運ぶ膨張したタイヤを見てごらん。空気をいくらか抜くと車は動かない。空気は、それくらいの重量を運ぶタイヤのために、特定の割合にしておかなければならない。

プラーナヤーマの特別なテクニックを通して、人はとても多くの空気で肺を満たせるので、その身体は象の重さに持ちこたえられる。胸は正確にタイヤのように、チューブのように機能する。象の重さに耐えるために、もし胸に必要な空気の分量や割合を知っていたら、その時は問題がない。ラーマムルティの肺は、私たちと同様だった。

タイヤの内部のチューブは、何か硬い鋼で作られているのではない。それにはどんな強さもない。チューブの唯一の用途は、その容積の中に特定量の空気を取り入れることだ――それがすべてだ。もしそれだけの空気が存在すれば、物事は作用する。

最近（一九七〇年）、地面の四フィート上を走れる新しいタイプの車が考案された。それはどんなタイヤのチューブも必要としない。実際には、同じトリックがこの仕組みに適用されている。車がとても速く動くのは、車の下の空気がその重さに耐えるのに充分な量であるからだ。そのスピードは空気を通り抜け、その上下の部分を分離し、そのスピードによって、走行中の車を支える四フィートの層が作られる。

これは動くボートと同じ原理で作用する。ボートがスピードを出して動くにつれて、真空がその後ろに作られる。ボートを前方に動かすのに役立つのが、この真空だ。その真空を埋めるために、あらゆる側面から水が突入する。これがボートを前方へ押す。これはずっと作用するトリックだ。水が違ったように振る舞うなら、ボートは動かない。

だから、もし車を特定の速度で走らせようとするなら、四フィートの空気の厚い層を道路として機能するようにその下に作ればいい。実際は、それを本当に作る必要はない――それは車が高速で動くにつれて自動的に生じる。その時、車輪は全く必要ない。車は単純に前方へ滑走する。他に何も問題はない――ただ空気だけが必要だ、それがすべてだ。

ハタ・ヨーガは、身体に特別な訓練をする多くのテクニックを発見してきた。そうした訓練をすることは違いを生む。だから、ハタ・ヨーギは決して若くして死なないのだ。通常のラージャ・ヨーギは、ヴィヴェーカーナンダやシャンカラチャリヤのように若年で死ぬが、ハタ・ヨーギは違う。

その理由は、そうした出来事が起こる前に、ハタ・ヨーギが身体にトータルな訓練をするからだ。どんな不自然な状況にも耐えられるように身体を準備するため、彼は多くの不自然な修行をする。

例えば外が暑い時、彼は毛布で自分を覆う。スーフィーの神秘家たちは、自分自身の周りを毛布で包む。スーフという言葉は羊毛を意味する。常に羊毛のラップアラウンド（上下の開きがある衣類）で自分を覆う人は、スーフィーとして知られている。「スーフィー」という言葉に他の意味はない。

太陽が熱く燃えているアラブ世界の、スーフィーのファキール（イスラム教の行者）は、みな毛布の中で動き回る。その灼熱の暑さの中で、羊毛の毛布に自分自身を包む。彼らは非常に不自然な状況を作り出す。実情は、太陽はうだるように暑く、緑は周りのどこにもなく、男は毛布に包まれてそこに座っている。彼は自分の身体を、不自然な条件に耐えられるようにさせている。チベットのラマ僧は雪の上に裸で座る。そしてあなたは、彼の身体に汗が流れ落ちているのを見て、ショックを受けるだろう。このラマ僧は、雪が降る下でも汗をかくように、彼の身体に働きかけている。彼の努力は非常に不自然だ。

身体を準備することに関して、そうした多くの方法がある。もし身体がこれらの準備を通過するために作られてきたなら、どんな不自然な出来事にも耐えられるようになる。それならどんな害も身体に生じない。しかし、普通これらの準備には何年もかかる。その結果ラージャ・ヨーガの訓練では、ほんの少し長く生きるための準備に、何年も費やすのは無駄だと気づいた。ハタ・ヨーガは準備に年数が必要だ。二十年または三十年が最小だ――少なくとも三十年は必要だ。もし人が十五歳で始めると、完全に準備された時点で五十歳になるだろう。

そのためラージャ・ヨーガの訓練は、あまり身体に関わらないことに決めたのだ。もしそうした状態が起こって身体が死んだら、それならそれでいい。身体を救うための必要性とは何なのだ？そこで、これらの準備は放棄された。

だからシャンカラチャリヤは、三十三歳で死んだのだ。その理由は、彼の身体にそれほど大きな出来事を処理する準備がなかったということだ。しかし、そうした準備をする必要はなかった。もしそれが必要と思われるなら問題ない。そうでなければ気にする必要はない。もし、身体がたった三十三年間しか長持ちしないかもしれないために、何年も働きかけるとしたら、そしてもし、身体がもう三十三年間持ちこたえるように守られるくらいなら、その準備にそれほど恩恵があるとは言えない。もし私が、十五歳から五十歳になるまで働きかけねばならないなら、既に準備で三十五年間を失うことになるだろう。私が更に三十五年間、八十五歳まで生きたままなら、私が「生きた」年月の合計はそれでも三十五年だ。だからそれには意味がない。

もし誰かがシャンカラチャリヤに「もしあなたがハタ・ヨーガを修行していたら、七十年間生きられたのだ」と言ったとしても、シャンカラチャリヤは「しかし私は、そのために四十年間働きかけねばならなかっただろう。私はそんな努力は不必要だというのがわかる。私は三十三歳で死ぬ方が好きだ。それには何も間違いはない」と答えただろう。

そのため、次第にハタ・ヨーガは立ち遅れた。その理由は、誰もその長い修行に従う準備ができていなかったということだ。しかし私の感じでは、もし科学の助けを借りてその修行に従うなら、ハタ・ヨーガは将来的に復活できる。私の見るところでは、三十五年かかったものが、今や科学の助けを借りて五年で完了できる。科学を最大限に使うことで時間を節約できる。それでも、科学的なハタ・ヨーガが誕生するまでには間があるだろう。私は科学的なハタ・ヨーガは、インドではなく西洋で生まれるだろうと信じている。インドには、どんな科学的な環境も全然ないからだ。

だから時間を節約はできるが、それはどんな特定の目的も果たさない。これは、非常に特殊な状況下での時間の節約に役立つかもしれないが、それも粗いレベル上、肉体のレベル上にしか起こらない。シャンカラチャリヤにとって、生き続けることは役に立たないかもしれないが、他の人たちにとっては役に立つ。だからたとえわずかであっても、たとえかろうじてであっても、ハタ・ヨーガは今でも意味がある。人はシャンカラチャリヤに、こう言うことができた。

「寿命を延ばすことが、あなたにとって役立たないのはその通りだ。とはいえ、もしあなたが三十五年以上生きられたなら、多くの人々に恩恵をもたらすだろう」

これが、ハタ・ヨーガを取り戻せる唯一の口実だ。

微細身が粗大身から分離する時、二つの間の調整は遮断される。それは、ほとんどこのようなものだ。いったん車のエンジンを分解して組み立て直しはできるが、それはエンジンの寿命を短くする。だから買い手はまず、車のエンジンが前に取り外されなかったことを確かめる。たとえエンジンが、あるべき正確な方法で組み立てられていても、それは寿命を失う。その理由は、それが同じではないからだ――元の調整との僅かな変化でさえ、エンジンの寿命に影響を及ぼす。

さらに、私たちの身体には非常に急速に死ぬいくつかの要素があり、死ぬのに少し時間がかかる別の要素がある。そして人間が死んだ後でも、死を拒否するいくつかの要素がある。墓の中でさえ、死んだ人間の爪や髪は、しばらくの間成長し続ける。それらは自分の仕事をやり続け、死ぬのに長い時間がかかる。

死は多くのレベルで起こる。実際、あなたの身体には、機械的ないくつかの機構がある――それらが機能するには、あなたの魂の存在さえ必要ない。例えば、私はここに座ってあなたに話している。もし私が部屋から出て行ったら話は止まるが、扇風機は動き続けるだろう。それは扇風機に独自の機能があるからだ――それは私の存在とは何の関係もない。

私たちの身体には二種類の系統がある。一つの系統は、意識が身体を離れると、すぐに終わってしまうようなものだ。もう一つの系統は、意識が身体を去った後も、しばらくの間働き続ける。それは機械的だ。それには、長時間機能し続ける作り付けの機構がある。意識は外に出て行くが、髪はその人が死んだのを知らない。髪はその人が亡くなったことを、もはや成長する必要がないことを知るのに、かなり時間がかかる。

そう、すぐ死ぬ特定の要素が私たちの内側にある。六秒で死ぬものがいくつかある——例えば心臓発作の場合だ。もし救助が六秒で到着するなら、心臓発作でも生き残ることができる。基本的に、心臓発作は死ではない。それは、治すことができる単なる構造上の欠陥に過ぎない。第一次世界大戦では、ロシアで約五十人の人々がこうして救われた。心臓発作で死んだ兵士たちのところに、救助が六秒で到着すれば、彼らは生き残った。しかし、六秒後では特定の要素が死ぬので、その後彼らを復活させるのは、非常に困難になる。私たちの脳の繊細な部分はすぐ死ぬ——直ちに。

だから、もし微細身があまりにも長く外に留まるなら、厳重に肉体を守る必要がある。そうしなければ、その要素のいくつかは死に始める。それでもあなたは、微細身がどれくらい長く外に留まっていたのか、測ることができない。なぜなら粗大身と微細身は、異なる時間の尺度に存在するからだ。例えば、もし私の微細身が外へ出たら、それは私が何年もその状態のままでいたかのように思えるかもしれない。しかし肉体に戻った後、私は一秒すら過ぎていなかったと気づくかもしれない。両方の時間の尺度が異なっているのだ。

それは、ある人が居眠りをして、自分が結婚している夢を見ているようなものだ。その夢では、結婚の行列が進行して、それから彼は子供を持ち、子供たちは成長して、今や彼らは結婚している。彼は目を覚まして自分の長い夢を物語る。人は彼にこう言うかもしれない。「しかしあなたは、たった一分間だけ居眠りをしていたのだ。どうしたらそんな長い夢が、こんな短い時間に起こり得るのだ?」。それは可能だ。時間の尺度が異なっている。そんな長い夢が一分で起こり得る。その時間の測定方法が、目覚めている状態とは、非常に異なるという単純な理由のために——それは非常に速くて、迅速だ。

もし微細身が、一分間でさえ外に留まったなら、それはまるで、何年間も外にいたかのように思えるかもしれない。本当はどれだけ長く外に留まっていたのか、あなたにはわからない。その状態では、身体が保持されることが絶対的に必要だ——それは非常に難しい。それでも、もし完全な配慮がなされるなら、人の微細身は長時間、外に留まれる。

これと関連する価値のある事件が、シャンカラチャリヤの人生にある。

彼の微細身の時間の尺度の見地から、彼がどれだけ長く外に留まったのかを話すのは無意味だが、私たちの時間の尺度に従うなら、彼は六ヶ月間、自分の肉体の外に留まった。ある女性が彼を面倒な目に遭わせた。

彼はマンダン・ミシュラと討論して、マンダンは負けた。しかしマンダンの妻は、非常に女性らしい議論をした。それは女性だけができるものだ。彼女は言った。「マンダン・ミシュラのただ半分だけが負けたのです。彼の他の半分である私は、まだ生きています。あなたが私を負かすまでは、あなたは完全にマンダン・ミシュラを負かしたと主張できません」

シャンカラは困難に陥った。たとえその女性が正しかったとしても、それは本当に何の意味もなかった。マンダン・ミシュラは完全に敗北した。人は勝者になるために、レスラーのガーマ（1880-1963 インドの偉大なレスリング選手）に加えて、彼の妻も負かす必要はない。しかしマンダン・ミシュラの妻バラティには、議論する価値があった。世間は、彼女のような才女をほとんど見たことがなかった。だから、彼女と議論するという考えはシャンカラの興味を引き、彼はおもしろいだろうと考えた。彼は、マンダンが勝てなかったのなら、バラティはどれくらい長く持ち応えるだろうか？と期待した。しかし彼は間違っていた。

男性を負かすことは非常に簡単だが、女性を負かすことはそれほど簡単ではない。なぜなら男性と女性の議論は、勝つか負けるかにおいては決して同じではないからだ。彼女たちは、異なる論理に従っている。だから、たびたび夫と妻はお互いを理解しないのだ。彼らの推論の方法は異なっている。彼らは決して調和しない。彼らはしばしば平行線を行き、決してどんなところでも出会わない。そこでシャンカラは、バラティはブラフマンやその他の、そんな問題を議論するだろうと考えていた。しかし彼女は、ブラフマンに関するどんな論争も提起しなかった。なぜなら彼女は、マンダン・ミシュラがその論題で、自分自身をどのように窮地に追い込んでしまったかを目撃していたからだ。彼女はブラフマンやマーヤのどんな議論も役立たないことを、非常によく知っていた。そこで彼女はシャンカラに言った。「セックスについて何かを言ってください」

シャンカラは途方に暮れた。彼は言った。

「私は禁欲を成し遂げた者です。どうかセックスについては、何も聞かないでください」

バラティは言った。「もしセックスについて何も知らないなら、あなたは他の何を知っているのですか？　あなたがこれくらいのことさえ知らないなら、ブラフマンやマーヤ、その他について、いったい何を知っているのでしょうか。あなたがセックスについて何かを言わねばならないのは、結局のところ、それがあなたがマーヤと呼ぶこの世界の、まさに根源だからです。私はその話題についてだけ、討論するつもりです」

シャンカラは言った。

「この主題について学ぶために、六ヶ月の時間を私に許してください。私にはその知識がありませんし、これまで誰も教えてくれませんでした。私はセックスの秘密を知りません」

セックスの秘密を学ぶために、シャンカラは自分の身体を離れて、別の身体に入らねばならなかった。ここで人は尋ねるかもしれない。「なぜ彼は、自分の身体を通して学んでこれなかったのだ？」。彼はそうもできたが、彼のすべての生命エネルギーはとても内向的になっていて、エネルギーのすべての流れが内側にとても深く動いていたので、それを引き出すことは困難だった。彼はもちろん、自分の身体を使って女性と関係することができた。もし彼が、セックスのすべてを知ろうと試みたなら、自分自身の身体を用いてどんな女性とも関係したかもしれないが、問題は彼のすべての生体エネルギーが、内側に向いていたことだった。それを引き出すためには、半年以上が必要だっただろう。それは単純なことではなかった。エネルギーを外から内に引き入れることは容易だが、再びそれを引き出すことは非常に困難だ。小石を捨ててダイヤモンドを選び取ることは容易だが、小石のためにダイヤモンドをあきらめるのは、非常に困難だ。

だから、シャンカラチャリヤは窮地に立たされていた。彼は自分の身体が、手近な挑戦にとっては良くないことを知っていた。彼は、もし誰かがちょうど死んだなら、自分がその人の身体に入るために、その死体を捜し出しに行くようにと、友人たちに頼んだ。それから彼は、彼が戻るまで自分の身体を熱心に保護するように彼らに告げた。彼は王の死体の中に入り、六ヶ月間それを用いて生き、それから戻ってきた。

シャンカラの身体は、六ヶ月間保守維持された。身体のこの種の保護とメンテナンスは、極めて困難な課題だ。驚くほど献身的な個人たちだけが、この責任を任されていたに違いない。

先ほど言ったように、チベットの探求者は身を切るような寒さの中で野外に出て座り、自分の身体に汗をかかせる。これはすべて意志の問題だ。彼の決意を通して、彼は身を切るような寒さの現実を否定し、太陽が輝いていて、それは暑いという別の現実を作る。ただ彼の決意によって、彼は自分の心の状態に自分の環境を従わせる。実際の彼の周辺は雪が降っている状況だが、目を閉じて彼はその状況を拒否する。彼は、それは雪が降っているのではない、太陽が熱く燃えている、と自分自身に暗示をかける。彼はとても深く内側にこの暗示をかけるので、彼のすべての息、彼の身体のすべての細胞、彼の存在のすべての部分が、熱を感じ始める瞬間がやって来る。ではどうしたら、彼は汗をかかずにいられるだろう？　まさに汗をかいているのは、彼が自分の心の状態を、その環境に勝るようにさせたことを示している。

ある意味すべてのヨーガは、心の状態にその環境を克服させることにほかならない。そしてある意味すべての世俗性は、心の状態をその環境に従わせることにほかならない。

シャンカラの友人たちが、彼の身体を保護するために何をしたのかは記録されてこなかったし、どこにも正確に記載されてこなかった。六ヶ月間、彼の信奉者たちのグループは、その円陣を壊すことなく彼の身体の周りに座っていた。その考えは、そこに居る人々の定数を、その間ずっと維持することにあった。彼らは他の人と交代するが、基本的にそこに居る誰もが、二十四時間全く目を覚ましたまま、油断のないままでいる必要があった。特殊な環境が、身体が保護されていた洞窟において維持されねばならなかった。これは特定の思考の波動が、その洞窟の中に広く行き渡る必要があったからだ。

約七人の人たちが身体を囲んで座り、彼らが呼吸しているのではなく、シャンカラが呼吸しているのを強烈に感じることが必要だった。彼らが生きているのではなく、シャンカラが生きているのを——。そして彼らの生体電気は、シャンカラの体内に流れ続けなければならなかった。これらの七人の手は、シャンカラの七つのチャクラに置かれることになっていた。これらの七人の生体電気を、シャンカラの七つのチャクラに継続的に注ぐことが不可欠だった。その時だけ、シャンカラの身体を六ヶ月間保持することが可能だった。一瞬の誤りでさえ、回路を遮断して身体に体温を失わせるのに充分だった。

普通に生きている人間に存在する程度の同じ体温が、シャンカラの身体で維持されなければならない、ということが必要不可欠だった。最もわずかな変化でさえ、彼の体温においては許されなかった。そしてこの身体の熱は、他のどんな外部の手段でも作り出せなかった。これらの七人が、自分たちすべての生命エネルギーを渡し続けること、彼らのすべての磁気力が、シャンカラの身体の七つのチャクラを通ることを除いては――。

この実験を通して、その身体は本人が存在しないことを決して知ることはない。なぜなら、その身体が普通の条件下で本人から受け取ったのと同じエネルギーを、七人が供給するからだ。あなたは私の言うことがわかるだろうか？　身体は、その七つのチャクラが、もはや本人の意識から正確にエネルギーを受け取っていないのを、決して知ることはない。それは周りに座っている七人から止まらずに流れるエネルギーを、チャクラが受け取り続けるからだ。これらの人たちは、伝送センターのように機能する。その結果、その身体は生きたままでいる。だがもし、何らかの誤りがその手順において起こるなら、身体は死ぬ準備をする。その時まで、身体は全く気づかないままだ。

だからもし、他の人々が身体にエネルギーを供給するなら、身体は生き続けられる。これがシャンカラを六ヶ月間生きたままにするために使用された、驚くべきテクニックだった。六ヶ月間、そのグループはこつこつとそれに従事した。かわるがわる、七人の人々は常に積極的に、その過程に没頭したままでいることが必要だった。結局シャンカラは六ヶ月後に戻り、バラティの質問に答えた。これが、彼が知らなかった何かを学ぶようになった方法だ。

セックスについて学ぶことに関して、さらに別の方法があったが、シャンカラはそれに気づいていなかった。もしそのような出来事がマハーヴィーラの生に起こっていたなら、彼は別の身体の中に入ったりしなかっただろう。その代わりに、彼は自分の過去生の記憶の中に入っていっただろう。それは、まだ利用可能な別の源泉だった。過去生を思い出すというこのテクニックは、それでも、ただジャイナ教徒と仏教徒だけに限られて残った――ヒンドゥー教徒には決して届かなかった。

そうした問題がマハーヴィーラに引き起こされたなら、彼は別の身体にわざわざ入ることはなかっただろう――その必要はなかった。むしろ彼は、自分の前世の中での女性との関係の記憶を復活させて、この技法《メソッド》を通して知っただろう。彼は六ヶ月間も必要なかっただろう。しかしシャンカラには、このテクニックの科学的知識がなかった。彼は、他の身体に入ることに関する科学を知っていた。それは別のグループの探求者たちによって、開発されたものだった。

そこには多くのスピリチュアルな科学があり、これまでどんな宗教も、これらすべての科学の細部すべてを所有していない。特定の宗教は特定のテクニックを開発し、それに満足したままだった。

しかし今まで、ただ一つの宗教も、すべての宗教の宝を含むものを設立してこなかった。そしてこれは、私たちが敵意を持って他の宗教を見ることを止めるまで、起こらないだろう。もしこれらの宗教が、友人としてお互いに近づき、お互いの宝を共有でき仲間になれるなら、無限の数の源泉を利用する新しい科学が、進化するかもしれない。

エジプトで開発されたものは、インドでは知られていない。ピラミッドを建てた人は、インドでは誰も知らない何かを知っていた。チベットの僧院で働きかけていた人は、インドでは発見されていない何かを所有していた。インドが知っていたものは、チベットでは知られていない。一方に知られているものは、他方には知られていない。そして問題は、それぞれのものがそれぞれの断片を完全なものとして見ることだ。

今、過去生に戻ることは、非常に簡単な実験だ。別の身体に入ることは、非常に難しくて非常に危険だ。後戻りの実験は非常に簡単で、それは危険を伴わない。しかしシャンカラには、このテクニックの知識がなかった。彼はジャイナ教徒と仏教徒に挑戦して議論することに、彼のすべての人生を費やしたので、ジャイナ教と仏教のすべての扉は、彼に対して閉じられた。彼は、彼らから何も得られなかった。彼らとのどんな接触も確立できなかったからだ。それは絶え間ない対立の過程だった。当然、いくつかの扉がシャンカラに対して閉じられた。シャンカラは自分の扉を通ること以外に、他の方向から太陽光線を受け取る準備ができていなかった。

たとえ私たちがそれを自覚していなくても、事実は、光線がどの扉を通って入ってこようとも、それらは同じ太陽からやって来るということだ。しかし、ここで私たちは、それぞれ自分の扉のそばに座って、その上に私たちの主張を押し付けている。私たちは認めることができない――アラブ人が太陽の下で羊毛の毛布に包まれるのは、チベット人が雪の降る中で裸でいるのと同じであると。彼らの修行は同一のものだ――全く違いはない。たとえ彼らが反対の実験に従事していても、本質的に両方とも、同じ種類の修行に没頭している。原則は同じだ。

第六の質問

別の身体の中に入ることと、心霊的《サイキック》な霊媒の中に入ることとの違いは何ですか？人はどのようにして、媒体の中に入るのでしょうか？

実際、その実験は互いにとって反対のものだ。前者の場合、人は別の人の身体の中に入る。一方霊媒の場合では、媒体がその人を自分の身体の中へ入らせる。これらは二つの異なるものだ。一方の身体から去って、もう一方に入ることに関するテクニックは、男性的テクニックと呼べる。そこでは、人は別の身体の中に入らなければならない。霊媒は女性的なテクニックだ。ここでは、媒体は単に受容的なままで、彼の身体の中に入るために誰かを招く。これははるかに簡単で、媒体によって招かれた魂はほとんどの場合無身体だ。めったなことでは化身した魂は、霊媒の招待には決して応えない。私たちの周りで動いている霊魂は……。

ここに座っているのは、私たちだけではない。他の存在もここにいる。彼らは無身体なので、彼らの存在は私たちと少し違うものになる。彼らの存在は、ラジオがどのように動作するかという観点で、理解できる。ラジオをつけると、デリー駅の情報を聞き取れるが、ラジオをつけなかったら、あなたはデリー駅の情報が伝送されなかったと思うだろうか？　それとも、音波がここを通過しなかったと思うだろうか？　それはそこにあったが、私たちが気づかなかったのだ。そこには、音波で私たちと接続する媒体がなかった。ラジオは媒体として機能する。それは私たちを音波に接触させる。だから媒体として働く人たちは、ラジオと同じ原理で機能する。彼らは同調《チューニング》の行為をする。彼らの存在は、彷徨う魂のどれでも、彼らの中に入ることを可能にさせる。しかし、これらはすべて無身体の魂で、これらの魂は常に身体の中に入ることを熱望している。

そのための理由がある。最大の理由は、その無身体の魂――私たちは彼らを幽霊と呼ぶ――彼らの欲望、彼らの情熱は、普通の人間、身体を持つどんな魂のものとも、同じだということだ。それでも身体の中にいることなく、身体の助けなしでは、これらの無身体の魂の欲望は、決して満たされない――彼らはそうすることができない。

例えば、ある幽霊は誰かと愛を交わしたい。そのためには身体が必要だ。その幽霊はその欲望を抱えているが、身体がなくてはどうしようもない。幽霊は、人体に近づく時に人体を通る。私たちの身体はそれに抵抗しない。霊は身体の中にいたい。それは身体の中に入ることを切望する。

恐怖心から人が内側で縮む時、霊は身体の中に入ることに成功する。恐怖の状態では、あなたの意識はそれが持つだけの空間を占めていない——あなたは縮みあがる。空白があなたの身体に作られる。その恐ろしい状態の中で、霊はその空白に入る。一般的に、人々は幽霊は恐怖から生まれると考えている、あるいはその恐怖自体が幽霊であると考えている。これらの信念はいずれも真実ではない。幽霊は独自の存在だ。恐怖の状態にいる人は、幽霊が現れるのを可能にさせる——彼は媒体になる。そして彼の身体に入るのが幽霊なので、問題は起こらざるを得ない。

あなたが話している霊媒は、自発的に魂を招待するためにいるものだ。ある人は自分で内側に空間を作り、霊に入るように招く。霊媒の唯一のテクニックは、内側に空間を作って、近くにいる霊に身体に入るように招くことだ。これは自発的に行なわれるので、それに巻き込まれる危険はあまりない。それが故意に行なわれるので、霊を送り返す方策も呼び込む方法も知られている。それでもこれは、すべて媒体が受容的であれば可能なことであり、それは普通、無身体の魂にだけ作用する。

もし、既に身体の中にいる魂が呼ばれるなら、危険が増す。なぜなら、もし私が身体を持つ魂を媒体に入れるために呼ぶようなことがあれば、呼ばれている人間の身体は意識不明になるからだ。

非常にしばしば、誰かが意識不明になった時、それは普通の無意識の状態として受け取られる。しかし多くはそんな場合ではない――それは、ある人の魂がどこかで呼ばれている状況だ。そのため、その時間にその人を治療することは非常に危険だ――彼の身体をそっとしておくことが最も良い。しかし、私たちにはこのすべてに関する知識がない。

今日まで、いつが無意識の状態が正常な種類のものであるのか、いつそれは魂が身体から外へ動くことによって引き起こされるのか、科学に明らかにされてこなかった。だから現象は同じだが、異なる性質のものだ。霊媒の場合、魂は身体に招かれる。もう一つの場合、魂は身体の外へ動かされる。

第七の質問

ラーマクリシュナは、自分の身体を生き続けさせるために、食べ物を切望することに頼らなければなりませんでした。高いレベルの身体にとって、そうした切望をすることなしに存在するのは、不可能なのですか？　どんな身体で、そうした援助が必要になるのでしょうか？　もし身体がより高い状態の――例えば第五、第六、あるいは第七身体のようなものであっても、そうした切望の助けを用いて維持することが必要なのでしょうか？

ラーマクリシュナは、食べ物が大好きだった——度が過ぎていた。人は、彼は食べ物を求めて気が狂ったと言うかもしれない。深い宗教的な議論の途中でさえ台所へ行き、夕食のための食事を妻シャラーダに求めた。それから彼は戻ってきて、議論を再開した。これはシャラーダだけでなく、彼の近しい信奉者たちをも、いらいらさせた。信奉者たちは懸念していた。もし、マスターが食べ物に弱いという噂が広まったら、悪評を引き起こすだろうと。

実際、弟子たちは自分たちのマスターを常に非常に心配する！　彼らのマスターの名前が不名誉なことに引きずり込まれないように、常に非常に神経質になっている。そこでついに彼らは、ラーマクリシュナに言った。「食べ物のために、真剣な議論を突然止めるというあなたのすべては、あなたにとって善いようには見えません。そしていったいなぜ食べ物が、あなたほど達成した人にとって、それほど大きな問題なのですか？」

ラーマクリシュナの返答は、非常に注目すべきものだった。彼は言った。

「おそらくあなたは知らないだろう……。どうやって知ることができるだろう？　私の船のすべての碇は上げられ、すべての杭は根こそぎにされ、私の船の帆は風で満たされていて、私は出発する準備ができている。私が一つの碇を慎重に守っているのは、私の船がまだ岸から離れないようにするためだ。私が食べ物に関心を持つことを止める日、それは私が三日後に死ぬ日であることを知っている。私は自分自身のために生きる必要はない——そのための理由は何もない。しかし、私にはあなた方に言うべき何かがあり、あなた方に伝えるための何かを持っている。私が持っている何かは、私があなた方に分け与えたいと思っているものだ。そのため私は、少し長く居残ることが必要なのだ。私の船は航行する準備ができているが、その船には、私が岸にいる人々に分配したい宝が含まれている。しかし、岸にいる人々はみな眠っている。私は彼らを起こさなければならない。私は彼らをおだてて、自分が持っている宝を、受け入れさせなければならない。彼らは、それが宝であることに気づいていない。彼らはゴミだと思っている。彼らは言う。

『我々はあなたの話していることがわからない——我々をほっといてくれ。我々は自分たちの居心地の良いベッドで、満足して寝ているのだ』

私の船に満たされている宝を、岸にいる人々が受け入れるように説得させてほしい。私が得たすべてのものを、彼らに分け与えさせてほしい。さようならを言うための時が来る。だから、私が一つの碇に自分自身を縛ってきた理由がこれだ。これが、食べ物にそれほどまでに関心を持つ理由だ。食べ物は私の碇だ。食べ物から顔をそむける日、私はその三日後に死ぬことを知っている」

誰も、彼が言うその日を真剣に受け取らなかった——それが正常な物事の起こり方だ。ラーマクリシュナ、仏陀、またはマハーヴィーラの生における特定の物事が真剣に受け取られていた世界は、大いに恩恵を受けたことだろう。しかし、それは決して起こらなかった。それでおそらく、ラーマクリシュナは弁解しようとしていたのだ、それは彼が、単に言い訳をしようとしていたのだと考えられていた。信奉者たちは、多分ラーマクリシュナは心配されなくてもいいように、食べ物への自分の弱さをうまく釈明していたのではないか、とも疑っていたに違いない。

しかし、彼が言ってきたことが正確に起こった。ある日シャラーダはいつも通り、彼の食事を持って来た。部屋の中で、ラーマクリシュナはベッドに横たわっていた。彼はその皿を見て、自分の脇によけた。普段は、彼は皿にあるものを見るためにベッドから飛び出した。彼が自分の脇に皿をよけた瞬間、シャラーダはラーマクリシュナの言葉を思い出した。食べ物をよけたことは、その三日後は彼が生きていないことを意味する。皿は彼女の手から落ちた。彼女は泣き崩れた。シャラーダを慰めて、ラーマクリシュナは言った。「泣いてどうする？　私は碇を引き上げたのだ。どれだけ長く、私はそれに縛られたままでいられるだろう？」。ちょうど三日後に彼は死んだ。

あなたは尋ねている。

「そのような魂が、どんな欲望の助けもなしに、この地上に留まることはできるのですか？」

第五身体までは、何かの地上的な欲望、碇は必要とされる。そうでなければ、魂は周りに留まることはできない。第五身体に到達した人は、五感のひとつに関連する何かの切望を、自分自身の周りに結び付けなければならない。

しかし第五身体を超えると、これは必要ない——魂はこれをする必要なく、周りに留まることができる。それでも、その場合には他のいくつかの要因が、魂の存在を延長することに貢献する。その時は、どんな切望も保持する必要はない。しかしこれは、全く別の事柄で長い議論を必要とする。それを簡単に説明させてほしい。

もし人が、第五身体を超えて存在し続けたいなら——マハーヴィーラ、仏陀、あるいはクリシュナがしてきたように——その場合、解放された魂からの、自由な霊からの押し寄せる力が彼らに働きかける。衝動、説得が上方から来る。神智学はこの分野で、非常に重要な研究を行なった。神智学者たちは、今では解放され、宇宙と一つになり、至高に達した多くの魂たちの、彼らの押し寄せる力が、地上のそのような個人たちを、少し長く保つために働きかけることを発見した。

例えば、船はまさに出航しようとしている。それはどんな杭にも縛られていないが、対岸から人々が大声で呼び出している。「どうかもう少し長く滞在してください。急がないでください」。対岸からのこれらの声は、船が出航するのを防ぐ手段になり得る。そしてこれらの声はマハーヴィーラ、仏陀、そしてクリシュナの時代には効果的であるとわかった。

ラーマクリシュナの時代までに条件はかなり変わってきて、物事は非常に困難になった。実際、非常に巨大な、想像を絶する隔たりが、対岸に達した人々と、彼らの声を聞くことがほとんど不可能なこの世紀との間に存在する。その間隔は、ますます広く成長してきた——そこには連続性はなく、もはや繋《リンク》がりは残されていない。

例えば、マハーヴィーラの生は連続性の一部だ。二十三人のティルタンカーラたちがマハーヴィーラに先行していて、彼はその伝統、その系統の二十四番目だった。彼の前には二十三人の個人たちの連鎖があった。その二十三人は、マハーヴィーラが生きていた時よりそれほど前ではない頃、彼より二百五十年前に彼に先行していた。たとえ連鎖の最初の人間が、非常に古い昔に生まれていたとしても、その間の二十三人は、すべてお互いに非常に密接して現われていた。

マハーヴィーラより前に対岸に達した人は……。ティルタンカーラという言葉の意味は、あなたを驚かせるかもしれない。ティルタ(*tirtha*)とはガート、岸壁を意味する。そしてティルタンカーラは、あなたより前にそのガートに上陸した人を意味する。それがすべてだ。まさに二十三人のティルタンカーラたちは対岸に、ガートに上陸した。彼らは系統的な秩序を構成した。その世界に付属する言語、サインと象徴、情報はすべてよく保存されていた。この岸に立っている二十四番目の人は、これらの二十三人の人間からのメッセージを簡単に聞いて、理解し、覚えることができた。

今日のジャイナ教徒の間では誰も、この伝統に属するただ一つの言葉さえ理解できない。マハーヴィーラは二千五百年前に死んだ。巨大な隔たりが、彼と私たちの間に存在する。たとえマハーヴィーラがそこから叫ぶようなことがあったとしても、彼の言葉を理解できる人は、ここには一人もいない。二千五百年で、その世界に付属する言語のすべての体系、サイン、そして記号は変わってきた――それらは連続性を失ってきた。

ジャイナ教の僧侶たちは、ただ単に経典を苦労して読むだけだ――彼らは、自分たちが他に何ができるのか知らない。しかし彼らは、マハーヴィーラの生誕二千五百年記念に関して、盛大な事をする――彼らは大騒ぎをし、垂れ幕を展示し、旗を掲げ、大声で「マハーヴィーラ万歳！」とスローガンを叫ぶ。彼らはもはや、マハーヴィーラの伝達を受け取るための、どんな組織も持っていない――それを受け取れる人は一人もいない。ジャイナ教徒以外の人々には、まだそのようなシステムがあるかもしれないが、ジャイナ教徒にはない。

ヒンドゥー教徒や仏教徒も同様のシステムを持っていたが、ラーマクリシュナの時代までには、そのような組織は利用できなかった。ラーマクリシュナには、対岸の人々とのどんな繋がりも、どんな連結もなかった。そのため、彼が彼らに納得させられる方法はなかった。だから彼に残された唯一の手段は、この岸のここに杭を打ち込んで、それにつかまることだった。他に方法はなかった。別の側からの、何らかの押し迫る力の働きを知ることは困難だった。

この世界では二種類の人々が、スピリチュアリティに働きかけてきた。連鎖の中で働きかけてきた人たちがいる。そしてその連鎖は、何千年もの間活動し続けている。仏教の伝統において二十四人はまだ生まれていない。仏陀のもう一人の化身はまだ現われていない。そして世界中の仏教の僧侶たちは、彼の出現を待っている。彼らは期待して楽しみにしている――無限の方向に彼を求め、もう一度、彼を見つけることを望んでいる。ジャイナ教徒は誰も待っていない。ヒンドゥー教徒も化身を期待している。彼はまだ降臨していない。しかし彼らは、彼を呼ぶことができる方法や、彼を受け入れて見分けられる方法に関して、まだはっきりした心像を持っていない。彼らには、彼を確認するためのどんな手段もない。

あなたは、ジャイナ教の二十三人のティルタンカーラたちみんなが、二十四番目のティルタンカーラを認識するための手がかりを残していたことを知って驚くだろう。可能なすべての兆候が、利用できるようにされた。彼らはすべての特徴を定義してきた。彼の手のひらの線、彼の足の裏の印、彼の目はどのように見えるか、彼はその心臓の側にどんな印を持つか、彼はどれほど背が高いか、彼はどのくらい長く生きるだろうか――あらゆることが定められた。そのような人を認識することに問題はなかった。

マハーヴィーラの時代には、マハーヴィーラを含む八人が、二十四番目のティルタンカーラであることを主張した。その時代はティルタンカーラが現われるのに熟していたが、そこには八人の主張者たちがいた。最終的にマハーヴィーラが受け入れられ、他の七人は排除された。それはただ、マハーヴィーラだけが、ティルタンカーラであるすべての印を示したからだった。

しかし、認識についてのそのようなシステムや手段は、ラーマクリシュナが舞台に登場した頃までに利用できなくなっていた。スピリチュアルな意味で、今日の世界は非常に混乱した状態にある。

そしてこの混乱した状況では今や、人は何かの杭に自分自身を固定することによって、地球に繋がれたままでいること以外に、選択の余地は残されていない。メッセージを対岸から聞くことはない。たとえそれらを聞いても、誰もそれに従わない。人がそれらの伝達に従う時でさえ、その秘密を解読することは困難になる。基本的な困難は今や、ただサインや信号の方法によってでしか、その世界とこの世界との間のコミュニケーションは、あり得ないということだ。

あなたは気づいていないかもしれないが、最近の百年以内に科学者たちは、生命が存在する可能性のある惑星が、宇宙に少なくとも五万は存在するに違いないことを発見した。そして彼らは、人間と同じくらい高く発達した――あるいはそれ以上の意識を持つ存在が、これらの惑星にいるかもしれないと考えている。だが最も困難なことは――どうやって彼らとの対話を確立するのだろう？どうやって彼らに信号を送るのだろう？どんなサインや象徴を彼らは理解するのだろう？どうしたら、彼らはそれがわかるのだろう？インドの三色旗を見て、インド人はそれは自分の国旗だと知る。しかしその旗は、他の惑星の人々にとって何の意味があるだろう？そしてそれを彼らに見えるようにするには、どのようにそれを飛ばしたらいいだろう？多くの奇妙な実験が、既にこの点において実行されてきた。

ある男が、シベリアに巨大な三角形を作った。彼は一マイルの長さの三角形に、黄色の花を栽培した。それから彼は、特殊な効果のある光で三角形を点灯した。さて、あなたがどの惑星で三角形を描こうとも、それでもそれは三角形だ。たとえあなたがどこに描こうとも、それでもそれは三つの角度を持つ。人間が、あるいは人間より高い存在――それが何であれ――がいるところはどこでも、幾何学の形象は同じままだ。

だからその意図は、幾何学という手段で他の惑星の存在との接触を確立することだった。それがまず望んだことは、別の惑星からこのような巨大な三角形を見ている人々は、そのような三角形は自然には発生し得なかった、と考えるようになるかもしれない、ということだ。そして第二に望んだことは、三角形を見ることで、彼らは幾何学が地球上の人々に知られているに違いない、と間違いなく推測するかもしれないということだ。

何日もの間、かなり多くの作業がこの推測の下で行なわれたが、他の惑星の誰かがこの試みを理解したかどうかは何の確証もなかった。現在はもちろん、おそらく他の惑星が私たちに送っているかもしれない信号を受信するために、レーダーが備えられている。時折いくつかの信号が捕えられるが、その秘密やその意味は不明瞭なままだ。

例えば、あなたは空飛ぶ円盤について聞いたことがあるに違いない。多くの人々が、空中を動き回って、それから消えてゆく物体のような、小さな輝く皿を見てきた。それは多くの場所で、多くの機会に、そして時には同じ夜に、世界中の多くの地域で見られてきた。そしてまだ、今のところ、それは謎のままだ。誰もその物体が何であるかを知らない。誰がそれを送っているのだろう？　なぜそれは現われて、それから消えるのだろう？

ある惑星の存在が、地球との接触を確立させようとしている可能性は高い。彼らは、私たちにはわからない信号を送信しているかもしれない。私たちが彼らを理解しない時、私たちの何人かは、それはすべて作り話だと言う。彼らは、空飛ぶ円盤やその他の話は噂話以外の何でもないと考える。ある人たちが、それは光学的錯覚に違いないと信じる一方で、他の人たちは、それはある種の自然現象以外のどんなものでもあり得ない、と考える。だから正確にそれが何であるかは、はっきりしていない。おそらくこれらの物体を通して、別の惑星の人々は私たちに招待状を送っているのだと、彼らは私たちに何かを伝えようとしているのだと、少なくともそう信じている少数の人々が、この世界にはいる。

しかし、これでさえ非常に困難な状況ではない。なぜなら、この惑星の生命と他の惑星の生命の間の距離は、他の世界に到達した魂と、まだこの世界に存在する魂の間にある距離ほど、大きくはないからだ。この距離ははるかに大きい。そもそも、その世界から送られた信号を、ここでつかまえることは困難だ。たとえそれらがつかまえられても、それらは理解されない。それらの秘密は発見されないままだ。

だから、この世紀でラーマクリシュナのような人々は、またはここ二百年以内に言う人々は――二百年と言うことさえ正しくない。実際はモハメッド以後――それはここ千四百年のことだ――物事は困難に、確かに非常に困難になった。状況を理解して、ナナクは初めから新しい仕組みを作った。彼は過去を忘れて、十人の人々の新たな伝統を始めた。しかし、それも全くすぐに消えた――長くは続かなかった。

だから現在残されているのは、ただ個々の探求者たちだけだ――それはどんな連鎖の一部でもない人たちだ。個々の探求者たちは、手段として碇を使うべきだ――それが少なくとも第五身体に至るまでの唯一の方法だ。人が第五身体を超える時、外部の信号と押し寄せる力が働くことができる。だが今のところ、もし他の世界からのメッセージが入って来ないなら、第七身体にいる人間でさえも、第五身体の段階の前で確立された碇を利用しなければならない――他に方法はない。

第七章

準備すべきこと

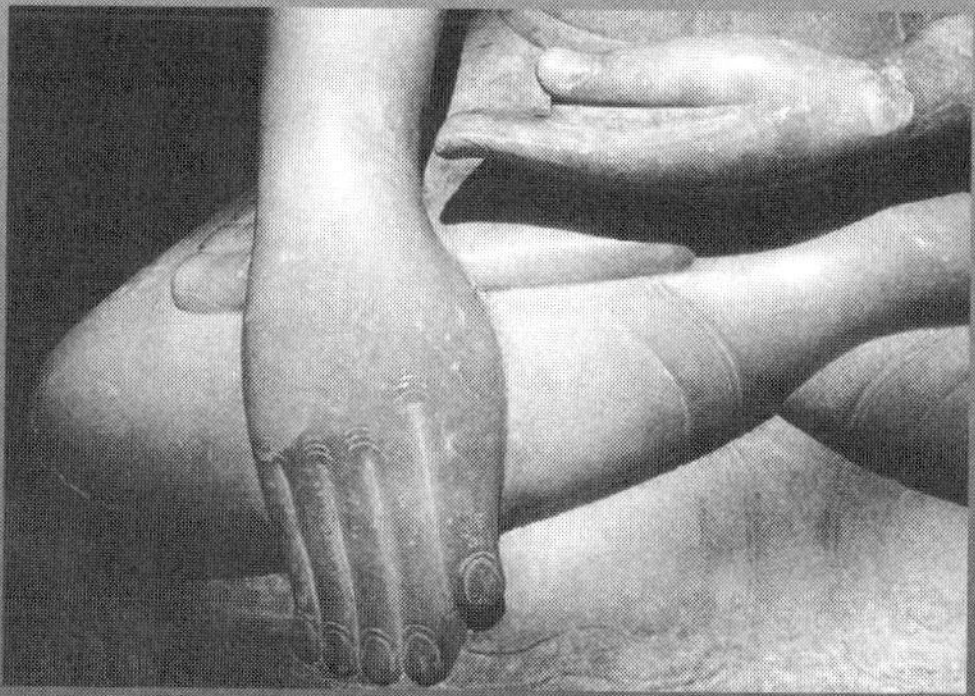

I Am Ready, if You Are

最初の質問

ドゥワルカの瞑想キャンプで、あなたは過去生の記憶に入るプロセスを説明しました。あなたはその時、意識を未来から完全に切り離すことで、瞑想の力の焦点を過去に合わせるべきだと話しました。プロセスをさらに説明すると、まず人は五歳の年に退行し、続いて三歳の年に、次に誕生の記憶に、受胎の時点に、そして最後に過去生の記憶の中に入ります。それに付け加えてあなたは、過去生を思い出すために、すべての経文やすべてのテクニックを説明するつもりはないと語りました。すべてのテクニックとは何ですか? その経文を、どうかさらにもっと説明して頂けませんか。

私たちの過去生の記憶は、生まれつき妨げられてきた。それには理由がある。生の総合的な機構の中では、人は毎日自分に起こることを、ほとんど忘れる必要がある。だから私たちは、自分の一生の間に作り出したすべての記憶を覚えてはいない。それでもあなたが覚えていないものは、あなたのマインドから完全に消されているのではない。ただあなたの意識と記憶の接続が、切断されているに過ぎない。

例えば、もし人が五十年間生きるなら、数十億の記憶が彼のマインドの中に形成されるだろう。もしそれらをすべて覚えていたら、気が狂うだろう。だから彼は、有意義なものなら何でも覚えて、無価値なものは何であれ徐々に忘れる。しかしあなたが忘れたつもりでも、記憶が完全に払拭されたのではない。それは単に、あなたの意識のセンターから抜け出しただけで、マインドのどこか片隅に保管されている。

仏陀はこの倉庫に、非常に重要な名前を付けた。彼はそれを阿頼耶識《アラヤ・ヴィギャン》――意識の倉庫と呼ぶ。それはちょうど、すべての不要なものが保存されている屋根裏か、地下室のようなものだ。その物体はあなたの視界から外れているが、まだ家の中に存在したままだ。同様に、あなたの記憶は視界の外に出ているが、あなたのマインドのどこか片隅に蓄積されたままだ。

もしあなたが、人生のすべての記憶を思い出すようなことがあれば、生きることは困難になるだろう。マインドが未来の出来事を処理するのに自由なままでいるためには、過去を忘れなければならない。あなたは昨日何が起こったのかを忘れているので、明日生きることが可能になるのだ。マインドが空っぽになり続けるこの方法で、前方を見ることができる。前方を見るためには、過去を忘れることが必要だ。既に起こったことを忘れなければ、自分の前方を見ることはできないだろう。

あなたのマインドの一部は、毎日新たな印象を受け取れるように、空白になる必要がある。でなければ、それはどうやって働けるだろう？　未来が訪れるにつれて、過去は毎日消える。そしてこの未来が過去になるとすぐに、私たちが前方にあるものを自由に受け取るために、それもまた消える。これがマインドが機能する方法だ。

私たちは一つの生についてさえ、完全な記憶を持てない。私があなたは一九六〇年一月一日に何をしたのかと尋ねても、あなたは何も思い出せないだろう。あなたは一九六〇年一月一日に存在していて、夜明けから夕暮れまで何かをしていたに違いない。それでもあなたは、何も思い出せないだろう。催眠の小さなテクニックは、その日の記憶を復活させることができる。もしあなたが催眠をかけられて、あなたの意識の一部が眠りについて、それから一九六〇年一月一日に何をしたかを説明するように求められたなら、あなたはすべてを順を追って話すだろう。

長い間、私は一人の若い男に実験をした。しかし私の問題は、彼が示した一九六〇年一月一日の詳細について、どうやって確認するかだった。彼は催眠の下でだけ、その日のことを話せた。目覚めている状態では、彼はすべてを忘れる。だから一九六〇年一月一日の朝九時に、彼が本当に入浴したかどうかを判断するのは、私にとって困難だった。それをするための唯一の方法があった。私は、彼が特定の日にしたあらゆることを書き留めた。数ヶ月後、私が同じ日の彼の活動を説明するように彼に求めた時、彼は何も思い出せなかった。

私が彼を深い催眠状態にして、その特定の日について物語るように彼に求めた時、彼は私が書き留めていたすべてを順を追って話しただけでなく、書かれていなかった他の多くのことを描写した。

彼は私が書き留めたものからは、何も見逃していなかった。むしろ彼は、もっと多くを追加した。明らかに、私はすべてを記録できていなかったのだ。私は自分が見たものだけを、または自分に起こったものだけを書いていた。

催眠であなたは、自分が進みたいだけ深く、自分自身の内側に誘導される。しかしそれは誰か他の人によって為される。あなたは無意識になる。あなたは事情を知ることはない。催眠下であなたは、自分の過去生の中にさえ誘導されるが、それは本質的に無意識の状態でだ。

ジャティ・スマランによる退行と催眠のテクニックとの唯一の違いは、退行している間、あなたは意識的に自分の過去生に入っているということだ。催眠では、あなたは無意識にさせられて前世に導かれる。もし両方のテクニックが適用されるなら、その有効性はずいぶん強まる。あなたはある人に催眠をかけて、彼に前世について尋ね、彼から聞き取ったことを書き留める。それからあなたは彼を意識的な状態で瞑想に導く。もし瞑想的な状態の下でも、彼が自分の前世について同じ話をするなら、証拠を追加して集められるので、その話の正当性を確立できる。

だから同じ記憶は、二つの技法を適用することで蘇らせることができる。退行のプロセスは単純であっても、独自の危険性がある。だから私は、すべての鍵を説明しなかったのだ。すべての鍵は実験する準備ができている個人にだけ、伝えることができる。そうでなければ、通常それらは誰にも説明できない。すべてのテクニックは、一つの経文を除けばもちろん説明できる——この一つは実習することができない。

私が昨日言ったように、私たちの意識は意志、判断の助けを借りて動く。例えば、あなたが瞑想のために座っていて、その中へ深く入り始める時、あなたが五歳だった時に戻って、その時あなたに何が起こったのかを発見すると、決意してごらん。その深い瞑想状態では、あなたは突然自分が実際に五歳になっているのがわかるだろうし、その年齢であなたに起こったことは何であれ、あなたに戻って来る。

最初は、この誕生の記憶に入りなさい。人が瞑想の中で明瞭さと深さを得る時、そして過去に戻って行くことが可能になる時――それは難しくはない――人は母親の子宮ほど遠くまで戻れるし、その時の記憶を蘇らせることができる。あなたの母親があなたを妊娠していた時、もし彼女が病気で倒れたなら、その倒れたことについての記憶も、その傷の記憶もあなたの記憶の一部になるだろう。またはもし彼女が、あなたが子宮にいた時に不幸だったなら、彼女のその苦しみの記憶も、同様にあなたの記憶であるだろう。なぜなら母親の子宮の中では、あなたの存在と彼女の存在の状態は、分離していなかったからだ――彼らは結合されていた。そのため、実はあなたの母親の体験は、あなたの体験にもなる――それは自動的にあなたに転送される。

妊娠中の母親の心の状態は、子供の形成にきわめて重要な役割を果たす。その意味の正しい感覚において、人は自分の子宮に子供を宿したという理由だけで、母親だということにはならない。彼女は子供の意識に、特別な方向性を与えているから母親でもある。雌の動物でさえ、お腹の中に赤ん坊を宿すことができる――すべての動物たちはそれをする。遅かれ早かれ、機械もそれをするだろう。赤ん坊が機械の中で成長するのを想像することは、それほど難しくはない。

人工子宮は確実に作ることができる。母親の子宮に存在する同じシステムは、電気で稼動する機械で作れる。同じ温度の熱、同じ量の水を備えたシステムを製造できる。そして遅かれ早かれ、母親の子宮の中で成長している赤ん坊の代わりに、彼らは機械的な子宮の中で成長するだろう。しかしそれは、母性の要件を満たすのに充分ではない。

おそらくこの地球上では、非常に少数の母親が母性の役割を果たしてきた。母親であることは至難の業だ。その仕事は、九ヶ月間、子供の意識に特定の方向を与えることだ。この九ヶ月間に、もし母親が怒ったままでいるなら……。そして彼女が怒る子供を産む時、彼が怒って振る舞う時、彼女は彼を叱って彼を責め、そして誰が彼をだめにしてきたのか、何という不良仲間と関わるようになってしまったのかと驚く。

母親たちは、自分の息子や娘が不良仲間と関わるようになったと、私に不平を言いに来る。しかし彼女たちは、自分が子供の過ちの種を蒔いた者であることに、気づいていない。彼らの意識の構築に責任があるのは、彼女たちだけだ――子供たちは、単にそれを明らかにしているだけだ。もちろん、種を蒔くこととそれを明らかにすることは二つの異なる現象だが、私たちにその二つが繋がっているのがわからないのは、その間に巨大な隔たりが存在するからだ。

エミール・クーエは、自伝の中で一つの逸話を書いている。彼は、軍の曹長である彼の友人がかつて催眠の本を読んでいた、と伝えている。その本のどこかに、子供が子宮の中にいる時、母親が受け取るかもしれない印象は、何でも自動的に子供に転送されると書かれていた。彼の妻は当時妊娠していた。彼は彼女に言った。

「この本の著者は言っている、『母親が考えること、彼女が感じること、彼女が生きるものは何でも——そのすべては、直接その子供に転送される』と」。彼らは二人とも笑って、それについて真面目に注目しなかった。

その夜、彼らは将軍をもてなすパーティーに招待された。偶然、曹長の妻は食卓で将軍の隣に座った。将軍の親指は戦争中に潰されていた。曹長の妻は突然、今日の午後に夫が彼女に読んでいたものを思い出した。子供が変形した親指で生まれるかもしれないと恐れて、彼女は将軍の親指をわざと見ないようにした。パーティーを通して、将軍の親指を見ることを避けていた。しかし、それを見ないようにすればするほど、彼女の目はその親指の方に移っていった。

彼女は将軍を忘れ、パーティーを忘れ、すべての注意は親指に焦点を合わせたままになっていた。彼女は将軍の隣に座っていたので、彼が食べた時や彼が人々に手を振った時に、その親指を見た。彼女が目を閉じてさえしまうほど状況は悪くなっていたが、目を閉じることによって彼女はさらに、よりはっきりと親指を見た。目を閉じて物事をはっきり見るのは、より簡単だ。彼女は完全におじけづいた。パーティーが続いていた間ずっと、かわいそうな女性は完全に将軍の親指に取りつかれたままだった。

夜になると、彼女は数回はっとして目が覚めた。次の朝、彼女は夫に言った。

「困っているの。子供が変形した親指で生まれてくるのがとても恐いのよ」

彼女を慰めて、夫は言った。「お前は気が狂ったのか？　本が何だというのだ？　お前は、それが誰かに書かれたという理由だけで、何かが起こると信じるのか？　お前の心からすべての事柄を落としなさい！」。しかし、妻はそれを落とせなかった。

実は、私たちが落とすようにと求められた事柄は、手放すことが困難になるものだ。夫がその事柄を落として、それを忘れるように説得しようとすればするほど、それは結晶化するようになった。あなたはとてもよく知っている――忘れたいことは決して忘れられない、ということを。実際、忘れようとするまさにその試みにおいて、それを覚えたままでいなければならない。ただそれを忘れるために。それはあなたのマインドに戻り続ける。もしあなたが、本当に何かを忘れたいなら、少なくともそれを覚えていなければならない。そして忘れるために、あなたがそれを覚えておく必要があればあるほど、その記憶は強くなる。

日が経って、子供の出産の時が近づくにつれて、親指が彼女のマインドに重くのしかかり始めた。どれほど試みても、彼女はそれを忘れられなかった。彼女が陣痛を経験した時、子供が誕生した時、親指は彼女の思考の中にあった――子供にではない。そして信じられないことが起こった。その子供は変形した親指で生まれた。子供の親指と将軍の親指の写真を比較すると、同一のものに見えた。

子供にこの親指を与えたのは母親だった。このように、すべての母親は自分の子供に自分の親指を、自分自身の障害を与える。誰もが彼らに与えられた異なる種類の親指、障害を持っている。

そこでまず、あなたは自分が生まれた日の記憶に戻らねばならないだろう――しかしそれは、あなたの本当の誕生日ではない。実際の誕生日は子供を妊娠した日だ。私たちが誕生日と呼ぶものは、実際に誕生が起こった九ヶ月後に生まれる日のことだ――それは正しい誕生日ではない。

魂が母親の子宮に入る日が、本当に正しい誕生日だ。ここまでの記憶に戻ることは、困難でも危険でもない。なぜならそれは、まさにこの生に属しているからだ。それをするためには、私が先ほど言ったように、マインドを未来から背ける必要がある。ほんの少しでも瞑想を実践する人々は、未来について忘れることは難しくないだろう。それにとにかく、未来に覚えておくべき何があるのだろう？　実際のところ、未来は全く存在しない。

だから方向性を変えることだ。未来を見る代わりに、過去を見なさい。そして心の中であなたの決意をますます強くさせ続けなさい。一年前に戻り、二年前に戻り、十年前、二十年前に戻りなさい。退行し続けると、あなたは奇妙な経験をするだろう。

普通、もし私たちが瞑想せずに過去に遡るなら、意識的な状態でさえ、更に戻れば戻るほど、記憶はぼんやりしたものになる。ある人は、五歳以上の何かを思い出すことは不可能であり、五歳までの記憶さえ、ごく少ないのに気づくかもしれない。自分の現在の年齢にますます近寄るにつれて、あなたの記憶はますますはっきりするようになる。あなたは昨日の記憶ははっきりしている。今日の記憶は、さらにもっとはっきりしている。しかし一昨日のあなたの記憶や、一年前、二十五年前、五十年前の記憶はますます、よりぼんやりしているだろう。

しかし、もし瞑想状態で同じテクニックを適用するなら、あなたは非常に驚くだろう。その状況は完全に反対になる。子供時代の記憶に近寄るにつれて、それらはよりはっきりする。なぜならマインドの石板は、実際のところ子供時代の方が非常にはっきりしているからだ。その後に書かれているものは、決してそれほどはっきりしていない。

だからあなたは、瞑想の中で記憶が復活することに大きな驚きを持つだろう。なぜなら状況が反対になるからだ。あなたが退行すればするほど、子供時代に近寄れば近寄るほど、記憶はより鮮明になる。そしてあなたが自分の記憶の中で年を取るにつれて、すべてはよりぼんやりと見える。瞑想の中では、今日は最もぼんやりしたものに見えるだろう。一方誕生の最初の日、例えば五十年前は、記憶の中で最もはっきりするだろう。瞑想の中での過去の記憶に戻るということは、思い出すことではない。その違いを理解する必要がある。

私たちが意識的に思い出す時、私たちは想起する。これはどう違うのだろう？　あなたが自分の子供時代を思い出す時——そして例えばあなたは今、五十歳だ——この瞬間あなたは今五十歳で、あなたは自分が五歳、または二歳、または一歳だった時の記憶を蘇らせる。何が起こるのだろう？

あなたの五十歳のマインドは、この瞬間とそれらの年の記憶の間に立っている。記憶がぼんやりするようになるのは、あなたがその間に広がっている五十年の層を通して見ているからだ。

瞑想のテクニックに従って過去を思い出す時、あなたはもはや五十歳のままではない。あなたは五歳になる。瞑想の中では、あなたは五歳の子供として思い出す。その瞬間、あなたは自分が五歳だった日々を思い出す五十歳の人間ではない。あなたは五歳の時の自分の生に戻っている。

だから私たちが意識的に記憶を思い出す時、それは想起と呼ぶべきだ。それに対して瞑想の中では、その同じものは再体験になる。その二つには違いがある。想起では、あなたはすべてを曖昧にさせる記憶の大きな層に直面する。瞑想では、記憶を再体験することで、あなたを五歳に変える。

ショバーナが私たちと一緒にここにいる。彼女は瞑想の中で、突然すべての奇妙な思考が彼女に訪れると言う。彼女は自分が人形で遊んでいる子供だと考えている。その思考は彼女を怖がらせるほど強くなる。彼女は、誰かがそんな状態にいる彼女を見て、彼女について変に感じるかもしれないと疑う。だから彼女は、時々誰も自分を見ていないことを確認するために目を開く。

彼女は気づいていない、その瞬間は、彼女の現在の年齢が消えていることを。その状態では彼女は自分の子供時代を思い出してさえいない。それは生き返っている。それは、瞑想の中では彼女が五歳の少女に変わることを意味する。

ここに若い男性がいる。瞑想の中で、彼は自分の親指を吸い始める——彼は六ヶ月の年齢になる。

彼が瞑想に入る瞬間、彼の親指は彼の口の中に正確に入る。彼は自分が六ヶ月だった時に戻る。想起と再体験の違いを理解することが必要だ。一つの生を再体験することは、それほど難しくない。唯一の問題は、私たちが自分の年齢に同一化するようになったことだ。五十歳の人は、五年でさえ後退することを望んでいない――彼は五十歳で動かないままでいることを望んでいる。自分の過去を再体験したい人、自分の過去を思い出したい人は、自分の固定された同一化を見放さなければならない。彼らは少しリラックスしなければならないだろう。

例えば、もしある人が自分の子供時代に戻りたくて、毎日一時間かそれくらいを子供たちと一緒に遊んだなら、それは彼にとって良いことだ。もし彼が五十歳であることへの自分の固執を落としたなら、彼がしばらくの間深刻であることを止めたなら、それは彼を非常に助けただろう。もし彼がジョギング、水泳、ダンスをしたならそれは良い。もし彼が一時間、意識的に子供のように生きたなら、それは助けになっただろう。それは彼が瞑想の中で、自分の過去に戻ることも容易にさせる。そうでなければ、彼は頑固に五十歳のままだ。

覚えておきなさい、意識に年齢はない。それは条件付けで成り立っているだけだ。五歳の意識、十歳の意識、あるいは五十歳の意識というようなものは何もない。それは単なる一つの観念に過ぎない。目を閉じて、あなたの意識が何歳であるかを見つけようとしてごらん――あなたは何も言えないだろう。あなたはこう言うかもしれない、「私は日記を調べなければならない、あるいはカレンダーを見なければならない、あるいは占星術に相談しなければならない」

実は、占星術、カレンダー、年月を数える事、その数が存在の中にやって来ない限り、自分の年齢がいくつなのか誰も知らないのだ。今日でさえ、もしあなたが彼らに年齢を尋ねても、答えるのが難しいことに気づく原住民がいる。なぜなら彼らの何人かは数字が十五で止まり、他の人たちにとっては十で止まり、そして何人かにとって数は五を超えないからだ。

私は一人の掃除夫を知っている。一度誰かが彼に年齢を尋ねた。彼は「だいたい二十五歳くらいだ」と答えた。実際のところ、彼は少なくともおよそ六十歳くらいだった。

彼の答えを聞いた人々は少し驚いた。彼らは尋ねた。「あなたの息子はいくつなのだ?」

彼は「たぶん二十五歳くらいだ」と言った。

人々は困惑した。彼らは言った。

「あなたの息子が二十五歳で、あなたも二十五歳――どうしたらそれがあり得るのだ?」

彼には、それについて何の問題もなかった。彼にとっては、二十五が最後の数だったからだ。それを超える数はなかった。困難が生じるのは、私たちが二十五を超える数を持っているからだ。彼にとって二十五を超えることは無限、無数だった。

年齢が存在するのは、私たちの計算がカレンダー、日付、日々に基づいているためだ。年齢はこれらすべての副産物だ。もしあなたが内側を見るならそこに年齢はない。あなたは私の内側を見ることでは、私が何歳なのかわからないだろう。なぜなら年齢は純粋に外面の計測だからだ。しかしこの外部の測定は、内側の意識に固着するようになる――それは釘のようにそこを突き刺す。

あなたは自分の意識の中に釘を打ち続けて、「今私は五十歳だ、今私は五十一歳だ、今私は五十二歳だ……」と言う。もしその釘を、あまりに多く打ち込むようになるなら、記憶の中へ戻ることは難しいだろう。非常に深刻な人は、彼の子供時代の記憶へ戻れない。

深刻な人々は、病んでいる人々だ。実際、深刻さは心理的な病気だ。深刻な人は、常に病気を患っている。退行することは、彼らにとって非常に難しい。単純で陽気な人たち、子供たちと一緒に遊んで笑える人たち、彼らにとって、過去の記憶の中に戻ることは簡単だ。

だから、あなたの外部の生への固執を壊そうとしてごらん。自分の年齢を、常に意識してはいけない。決してあなたの息子にこう言ってはいけない。「私は知っている。なぜなら私の年齢はこれこれだからだ」――年齢は、知ることとは何の関係もない。まるであなたと子供たちとの間に、五十年の隔たりがあるかのように、子供たちに振る舞ってはいけない。そうではなく、彼らと友人になりなさい。

七十歳の女性が本を書いた。五歳の子供と親交を試みる彼女の物語を書いた、小さな本だ。そうすることは難しいことで、単純な問題ではない。五歳の子供の父親、母親、兄弟、導師《グル》でいることは容易だ。友人でいることは非常に難しい。どんな母親もどんな父親も、子供と友人でいることは決してできない。

両親が自分たちの子供の友人になる日、私たちは全世界を変えるだろう。それは全く違う世界だろう。もはやそれは、それほど忌まわしくも醜くもないだろう。だが彼らは、その友情の手を広げない。だからこの七十歳の女性は、本当に驚くべき試みを実行した。彼女はその子供が三歳だった時に彼と交遊した。その次の二年間、彼女はあらゆる可能な方法で、彼との友情を持ち続けた。彼女のこの友情への態度を理解するのは、良いことだ。そんな女性にとって、過去の記憶に戻ることは簡単だろう。

この七十歳の女性は、たまたま彼女の友人になったその子供と一緒に、海岸へ行った。子供は走り、石や小石を拾い上げ、そして女性も同じことをした。他にどうやって、彼女とその子供との間の、途方もない年齢の障壁を壊せるだろうか？　彼女が子供と一緒に石や小石を拾い上げることは、子供との友情をただ深めるためだけではなかった。彼女は本当に、子供のような同じ喜びと楽しみを持って、石や小石を見ようとした。

彼女は子供の物の見方を調べ、そして自分自身の物の見方も見守った。彼女は輝く小石を拾い上げる彼の手を見て、同じ行為をしている自分自身の手を見た。彼女は子供がどのようにわくわくしたのか、彼の目の中で、どのように大変な驚きと興奮を持って、これらの小石を見ていたのかを見守った。彼女は同じ様に見ようとした——子供になろうともした。

彼女は、海岸に打ち寄せる波の泡を捕まえるために、彼と一緒に走った。子供は蝶の後を追いかけ、そして彼女も彼と一緒に走った。子供は一度、真夜中に彼女のところにやって来て、言った。「外に出よう。コオロギがとても美しい声で鳴いているよ」。彼女は「今は眠りなさい。これは外に出る時間ではありません」とは言わなかった。彼女はすぐに彼に同行した。子供はコオロギの邪魔をしないように、一歩一歩、静かに歩いた。女性は正確に同じ方法で、彼について行った。

この二年間の友情は、特別な結果をもたらした。その女性は書いている。

「私は自分が七十歳であったのを忘れていた。私が五歳のときに知らなかったことを、七十歳で五歳の子供になることで知るようになった。全世界は、私にとって不思議の国に、妖精の国に変わった。私は本当に走り、石を拾い上げ、蝶のあとを追った。子供と私との年齢の違いは、すべて消えた。彼は、自分が誰か他の子供に話すように私に話した。私も子供が他の子供に話すのと同じように、彼と話した」

彼女は「センス・オブ・ワンダー」と呼ばれた本の中で、これら二年間の彼女の体験のすべてを詳しく語った。彼女は自分が驚きの感覚《センス・オブ・ワンダー》をもう一度見つけたことを、大きな信念を持って語っている。それは、すべての最も偉大な聖人たちでさえ、彼女がした以上のものは決して成し遂げられなかったものだ。

イエスが、どんな種類の人々が天国にある彼の王国に入るのか、と尋ねられた時、彼は「子供のような人々だ」と答えた。おそらく子供は、ある種の大きな天国に住んでいるのだろう。私たちは学校に通わせたり家庭教師をつけたりすることで、彼らの天国を奪っている。しかし楽園を奪うことは必要だ。なぜならそれが再び見つけられる時、その感覚は素晴らしいものだからだ。

それでも、非常に少数の人々はこの楽園を取り戻すことができる。人々はだいたい「失楽園」の状態で生きる。「復楽園」の状況は、非常に少数の人々の生の中に起こる。もちろん、私たちはみんな自分の楽園を失っているが、決して二度と見つけることはない。もし人が、死ぬ前に再び子供のようになれるなら、楽園は彼のところに戻る。もしある老人が、子供の目で世界を見ることができるなら、彼に注がれる類の平和、喜び、そして至福は理解を超えている。

だから、自分の過去の記憶に戻りたいと思う人たちは、年齢への固執を壊すことだ。時たま子供の手を掴んで、彼と一緒に走り、自分が何歳であるかを忘れなさい。そしておもしろいことには、年齢はただ思考として、記憶として存在しているだけだということだ。非常に強く私たちを捕まえてきたものは、単なる一つの考えに過ぎない。

外側の生を生きる際には、年齢へのあなたの固執を壊しなさい。そしてあなたの内側の生では、瞑想で座る時、歳を追って戻りなさい。それぞれの誕生日を、一つずつ生き生きとやって来させなさい。ゆっくり戻りなさい。それなら、あなたの誕生の時点に達するのは難しくないだろう。同じテクニックが過去生に戻ることにおいて働く。

それでも私は、一つの生から別の生に移るための経文を、あなたに言うことはできない。それには理由がある。もし単なる好奇心からそれを実験すると、彼は気が狂ってしまうかもしれない。なぜなら、もし過去生の記憶が不意に崩れ落ちてきたら、それらに耐えるのは困難だからだ。

一度ある少女が、私のところに連れて来られた。私が彼女に会った時、彼女は十一歳だった。はっきりした理由もなく、彼女は三つの過去生の記憶を持っていた。これは全くの偶然——ただ、自然の一部の誤りだ。

自然は優れた手はずを整える。それはあなたの過去生の記憶の層を葬り、そしてこの生の記憶の層がそれの上に築かれ始める。実際には、この層はあなたの以前の誕生からあなたを遮断したままにする。

いくつかの国——イスラム教やキリスト教のような国は、生まれ変わりを信じていない。そのような国で、子供が何らかの過去生の記憶を持って生まれることがないのは、その国の人々がその方面に同調されていないからだ。それはまるで、私たちがこの壁の向こう側には何もないと固く信じているかのようなものだ。やがて私たちは、それを超えて見ることを止める。

インドでは、ジャイナ教徒、仏教徒、ヒンドゥー教徒らは、意見の不一致がたとえどれほど多くても、一つの要点には同意する——それは過去生の存在だ。生まれ変わりを信じることでは、何の争いもない。従って何千年もの間、この国のマインドは、過去生の存在の可能性を信じることで満たされていた。

しばしば不意に起こることは、もしある人が、次の生でその生を覚えているという深い感覚を持って死ぬなら、どんなヨーガの修行を経ることもなく、どんな瞑想のテクニックに従うこともなしに、彼は次の誕生でその記憶を保持できる、というものだ。しかしそれは、彼を面倒な目に会わせるだろう。

そこでその少女が連れて来られた時、彼女は自分の過去生を三つ覚えていた。彼女の一つ目の誕生はアッサムで起こった。そこで彼女は七歳の少女として死んだ。現在彼女は、七歳の少女が話せるくらいの多くのアッサムの言葉を話せる。七歳の少女が踊れるくらいの、アッサムの踊りを踊ることができた。しかしこの現生では、彼女はマディヤ・プラデッシュで生まれた。彼女はこれまでアッサムにいたことがなかった。彼女はアッサムの言葉とは何の関係もなかった。

彼女の二つ目の誕生もマディヤ・プラデッシュで、カトゥニで起こった。そこで彼女は六十歳くらいの年齢で死んだ。そこでそれは総計で六十七歳になり、この誕生の十一年が加わる。私がその十一歳の少女を見た時、彼女の目や顔は七十八歳の老婆のように見えた。十一歳の年齢でさえ、彼女は酷く黄疸にかかって青ざめていて、とても心配して悩んでいた。まるで死の近くにいるかのようだ。なぜなら彼女は、内側で七十八年にわたる連続した記憶に気づいていたからだった。彼女はひどく困っていた。

彼女の過去生の親類は、ジャバルプールにいた私の隣人だった。彼らが彼女を私のところに連れて来た。その少女は大勢の群衆から、彼女の過去生の親類をみな認識できた。彼女はその群衆の中に、前世からの人々を見つけた――彼女の息子、息子の嫁、孫、等々……彼女は彼らを全員認識できた。

彼女が前世で住んでいた家は、村の中にあった。その生での彼女の親類は、今ジャバルプールに引っ越していた。彼女はその古い家に埋められた宝について、彼らに話した。それは本当にそこで見つけられた。彼女の過去生で、彼女は私の隣りに住んでいる男の姉だった。その男は頭に傷跡があった。この少女が彼を認識した瞬間、彼女は最初に、「何てことでしょう！　その傷はまだあなたの頭にあるのね！」と言った。

その男は驚いて尋ねた。「私に話してくれないか。いつ私はこの怪我をしたのだ？　私ははっきり覚えていないのだ」。その少女は言った。「あなたの結婚式の日に、あなたは結婚馬から落ちたのです。その馬は後足で立ってあなたは落下しました」。その男は、結婚の時はおよそ八歳か九歳くらいだった。彼は思い起こせなかった。そこで、誰かこの出来事を覚えている者を見つけ出すために、その古い村で取り調べが行なわれた。ついに、その村のひとりの老人がその話に確証を与えた。その男自身には、その記憶がなかったけれども――。

私はその少女の父親に、これらの記憶を忘れさせるために、彼女にすべきことを助言した。私は彼に、少女を私のところへ連れてくるように頼んだ。そうすれば、私は彼女を一週間で忘れるように助けることができた。そうしなければ、その少女は多くの困った事に陥るだろうと私は言った。既に彼女は大変な困難に直面していた。彼女は学校に行けなかった。どうしたら、七十八歳の老婆を学校に入学させられるだろうか？　彼女は何も学べなかった――彼女は既に、とても多くのことを知っていたのだ！　彼女は遊べなかった。彼女にとって、子供時代のようなものは何もなかった。どうしたら、七十八歳の老婆を遊ばせることができるだろう？　彼女は深刻に見えた。彼女はいつでも、家の中で誰かのつまらぬあら探しをしていた。この年齢で、彼女は七十八歳の老人か老婆と同じくらいの、意地悪さに満ちていた。

そこで私は、その少女が過去の記憶を忘れない限り、気が狂ってしまうだろうと言った。しかし彼女の家族の者たちは、彼女のやり方を楽しんでいた。すべての群集が彼女を見るために集まった。人々は彼女に金銭、ココナッツ、果物やお菓子を提供し始めさえした。インドの大統領が、彼女をデリーに招いた。さらに、彼女をアメリカへ連れて行くための招待までも来た。彼女の家族は、このすべてにとても喜んでいた。彼らは、彼女を私のところに連れて来ることを止めた。彼らは言った。「私たちは彼女が記憶を忘れるのを助けたくない。それは良いことだ」

私が最後に彼女に会ってから七年が過ぎた。今やその少女は気が狂っている。そこで彼らは、私の助けを求めに来た。私は彼らに言った。「今やそれは困難な状況だ。あなた方はそれについて何かをすることが可能だった時に、同意しなかった」

その少女は完全に正気を失っている。彼女は混乱した状態にいる。彼女はどの記憶がどの誕生に属しているのか理解できない。彼女は、この兄やこの父親が、彼女の現在の生の人なのか、それとも過去生の人なのかどうかが、明らかではない——すべてが混同されている。

自然の手はずは、あなたが持ち堪えられるのと同じほどの記憶だけを、あなたに持たせるものだ。だから過去生の記憶を蘇らせる前に、特別な訓練を経験する必要がある。それはどんなものもあなたを決して混乱させない、ということを可能にする。実際、前世の記憶に入るための第一条件として、人はその世界を夢、戯れ《リーラ》、遊び以上の何ものでもないものとして、見るようになるべきだ。これが起こらない限り、人を過去生の中へ導くことは適切ではない。

ひとたび、あなたがこの世界を遊びとして、夢として見始めるなら、何の問題もない。その時は、何もあなたを傷つけないだろう。遊びの記憶は、何かの害の原因になる類のものではない。だが、もしもこの世界があなたにとって全くの実在に見えるなら……、もしあなたが、自分の妻を実在するものとして扱ってきて、そして彼女が前世であなたの母親だったことを思い出すようになるなら、あなたは混乱するだろう。あなたは彼女を妻として扱うべきか、それとも母親として扱うべきか、わからなくなるだろう！

私はかつて、過去生を思い出す実験をする女性の手助けをしたことがある。最初私は、彼女がそれをするのを制止し続けた。彼女が単なる好奇心からだったからだ。しかし彼女は非常に知りたがっていて、実験をすると主張し続けた。結局私は承知して、彼女は私が説明した通りに行なった。実験は成功した。その女性は、自分が過去生で売春婦だったことを思い出した。これは彼女のような倫理的で上品な女性にとって、とても耐えられるものではなかった。彼女は言った。「こんなことは思い出したくありません。それをみんな忘れたいです」。しかし、それを忘れることはそれほど簡単ではなかった。多くの努力が必要だった。物事を思い出すのは簡単だが、忘れるのは非常に難しい。なぜなら、いったん事実が知識の一部になったら、それを消すことは非常に難しいからだ。

だから私は説明の中で、一つの鍵をわざと省いたのだ。それは、この生からあなたの前世に入る方法だ。この鍵は、この誕生のすべての記憶を蘇らせた人にだけ、与えることができる。しかしその時それは、厳密に個々の問題だ。それは公然と議論することはできないし、適切でもない。

私たちのマインドは、好奇心から数えきれない事をする。ほとんどの人々は、好奇心だけで生きている。彼らは常に好奇心から物事を詮索するが、そうした態度は時々危険なのがわかるかもしれない。特別な記憶は、後で抑制できないものを浮上させるかもしれない。にも関わらず、人はこの生の記憶を蘇らせる実験を確かにすることができる。それが楽しい経験になる時、そしてその時、この生のすべての状況は……。

自分の過去の記憶を再び生きるやいなや、あなたはそれがすべて、夢以上の何ものでもないことに気づくだろう。あなたが今日とても深刻に受け取っているものは何でも——商売における損益、妻との口論、いらだちを見せる父親、家出する息子、好ましくない人物と結婚する娘——すべては明日、あなたの記憶の廃品置場で終わる。

記憶があなたのところに戻る時、あなたは、過去において何度もとても深刻に受け取った物事が今日どこにも存在していないのを見て驚くだろう。あなたは、一瞬あらゆることが、まるで生死に関わる問題のように思えるいくつかの瞬間が、どのようにしてあなたをそれほどまで支配していたのかを見る。これらの瞬間は、今日では価値が無いものになった。それらは塵の堆積のように、道のどこかに横たわっている。それらは、大量のゴミの中にあるガラクタのようなものだ。それらは今日では完全に無用だ。

そこで、過去の記憶を再び生きることは、二つの物事を起こさせる。まず、あなたが深刻に受け取ってきたものは何であれ、結局それほど重大な問題ではなかった、ということが明白になるだろう。覚えることとさえ充分重要ではなかった。人生を賭けられたものが何であろうと、どこにも存在してさえいないのをあなたは見る。

そのような理解は、あなたの生を変容させるだろう。なぜならその時、殺したいとか死ぬ気があるというような物事が、ある日ゴミの堆積の中で腐っているのを、見るようになるからだ。しばらくの間、ちょっと止まりなさい。すると、あらゆるものは馬鹿げて見えるだろう。しばらくの間待ちなさい。するとすべては記憶に変わる。そしてもし、生のすべての結果が記憶以外の何でもないなら、普通の人間の生はスクリーン上で生きる演技者の生と、どれほど違うのだろうか？　結局、演技者がすることは何であろうと、その最終的な結果は、スクリーン上で見るフィルムの創造だ。同様に、総合的な意味で私たちがすることは何であれ、私たちが生き抜くものは何であれ、再び見ることのできる記憶のフィルムの上に記録される。

私たちが生と呼ぶものは、カメラの焦点を合わせることとそれほど違いはない。そして私たちがかつてとても重要だと考えて獲得した瞬間は、ちょうどスクリーンに映し出された画面のようなものだ。それらはわずかに、フィルムほどの価値しかない。その唯一の違いは、私たちが普通に使うフィルムは箱に納めることができ、一方で生を記録したフィルムは、あなたの記憶の容器の中に蓄えられる必要があるということだ。それが存在するすべての違いだ。そしてあなたの記憶の容器の中に蓄えられるものは、正規のセルロイドのフィルムと同じくらいのフィルムだ。

遅かれ早かれ、このフィルムを抜き取ってそれをスクリーンに映す方法を発見することは、科学にとってそれほど難しくはないだろう。それは大した問題ではない。なぜなら、私たちが目を閉じる時、私たちは自分の光学的スクリーンに映し出されている同じフィルムを見るからだ。夢の中で、あなたの眼球はあなたが映画を観る時と同じように動く。誰かの指を眠っている人の眼の上に置いて、彼の眼球の動きや不動を感じることで、人は彼が夢を見ているか見ていないかを決定することができる。彼の眼の動きは、彼が何かを観ていることを示すだろう。彼が観ているものは何だと思うかね？　彼は、もちろん映画を観ているのだ。

瞑想の中で、もし自分の過去生も再び生きることができるなら、彼はその体験がフィルムを観ることに過ぎないのがわかるだろう。ジャティ・スマランの実験、過去生を思い出すことは、この目的のための手段だった。実際、マハーヴィーラや仏陀は、その人がジャティ・スマランを通過しない限り、決して誰にも伝授《イニシエート》しなかった。だから今日の伝授された僧侶は、本当に伝授されたのではないし、彼は僧侶でもない——彼はどちらでもない。彼は何も知らない。

数日前、一人のジャイナ教の僧侶が私に会いに来た。彼は言った。「どうか私に瞑想を教えてください。私はアチャリヤ・トゥルシの教団の僧侶です。彼は私に伝授しました」

私は彼に尋ねた。「あなたはアチャリヤ・トゥルシから伝授《イニシエーション》を受けたのに、瞑想を学んでいなかったのか？ それならあなたは、何を学んだのだ？ あなたは何のために伝授を受けたのだ？ 本当に、伝授の意味は何なのだ？ もしあなたが、私から瞑想を学ぶために来たのなら、なぜあなたは伝授を受けたのだ？ もしそこで瞑想すら教えられないのなら、他の何が教えられるのだ？ もしアチャリヤ・トゥルシが瞑想を教えないのなら、他の何を彼は教えるのだ？」

伝授することとは、ある人を瞑想へ導くという意味だ。それが伝授が起こり得る唯一の方法だ。それ以外にはない。だからマハーヴィーラと仏陀は、人が彼の過去生を再び生きた後にだけ、伝授を与えた。マハーヴィーラの教えは、自分の過去生を再び生きない限り、自分の深刻な態度を落とすことはできない、というものだった。

もしある人が、かつてこのようなことを思い出す、ということがあるなら……「私は自分の前世である女性と愛を交わし、彼女に言ったことがあった。『私はあなたなしでは一時さえも生きられない』……そして同じことをその前世で行ない、そして言った。そして同じことをその一つ前の生でも行ない、言った。私が人間に生まれた前でさえ、私は同じ行為を繰り返していた。私が動物だったか、または鳥だったかに関わらず。私はずっと同じことをしたり言ったりしてきた」。そして、もし彼がこのすべてを今日の女性に言うことがあるなら、彼は突然笑い出すだろう。なぜなら今や彼は、自分が彼女なしで申し分なく生きられるのを知っているからだ――事実、彼は何の問題もなく何生も生きてきた。

ある人は過去生で高い地位に達したいと思い、皇帝のようになった。彼は、ひとたび自分が最高の栄誉に達したなら、何もかもが素晴らしいだろうと考えた。しかし、それはすべて無駄だった。その哀れな者は死んだ。彼のその前の人生も同じであり、その一つ前の人生もそうだった。その同じ男は、もう一度地位を求めてデリーまで競争している。もし彼が、ちょうどデリーに到着する前に自分の過去生を思い出すようなことがあれば、すべての物事の馬鹿馬鹿しさを実感して引き返すだろう。彼は何度自分がデリーに行ったか、そしてどうやって、毎回気違いじみた地位の奪い合いが最終的に死で終わったかを見て笑うだろう。

人間は、自分の前世でしてきたすべてを繰り返すことを求める。だが彼には記憶がない。もし一度でもそれを思い出せたなら、それを再び行なうことは不可能だろう。人が全世界は夢以外の何でもないと実感するまでは、誰も本当にサニヤシンになることはできない。しかしどうしたら、この世界を夢のように見ることができるのだろう？　そのための鍵がジャティ・スマラン、過去生を思い出すことにある。

だから、この誕生の記憶の中に戻って行きなさい――しかしただの好奇心からではなく。あなたがこの生を夢として見て、あなたのマインドから重荷が取り除かれたと感じる時にだけ、そしてあなたが過去生をも夢として見る能力を得た後にだけ、この鍵をあなたに与えることができる。それでも、それは一対一の伝達だ。

私があなた方に集団的に働きかけているテクニックは、あなたを傷つけることのないものだ。私が公けに話すことは何でも、あなたを安全な地点までにだけ導けるものだ。それを超えると、経文の伝達は厳密に個別的になる。そのため速く進歩する人々に対しては、どうかすると大衆には公然と伝えられないものを、私は分かち合い始めるだろう。そうした人々が準備を整えるようになるやいなや、これらの物事は彼らに分与され得る。しかしそれは絶対的に個人に、個人的にだ。すべての人の前でそれらを話す意味はない。

第二の質問

高次の魂を受け入れるのに充分ふさわしい子宮だとみなされる、際立った特徴とは何ですか？

そして、低級な魂が入るかもしれない子宮の特質とは何ですか？　高次の魂が降下するかもしれないためには、どんな準備が必要ですか？　どのように準備は行なわれるのですか？　普通の子宮に比べて、仏陀、マハーヴィーラ、クリシュナ、そしてイエスのような偉大な魂を受け持った子宮は、どれほど特別だったのですか？

多くのことが考慮されなければならない。まず最初に、愛を交わしている瞬間が純粋であればあるほど、子宮はより純粋な魂を引きつける。しかしセックスは、性交の瞬間がめったに神聖な瞬間にならないほど、ひどく非難されてきた。セックスは神聖を汚すものとして、既に汚名を着せられてきた。それは既に不純なものとして、私たちの意識に根付いている。夫と妻の性的合体は、罪の影の中で行なわれる。それは祈りと至福の敬虔な瞬間の中では起こらない。当然、純粋な魂にとって、罪の外套に囲まれた子宮の方へ引きつけられることは不可能だ。だから高次の魂が子宮に入るための最初の条件は、愛を交わす瞬間が神聖であることだ。

私の見るところでは、性的合体の瞬間は祈りの瞬間だ。祈りと瞑想の後にだけ、夫と妻は性行為に入るべきだ。その結果は二重だ。一つは、瞑想の後は、何年もの間彼らにとって性行為に入ることは不可能になるということだ。瞑想の後に起こる最初のことは、性行為に入ることができない、ということだ。あなたが瞑想の中へ入るにつれて、セックスの欲望は消える――瞑想は禁欲の道になる。年月がセックスなしで過ぎる。これらの過去の年月から続いて起こっている純粋さは、抑圧されたセックスの産物ではない。それは鍵を掛けられた部屋で別々に寝ることで、あるいは夫が寺院に一人きりで寝ることで、禁欲を実践している夫と妻の両者によって立てられた何かの誓いの結果ではない。この禁欲は誓いの結果ではなく、むしろ自然発生的な開花だ。瞑想の後に性行為に入ることは、単純に不可能だ。瞑想がとても多くの喜びを、大変な至福を与えるのなら、なぜ人はセックスの楽しみを気にするのだろう?

もし夫と妻が、何年間も定期的に瞑想できるなら、セックスができなくなるだろう。それは二重の効果を持つ。一つは、エネルギーが非常に動的《ダイナミック》かつ強烈になる。純粋な魂に誕生を与えるためには、非常に強力な精子が必要だ。弱い精子ではダメだ。唯一長年の禁欲後の性交だけが、強力な魂を子宮に入らせる際に効果を発揮できる。何年もの瞑想の後、ある人が性行為に入る時――つまり、瞑想が彼に性行為に入るようにさせる時――その時は当然、神聖な瞬間であるはずだろう。もしその瞬間、わずかな不純性すら残っていたなら、瞑想は前へ進まないだろうからだ。

瞑想が指図を与える時――つまり、人が瞑想していた後でさえ性行為に入る可能性が存在する時――その時それは、セックスでさえ神聖さを受け入れたという意味だ。今やそれは、それ自身の神聖さを持つ。二人の個人がこの神聖な瞬間に愛を交わす時、その合体は肉体的ではなく、非常に霊的である、と言うほうがいいだろう。身体は出会っている、それでも出会っているのは肉体ではない――それは非常に深遠で霊的だ。だから神聖な魂に誕生を与えることは、単なる生物学的な現象ではない。二人の身体の出会いは、もう一つの身体を誕生させるための機会を単に用意するだけだ。

しかしさらに二つの魂も出会う時、より偉大な魂が降下するために、ある状況が作られる。

マハーヴィーラや仏陀の誕生は、この類のものだ。イエスの誕生はさらにもっと信じがたい。マハーヴィーラと仏陀の誕生は予言されてきた。彼らが来ることは何年もの間待たれていた。あらゆる細かいことが予告されていた――マハーヴィーラが自分の前世においてさえも、彼の来世の母親が彼の誕生の前にいくつの夢を見るか、ということを予言したほど多く――。その夢は、それらの内容について順序立てて言及された。マハーヴィーラの予言は、「これらの多くの夢が起こる時、私が子宮に入ったことを知りなさい」だった。彼はその夢の中に現われる象徴――白い象、蓮の花等も指し示した。そこで人々は、これらの象徴のある夢をすべて見たと宣言する女性を、首を長くして待っていた。

仏陀の場合でも、象徴が言及された。彼が生まれることになっていた時、遠く離れたヒマラヤから僧侶が宮殿に到着した。彼は老齢で、そして待っていた。彼は自分が仏陀の出現の前に死ぬのではないかと、非常に心配していた。だから彼が宮殿へ乞食に来た時、彼は仏陀の父親に告げた。

「わしは子供がここで生まれたことを知っている。わしは彼のダルシャンのために、彼に会って敬意を払うために来たのだ」

父親はこれを聞いてとてもびっくりした。その僧侶は高名な人物で、非常に有名で、堂々とした神聖な人だった。彼には何千人もの信奉者たちがいたが、彼はその子供に、特に敬意を払いたいと願っていた！　父親はただただ驚いた。しかし彼は非常に喜ばしくも感じた。なぜなら彼の妻は既に、彼女が見た特別な夢を彼に話していたからだ。

そこで翌日、僧侶は新しく生まれた子供に会うために到着した。その子供を見て、僧侶は落ち着きを失くしてひどく泣き始めた。父親は非常に心配して僧侶に尋ねた。

「あなたが泣いているのは、悪い前兆を見たからですか？」

僧侶は言った。「この子に関して悪い前兆はない。わしは自分自身のために泣いているのだ。わしがその足下で永遠の至福に達したであろう、その人が生まれている。しかし悲しいかな、わしは死に近づいている。そしてこの子が成長して開花するには、時間がかかるだろう──わしはそんなに長くは待てない。わしの出発のための時は来ている」

イエスの誕生は、全世界が待っていた──中東ではとりわけそうだった。その予言は、イエスの誕生の時には四つの星が空に現われる、というものだった。その秘密を知っていた人たちは、その星の象徴的な意味を理解していた。インドからある男が、イエスの誕生に祝辞を差し出すためにベツレヘムへ旅をした。一人の男がエジプトから行き、そして別の国から二人が行った。彼ら四人はみな、四つの星の出現は、イエスの誕生の予告であることを知っていた。

だから彼らはその星を見るとすぐに、その子供の探索を急いだ。その情報は、その星を認識した者は、それによって子供が生まれた場所へ導かれるだろうというものだった。その星は前方に動き続けて、旅人たちはそれについて行った。

その子供の探索のために出発したエジプトからの賢者は、まずヘロデ——イエスの時代の皇帝のところに来た。彼は皇帝に言った。「おそらくあなたは御存じないでしょうが、王者の中の王者がついに到着しました」。ヘロデはその男が「王者の中の王者」で何を意味しているのかわからなかった。彼は、いつか彼を破滅させる一人の敵が生まれたのだと考えた。そこで彼は、エルサレムで新しく生まれるすべての子供を殺すように命じた。そのニュースは、やがてマリアの元に届いたので彼女は逃げた。イエスは暗くて薄汚い馬小屋に潜む中で産まれた。

イエス誕生の物語は、仏陀やマハーヴィーラのものよりさらに重要だ。それはあなたが尋ねた質問「高次の魂を誕生させるために、どんな準備が必要ですか?」を具体的に説明している。イエスの魂は、誕生するための準備ができていた。ふさわしい母親は手に入れられたが、父親はだめだった。マリアにはイエスを誕生させる資格が与えられたが、彼女の夫はだめだった。だからイエスは処女の母親から生まれたと常に言われてきたのだ。この理由は、父親が不適切だったからだ。イエスは本当に処女の母親から生まれた。無身体の魂、キリスト教徒が聖霊と呼ぶものが、イエスの父親の身体に入らねばならなかった。イエスの父親を媒体として、もう一つの魂が彼のところに留まって存在した。その意味は、イエスの父親はいなかった、ただ彼の身体だけがあった、ということだ。

私は以前、シャンカラが別の身体に入った方法について話した。同じように、ある魂がマリアの夫の身体に入り、そしてイエスは生まれた。だから彼は、自分はイエスの誕生とは何の関係もない、と言えたのだ。彼には起こったことについての知識がなかった。彼に関する限り、マリアは処女だった。彼の目から見れば、その息子は処女マリアに生まれた。彼はずっと無意識だった。彼の身体は媒体として単に利用されただけだった。しかしキリスト教は、この点について明確ではない。そのためキリスト教の聖職者は、どうにかしてイエスは処女の母親から生まれたことを証明しようとした。しかし彼は、処女から生まれるための手段を知らない。彼は証明できない。

西洋でのイエスに関する最大の議論は、彼はどうやって処女から生まれたか、というものだった。それは非科学的なことだ。子供は処女から生まれることはない、というのが真実だ。しかしイエスは、その時彼の父親は意識的に居なかった——彼はただの媒体だったという意味で、処女から生まれたのだった。彼はイエスの誕生に、意識的に関与していなかった。彼は完全に気づいていなかった。彼は起こるべきこの現象のための、道具としての役目を果たしただけだった。

多くの優れた魂が誕生を望むことがしばしば起こるが、彼らは自分の受胎に適切な状況を、全く見つけられないでいる。今日、それはさらに難しくなっている。高次の魂が受胎するために優れた状態を作ることは、ほとんど不可能になってきている。それに関するすべての科学が失われてきたからだ。私たちが今日受胎と呼ぶものは、全く動物的だ——その後ろに科学はない。受胎の現象を充分考察してきた人は、その細部をすべて解き明かした。彼らは例えば、妊娠する正確で最も特徴的な瞬間を見つけるという観点から、最も精密な時間の計算について考慮してきた。どれほど多くの注意が、この現象に払われたかは計り知れない。

満月の日により多くの人々の気が狂い、新月の日には少ないという事実に、あなたは気づいていないかもしれない。科学は、これがなぜそうなのかについて、まだ完全に明らかではない。依然として満月は、私たちの精神状態に影響を及ぼすという事実のままだ。ちょうどそれが海に嵐をもたらすように、それは私たちの感情を興奮させ、狂気《ルナシィ》の高みへ引き上げる。狂人《ルナティック》という言葉は、月に影響された人という意味だ。ルナは月を意味する。そしてルナティックは気のふれた《ムーンストラック》人という意味だ。それが気が狂った人を意味するのは、月の影響を受けてきたからだ。

地球が毎瞬、毎時に、様々な力の影響をどう受けるのかについて研究する完全な科学がある。もし、これらのユニークな地球圏外の影響が及ぼす時間内に受胎が起こるなら、その結果は非常に意義深いものだろう。そして、もし受胎がこれらの瞬間内に起こらないなら、その結果はそれとは反対のものであり得る。占星術のすべては、まさに受胎の正確な瞬間を発見する目的のために、開発された。なぜなら特定の瞬間に作用している感応力だけが、お腹に宿った魂に関するいくつかの兆候を与えられるからだ。少なくとも、受胎の瞬間に隠された可能性のある大雑把な情報は得られる。毎秒、毎時間には独自の含意がある。

だから性行為に入る前に、その背後に瞑想の力が、長年の禁欲が必要になる。けれども心に留めておきなさい。ブラフマチャリヤ、禁欲についての私の理解は——それは抑制の成果でも抑圧のそれでもない。禁欲によって、それ自身でやって来るもの、自発的に起こるものを意味している。その時人は、祈りに満ちたハートを持って、招待を受け入れるようにと、純粋な魂に祈願することで性行為に入るかもしれない。多くの入手可能な魂があるだけでなく、彼らの間には子宮に入るための絶え間ない競走がある。

そこでこの状況において、もしあなたが特定の魂を招くことができるなら、それ以降の結果はよりはっきりと明らかになるだろう。また、そうした魂が妊娠される時、その幼児は九ヶ月間特定の心理的かつ霊的な環境の内に、子宮の中で成長する必要がある。例えば、マハーヴィーラの母親は非常に特別な条件の下に保護された。仏陀の母親もそうだった。仏陀の誕生の前になされた一つの予言は、彼は母親が立った姿勢でいる時に生まれるだろう、そして彼は家の中ではなく外で生まれるだろう、というものだった。それは全く奇妙なことだった。仏陀の母親が彼女の両親のところへ旅をしていた時、その途中で彼女はしばらく止まり、沙羅双樹の下に立った。そして仏陀は、大空の下で生まれた。

通常、幼児は夜の闇の中で生まれる。そして普通は、人々は暗い部屋でこそこそと、恐れと罪の感覚を持って愛を交わす。人々はセックスをまるで、それについて誰にも知られることなく、内密に行なわれる何らかの犯罪か罪のように見る。この種のセックスは明らかに、重大な結果を必ず引き起こす。愛を交わすためには、自由、開放性、純粋さが不可欠だ。
愛を交わしている時は、小さなものでさえ異なった結果をもたらす。例えば壁の色、部屋の明かり、香りのようなものが――。すべての科学はその周りに存在する。もし、子供の受胎の科学を利用できるなら、人類の完全な変容をもたらすことができる。

少しの物事でさえ違いを作る。今のところある科学者が、根本的変化をもたらす、小さな実験を続けている。彼は、妊婦の腹部を締める小さなベルトを考案した。それが起こったのは、かつてある女性が妊娠中に何らかの理由で、ベルトを身に付ける必要があったからだ――彼女は病気だった――しかしそれは、子供に奇妙な影響を引き起こした。ベルトが幼児の頭に押し付けられるとその子供は、非常に高い知能指数を持って生まれることが発見された。これは全くの偶然だった。子供の脳の、特定のセンターが圧迫されたのだ。

この出来事にならって、その科学者はより多くの実験を続けてきた。子供がそうした高い知性を自然に授かることがないとはいえない。それにすべての物事は、単なる偶然の一致だった。それでも、それ以降の実験は、もし圧迫が妊婦の腹部の特定の場所に当てられるなら、それは子供の知性に驚くべき変化を引き起こすことを証明した。

多くのアーサナ、身体の姿勢があるが、それらは特定のポイントに、必要な圧迫をもたらすことを意味している。同じ目的のために、多くの呼吸のテクニックがある。正しくはっきり発音される時、一定の圧迫をもたらす多くの言葉がある。これらのすべては子供の天性、健康、能力、潜在性が完全に現われるようにさせるのに役立つ。

今日まで人間は、誰もそうと知らずに、害悪を引き起こすための多くの方法を発見してきた。だが、人間の未来を築き上げ、豊かにできる発見に充分なエネルギーを注いでこなかった。しかしそれはすべて可能だ。女性が妊娠するとすぐに、彼女は子供が授かる才能の可能性を反映し始める。それは実際二重のプロセスだ。妊娠中、もし母親がいらいらしたり怒ったりしたら、子供は怒りの気質をもって生まれるだろう。同じように、もし怒りの性質を持つ魂が子宮に入ったら、そうでなければ決して怒らなかった女性は怒りを示し始めるだろう。これは本当に非常に注目すべきことだ。そしてこの事実から見て、妊娠中の子供の怒りを、種の時に正しく処理する実験ができる。

誕生は可能だが、まだ誕生できないでいる多くの魂がいる。それは非常に奇妙な状況だ。それは、何人かの人々に、学士(B・A・)に進級するための教育をするかもしれないが、大学院の勉学のための、あるいは研究のための追加の設備や便宜が何もない大学のようなものだ。その場合、多くの卒業生たちは、彼らが修士(M・A・)に向けて働きかけるための、あるいは更に研究をするためのいくつかの場所を、捜さなければならない。

私たちの住むこの世界は、何人かの人々の存在と知性を特定の項目に関してだけ発達させ、それから彼らを置き去りにする。それを超えると、彼らを更に助けるための手段がない。しかし系統的な備えは作ることができる。高次の魂がこの世界に彼らの道を見つけるかもしれないように、適切なタイプの可能性と条件を作ることができる。だから私に二、三の基本的な要点を、繰り返させてほしい。

まず第一に、私たちのセックスへのすべての態度は病的で危険だ。セックスの神聖さがこの世界で認識されない限り、私たちはますます人間に害を引き起こし続けるだろう。人が性行為に入るのに先立って瞑想的にならない限り、彼のセックスは動物のようなままだろう。それは決して人間的な質を持てない。そして二番目に、性的な関係に先立つ長い期間の禁欲がなければ、強力な精子の創造は不可能だ。それなくしては、強力な魂に誕生を与える可能性はない。

第三の質問

あなたは前に一度、もしクリシュナ、キリスト、仏陀、マハーヴィーラのような人々が次の五十年間に地球上に現われなければ、全人類は滅びるかもしれないと話しました。ヴィヴェーカーナンダが言ったように、あなたもこう話しました。

「私は究極の高次の魂を達成するための勇気を示すことができる、百人の個人を探している。もしそれが叶うなら、この国だけでなくすべての人類を救えるだろう。このため私は、いろいろな村で役に立ち得る人々の目を調べ続けている。私の側からは、あなたを内側へ連れて行く準備が完全にできている。私が死ぬ時に『私は百人の個人を探していたが、彼らを見つけられなかった』と言わねばならないのかを見てみよう。もしあなたに準備ができているなら、一緒に来なさい！」

「私は準備ができている」と「もしあなたに準備ができているなら」で、あなたが意味していることを、どうか説明していただけませんか？　私たちの側でどんな準備が必要なのか、そしてどのように自分自身を準備したらいいのかを、説明していただけますか？

あなたの準備の意味を、ちょっと説明させてほしい。私は、私自身の準備をしなければならない——あなたはもちろん、それとは何の関係もない。実際のところ、私はどんな準備も必要ない。私は準備ができている。

ではあなたの準備とは何か？　それに関わる三つのことがある。まず、過去数千年の間、私たちは問いかける者であるより、むしろ信じる者になってしまった。信じるマインドは問いかけるマインドの代わりとして、存在するようになった。私たちはすぐに信じる。私たちは決して探求し続けない。そしてこの世界で達成する価値があるものは何でも、問いかけることなしに、探求なしには達成され得ない。たとえ他のすべてが探求なしに達成が可能でも、その人自身の実存は探求なしでは達成されることはない。だからまず第一に、人は疑問に満ちたマインドを持つべきだ。最初の準備は、徹底的に探索するマインドを持つことだ。

あなたは、自分は問いかけていると、質問をしていると言うかもしれない。覚えておきなさい、それでも、あなたの問いかけは答えを探しているだけだ。私はそれらを問いかけているとは見なさない。質問は単に、答えを探すだけであってはいけない。それは体験を探し求めるべきだ。誰でもあなたに答えを与えられるが、体験を与えられる人はいない。

問いかけているように見える人々がいる。そして彼らの問いかけは宗教的に見える。表面上は彼らは尋ねている。「神は存在するのか？　解脱《モクシャ》は、魂の救済はあるのか？」。しかし彼らは、答えを求めているように見える。誰かが彼らにその答えを提供すべきだ——それがすべてだ。もしその探求が、ただ答えを見つけるためだけなら、遅かれ早かれその答えは信仰に変わるだろう。なぜなら質問者は、多くの手間をかける準備ができていないからだ。彼の関心は単に、自分が信じられる誰かに会わなければならない、ということだ。答えを提供できて、彼の好奇心を満足させられる誰かに——。

私は誰に対しても、答えを持っていない。答えを供給することには関心がない。もし私が質問に答えるという観点から少し話すとしたら、それはただ、質問者が全く逃げないようにするためだ。彼らにもう少し長く留まっていてほしいのは、私が彼らの答えを見つけるという願望を壊して、その代わりに体験を求めるという類の成長を助けるためだ。

人々は答えを持つ準備はできている。本当に知りたい人は一人もいない。答えは安っぽい。あなたはそれらを、本の中に見つけられる。グルたちはそれらを提供できる。答えを見つけることは全く知的なことだ。それは全面的に生きることとは何の関係もない。体験の探求が必要となる。体験のための徹底的な探求が要求される。一つの例えとして、ある物語を話してみよう。

チベットに、ミラレパと呼ばれた神秘家が生きていた。チベットの風習には、誰かがマスターに会いに行く時、まずマスターの周りを三回歩き回り、それから彼に七回平伏し、そしてマスターが彼を呼んで尋ねることを許すまで、うやうやしく隅に座っていなければならない、というものがあった。ミラレパは一直線にマスターのところに行って、彼の首を捕まえた。ミラレパはマスターの周りを三回歩き回ることもしなかったし、七回平伏すこともなく、隅で静かに座って彼が振り向くのを待ちもしなかった。彼は単にマスターを捕まえて、そして言った。

「あなたは私に何を言いたいのか、早く言ってください。なぜなら、自分が何を尋ねたいのかさえ知らないからです。私はこれくらいは知っています。私は何も知らないということを。もしあなたに言うべき何かがあるなら、それなら話してください！」

マスターは言った。「今もう少し待って、行儀よくしなさい。お前は質問を尋ねるための礼儀に気づいていないのか？　お前は自分がマスターの周りを三回歩き回ること、七回平伏すこと、そしてお前が呼ばれるまで、隅に座ることを要求されているのを知らないのか？」

ミラレパは言った。「私は後ですべてするつもりです。私に言ってください。三回歩き回ること、七回平伏すこと、そして礼儀正しく隅に座るというプロセスの中で、もし私が死ぬようなことがあるなら、誰がその責任を負うのでしょうか？　あなたが私の死の責任を負ってくれるのですか？　それとも私が責任を負うのですか？　もしあなたが、私がそれを全部している間は死なないだろう、と約束するなら、私は七回だけでなく七百回でも、喜んで歩き回ったり平伏したりします。まず私に答えてください。儀礼的行為は後で、暇な時にすればいいでしょう」

マスターは言った。「座りなさい。お前は体験を探求する者で、答えを求める者ではない。お前が私の周りを回らなかったのはいいことだ。なぜならその行為は、そうすることができる者だけに意味があるからだ。誰かが周りを回る時、わしは間違った者が来たことを知る。なぜならそれは、彼にはまだそうすべき時間があると示しているからだ」

だから私が探求者に求める最初の要素は、問いかけの要素だ。それは答えのためではなく体験のための探求、哲学を見つけるためではなく、その人自身の実存を発見するための探求、ただ単に知るためではなく、達成するために徹底的に探求することだ。それはただ達成するためでもなく、在るためのものだ。そこでこれが最初のことだ。

二番目は、普通何かを成し遂げようと試みる時、私たちは何かを失わねばならない、ということだ。この世界ではその見返りとして、何かを失うことなしには何も達成されない。しかしそれは真理を達成する場合は違う。たとえどれだけ多くの富を進んで寄付しようとも、真理は見つからないだろう。富を持つことでも失うことでも、真理を買うことはできない。ある人々はこう考える、多くのお金を得たら真理を買うつもりだ、と。もしお金を捨てるなら、真理が見つかるだろうと信じる人々がいる。しかし本質的に、両方のタイプの人々には、真理は富という手段によって買えるという考えがある。

真理は、お金を通しては見つけられない。実際、あなたが自分自身を手放す準備ができていない限り、その他に持っているものが何であろうと、それを捨てても真理に達することはできないだろう。真理はあなたが持つものを失うことによってではなく、ありのままのあなたが消えることによって発見され得る。それには、ありのままのあなた自身を失う勇気が必要だ。

だから二番目の要素については——あなたは消える準備ができているだろうか？　自分自身を進んで与えられるだろうか？　それは、何かを与えなければならない、ということではない。なぜなら真理は、あなたを持つことに関心があるからだ。あなた自身を与える準備で充分だ。その準備自体が、あなた自身を与えたようなものだ。いったんあなたがその準備を示したなら、問題は終わる。あなたはただ、消えるための準備が必要だ。それができない人は、決して偉大な旅に出られない。

人々は常に物を与える準備はできている。ある人は言う、「私は自分の家を放棄するつもりだ。自分の両親を、妻を、息子を、財産を放棄するつもりだ」。しかし誰も「私は自分自身を放棄するつもりだ」とは言わない。自分自身を手放す準備を示さない限り、人は真理を見つける道を前進できない。

問題は――あなたが放棄できるという妻は、本当にあなたのものなのだろうか？　どんな夫も決して、自分の妻に要求を突きつけられない。彼女が彼の所有物ではないことは、一日のすべての時間で彼に対して明らかになる。だからもし、そもそもあなたのものでは決してなかった物を放棄していても、ただ単に自分自身を欺いているということだ。欺いているあなたとは、本当に何様なのだろうか？　あなたがそれを引き渡すと、実によく話しているあなたの財産は、本当にあなたのものなのだろうか？　実際、あなたは自分自身を除いて、自分であるものを除いて、自分のものと呼べるものは何も持っていない。何と奇妙なことだろう！　あなたは自分のものではないもののすべてを放棄することを話し続ける一方で、本当にあなたのものであるものを、手放すことには決して言及さえしない！　これでは何にもならない。

そこで私が求める二番目は、自分自身を手放すための勇気だ。そしてあなたの準備に関してあなたに期待される三番目は、無限に待つこと、無限の忍耐だ。実際この旅は、誰にとっても即時の結果を求めることは、ある種の子供っぽさのようなものだ。即時には達成できない、ということはない――それは可能だ。だが、ただ即時の要求を持たない状態でなければならない。「いつでもそれが在るべき時に在らしめよう。私にとってそれはオーケーだ。私は喜んで待つ」と彼が言う状態にいることだ。

だから忍耐が必要だ。それが今日の世界に絶対的に欠けている要素だ。この忍耐の欠如より他に宗教の堕落の理由はない。忍耐は宗教のまさに根本だ。忍耐強い人だけが、宗教的であることができる。宗教を除く他のすべては、具体的で知覚できる。宗教は全く目に見えない。あなたはそれに触れることはできない。それを金庫にしまい込むことはできない。それはあなたの預金残高にはなり得ない。貴重品保管室の中にそれを入れ、家に帰って心配せずに眠る、ということはできない。宗教とは、人が忍耐強くそれを追い求める準備がなければ、探求に入れないものだ。

宗教に関する最大の問題は、少しずつ達成されるものではないということだ。今日は一インチ、明日は二インチと――人がいくらかの希望を持って生きられるように、ではない。せっかちな人でさえ、もし今日一ルピーを稼いだなら、明日は二ルピーを稼げる、あるいはその次の日には四ルピーを、という希望を持っている。もしこうした金儲けを続けるなら、当然いつか数百万ルピーを稼ぐことができる。

違う、宗教は即時に達成されるか少しも達成されないか、のどちらかだ。その中間に段階はない――あなたはそれを部分的に見つけることはない。あなたがそれを達成する日、それは瞬時に来る――それはあなたの上で爆発する。あなたが一つの瞬間にそれを達成しない限り、何も起こらない。その時まで、あなたは完全な暗闇の中に残る。暗闇のその瞬間に、忍耐のない人は直ぐに入手できる何かを探し始める。周辺にあって、直ぐに入手しやすい岩や小石を集め始める。彼らはお金、名声等々を求め始める。長い間待つことなく成し遂げられるもの、すぐ間近にあるように見えるものをだ。世俗的なものに関しては、一つの長所がある。あなたはそれらを断片的に、分割払いで得られる。宗教は、分割払いで見つけることはできない。

そこで三番目の要素は待つこと――無限に待つことだ。しかし待つことは非常に難しい。なぜならマインドはこう言うからだ。「私が達成するかしないかなど、誰にわかるだろうか？　おそらく私は無駄に待っているのだろう。たぶんそれは既に手遅れだ。それはあきらめるべき時だ。私がこれまで浪費してきた時間は、よりましに使用することができた――何らかの具体的な獲得を追い求めることに、実体のある達成に向けて働きかけることに。私は何もないもののために、そのすべてを取り逃してしまった」。こうした性急なマインドは、決して自由になれない。

実際、性急さと平和との間や、性急さと平静さとの間には何の接点もない。平和と性急さは同行できない。性急さは休まないことを意味する。性急さは興奮を、動揺を意味する。そのようなマインドは必ず取り逃す。

忍耐とは、まるで海が静まり返ったような状態のことだ。たった一つのさざ波もなく、まさに鏡のように――興味深いのは、月が常に上方で輝いていることだ――もし海が静まり返って鏡のようになるなら、まさにこの瞬間に、反映した月を捕まえられるだろう。しかし動揺した海は波で一杯になり、月を捕まえることはできない。

真理は常に存在している。神は近くに、私たちの周りのすべてに、ここと今にいる。しかし私たちの性急なマインド――それは不安定で、休むことなく波立っている――は、神に関するどんな理解力をも持つことにも失敗する。神はそこには反映しない。それは鏡になり損なうからだ。待つことはマインドを鏡に変える。そして人が鏡になる日、彼はまさにその瞬間に、あらゆるものを達成する……それはあらゆるものが常に存在していたからだ。ただあなたが、鏡として存在していなかっただけだ。ひとたびあなたが鏡のように存在するなら、在るものすべて、これまで在ったものすべては、直ぐに反映される。

だからあなたは、これら三つの条件を満たす必要がある。ひとたびそれが満たされるなら、事は片付く。休息は非常に簡単に起こるだろう。まさに今ある困難とは、あなたが手を開いて立っていて、その一方で私は水の入った水差しを持っていて、私があなたに手を合わせて、その手のひらで碗のような形にするように求めることだ。私がそこに水を注ぐかもしれないために――。いったんあなたの手が碗の形を作るなら、あなたが少し落ち着いたなら、あなたが一瞬でさえ地に足を着けるようになったなら、その水を注ぐことができる。しかし、私が水を注いでいる、と思ってはいけない――あなたの手が碗の形を作るやいなや、水はただそこに流れる。私はそれの目撃者以上の何者でもない。目撃者として、私はただ単にこう言えるのだ。「そうだ、この人が本当に自分の手のひらを合わせると、水がそこに注がれるという現象が起こった」

これが真の伝授の意味だ。どうしたら、別の人に伝授できるのだろう？　人は常に、神からだけ伝授を受ける。もちろん、少し前方へ進んだ人が手を本当に合わせて碗のようにすれば、伝授が起こるのを証言できる、というくらいはあり得る。だから私の側からでは、どんな特別な準備も必要ない。もしあなたの準備が完璧なら、その時私はそれの目撃者でいることができる。

そこで私はあなたの準備のために、三つの経文を与えた。それらについて考えてはいけない。それらを生きようとしなさい。するとそれらは、たちまちあなたの手中にある。考えると、あなたは失う。考えると、あなたは取り逃がす。少しの思考でさえ本当に失われる。だから考えてはいけない。これらの三つの経文を理解して、あなた自身の内側で探求しなさい。もし答えに対するどんな欲求でも内側に潜んでいるなら、それを見て調べなさい。体験を探求することに注意を払いなさい。あなたが、神はこの世界を創造したかどうかという、観念の周りに構築されるどんな知的な理論も、探していないことを確認しなさい。もし神が世界を創造したとして、それがどうしたというのだ？もし彼が創造しなかったなら、その問題はどうなるのだ？

だから自分自身に問いかけなさい、「私は本当に体験を求めているのだろうか？」と。この点をあなたの内側で明確にさせなさい。

もしあなたが体験を求めていないのなら、それはオーケーだ。しかしその時は、あなたの唯一の関心は体験ではなく答えを持つことだ、と明らかにすべきだ。その明瞭性とともに、正直さがあなたの中に現われるだろう。その時は少なくとも、体験することを気にする必要はない――あなたは答えに従い、それとともに終わるだろう。覚えておきなさい。あなたはただ、答えを求めているだけだという事実のまさに承認が、直ちにあなたの探求は無駄であると、あなたに実感させるだろう。なぜなら結局のところ、言葉が与えた答えであなたは何をするつもりなのだろうか？

言葉はあなたの空腹を満たすこともないし、あなたの渇きを癒すこともない――言葉は何の役にも立たない。もしあなたが川を渡りたいなら、あなたには本物の舟が必要だ――辞書に記載されている舟という言葉には、どんな使い道もない。もしあなたが、川の向こう側へあなたを乗せる船として、舟という言葉が記載された辞書をそのために使おうとするなら、その辞書もあなたも溺れるだろう。そして川は、ただただあなたの愚かさを笑うだろう。川はこう言うだろう。

「もしあなたが本当に本に載っている舟という言葉の助けを借りて渡りたいなら、あなたは本に記載された川を渡るべきだ！　あなたは本物の川を渡るために、本に載っている舟を持って来るべきではない。あなたは本にある舟と同様に、川も引っ張ってくるべきだ。それは役立つだろう」

もしあなたが答えを探しているなら、本は充分良いものだ。その時あなたは、生で何もする必要はない。しかしもしあなたが、これについてはっきりするようになると、本はすぐにあなたを退屈させ始めるだろう。それだけでなく、遅かれ早かれ言葉は価値が無いように思え、すべての理論と教義はゴミのように見える。あなたはすべての経典の重荷を捨てたくなり、そして体験の探求が始まるだろう。

しかし、まずそれをあなた自身の内側ではっきりさせる事が必要だ。「私は正確に何を探しているのだ？　これはただのおもしろ半分なのか、単に好奇心からなのか、それともそれはムムクシャ(*mumuksha*)なのか？」。ムムクシャとは、体験への熱い欲求、探求を意味する。

はっきりさせる必要がある二番目のことは、「手放すために、私はどんな準備ができているだろうか？」だ。もし神があなたの前に立って「私はあなたが来るための準備ができている。私はあなたのものであるための準備ができている。あなたはお返しに、私に何を与えられるだろう？」と言うことがあるなら、おそらくあなたは自分のポケットを感じ始めるだろう――たいていの人々はそうする。あなたはルピーを数え始めて、五ルピーを与えるべきか、それとも十ルピーか、それともすべて与えるべきかどうかを計算し始める。それとも他の何を与えるだろう？　そのような瞬間に、あなたは自分自身を与えられるだろうか？　あなたは神にこう言えるだろうか？

「私は自分自身を提供します。自分自身を除いて、他に何が私にあるでしょうか？」

もしこれが、あなたに明らかになるなら、その時二番目の経文「私は自分自身を与える準備ができている」は、あなたの生を変える助けになるだろう。この準備が、一つの明晰さとして単純に訪れるべきだ――それがすべてだ。次のことを、あなたにはっきりさせる必要がある。それは「その時が来るなら、私は進んで自分自身を与えよう。私はそれをしくじることはない。私は『少し待ってくれ。まず私の家族とこれについて話し合いをさせてくれ。私の友人の意見を聞かせてくれ。どうしたら、自分自身を全く正しく与えることができるだろうか？　どうか数日待ってほしい。私の息子をまず結婚させてほしい』と言うつもりはない」ということだ。

その要点は、その時が来る時、あなたはほんのわずかな躊躇いもなしに、自分自身を賭けられる、ということが明らかに明確になるべきだ、ということだ。

宗教より大きなギャンブルはない。他のすべての賭けは本質的に非常に小さい。他の賭けでは、あなたは賭けをして何かに勝ったり負けたりするが、あなたは常に外側に留まる。宗教の場合、あなたはあなた自身の自己を賭ける。そこには、勝つか負けるかという問題はない。なぜならあなたが自分自身を賭ける時、誰が勝とうとしたり負けようとしたりするのだろう？　今は、あなたがその賭けなのだ。今や勝つか負けるかという道はない。今やあなたは去っている。だからこれをあなたに明らかにさせなさい。

そして、あなたが自分自身にはっきりさせる必要がある三番目のことは、永遠の探求を始める時、子供っぽい性急さは何にもならない、ということだ。あなたには無限の忍耐が必要になる。そして無限の忍耐を持つ準備ができている人は――彼は、今とここに達する。だからこれらの三つのことを、あなたの心の中で明らかにさせなさい。すると、準備することは自然に起こるだろう。

あなたが話してきたことで……最初の条件は、人は探求心と憧れを持つべきだ、ということだ。

そしてあなたが言う二番目のことは、進んで手放すことだ。しかし探求心がある限り、そこに疑いがある限り、どうやって人は完全に手放せるだろう？　実際のところ、あなたの探求が終わる日は、もはや疑いがない。これは非常に興味深く、それを見るのは良いことだろう。

人はいつ疑うのだろう？　覚えておきなさい、疑うことは問いかけることではない。実は、何かを信じる人だけが、何らかの信じる心を抱えている人だけが疑う。信じる彼だけが疑うことができるが、信じる心を持たない人は、どうやって疑えるだろう？　彼は誰を疑うのだろう？　彼はどうやって疑うことができるだろう？　問いかけがあるところでは、疑いも信じる心もない。なぜなら疑いは、ただ人が何かを信じている時にだけ起こるからだ。疑いは、以前に信じられていたものに対して現われる。例えばある人は、神の存在を疑っていると言う。これは、彼が前に神の存在について何らかの信じる心があったに違いない、という意味だ。そうでなければ、どうやって彼はそれを疑うことができただろう？

いや、探求者はどんな疑いも持たないし、どんな信じる心も持たない。探求者は言う。

「私は何も知らない。どうやって疑うことができるだろう？　どうやって信じられるだろう？」

探求者は不信者ではない。探求者の心にはどんな疑いもない。なぜなら探求者の心は、どんな信じることからも自由だからだ。信じる心がないところには、疑いもない。そのため面白いことに、これらの信じる人たちは、みんな彼ら自身の内側に疑いを持っている。そして自分は強く信じていると言う人は、彼の内側に同等の強い疑いが存在している。その強い疑いを抑圧するために、そのかわいそうな者は、強く信じなければならない。疑いは内側でしっかりと定着していて、それが外へ出ようとする時、それと同等に強い彼の信じる心がそれを抑圧する。彼は目を閉じて「ラーマ、ラーマ」と繰り返す。疑いを内側に深く埋められるように、信じることが断固としたままでいるように。しかし問題がある。その断固とした信じることは、何に対してなのか？　自分自身に対してなのか？　それなら内側に疑いがあるのは確かだ。

実際、探求や問うことが終わる時、そこには信じることも疑いもない。ただ問うことだけが残る。人はただ単に知りたい、それは何か？と。人が「それは何か？」と尋ねる時、そこにはどんな信じることもどんな疑いもない。私の言うことがわかるかな？

そう、問うことは非常に純粋なことだ。それは疑いから自由なだけではない。それは信じることからも自由だ。問うことは心の最も純粋な状態だ。その中に疑いの波が上昇するのは見つからないだろうし、それは信じるという支えの内に含まれているのでもない。両方とも欠けている。そのため問うことは心の最も純粋な状態なのだ。そこには問うこと以外の何もない。それはほとんど汚染されていない状態だ。これよりも浄化された状態は他にはない。他の状態においては他の何かがそれに加えられる。

だから、私が先ほど言ったように、問いかけが終わる日には、他のことも簡単に処理されるだろう。究極の探求を始める時、あなたは賭けるものは何かをはっきり理解するようになるからだ。あなたはその進路上で、何かを差し出す必要があるのを知るようになるだろう。代償なしの探求はない。その道で各々の歩を進めるためには、人は歩まねばならない。自分自身を賭けに差し出さなければならない。あなたが登る梯子のすべての段は、あなたの血圧を増やすだろう。その道での小さな一歩にさえ、その含意がある。この世界では、探したいものには何でも値札がついている。もし究極の探求の、世界の重要な神秘を解き明かす、真理を見つける、神を見つける途中にいるなら、その時には問題がある。私たちは、賭けに何を差し出すつもりなのだろう？

問いかけがその終局に来た人は、彼自身を除いて自分が賭けられるものは他に何もないのが、はっきりわかるだろう。提出するために彼が持っているすべては、彼自身だ。彼はそれ以上の何も持っていない。問いかけがその終局に来た人は、彼の賭けもまた全面的《トータル》だ。なぜなら全面的な問いかけは、生半可な賭けにできないからだ。生半可な賭けは、少しの疑いがあれば可能だ。例えば、ギャンブラーはたとえ自分のポケットに十ルピーを持っていても、五ルピーを賭ける。彼は疑いを抱いている。そうでなければ、十ルピーすべてを賭けただろう。彼が五ルピーだけを賭けるのは、どんな結果が来るのかが確かではないからだ。彼は疑いを抱いているが、確信もしている——両方が存在する。彼の内側の不信者は、失うかもしれないという恐れを作る。信じる者がそこで彼に先へ進めと言うことも正しい。そこでギャンブラーは妥協を見つける——彼は五ルピーを賭ける。彼は中間を行き、とにかく残っている五ルピーを守る。

だが、もしそこに疑いも信じることもないなら、もし心《マインド》が全面的で分割されていないなら、賭けは全面的だ。その時人は完全に、その進路上に自分自身を差し出すことができる。そして問いかけが完全で賭けが全面的である時、人は永遠の忍耐のための準備ができている。なぜなら究極を見つけるためには、性急でいることはできないし、私たちがつまらない事柄をするのと同じやり方でそれに取りかかることはできないからだ。

だから私が話してきた三つの段階は、深くお互いに連結されている。もしあなたが一番目を完全なものにするなら、あなたは二番目に達する。もし二番目を完全なものにするなら、あなたは三番目に到着する。三つはすべて、必ずお互いに関わり合っている。

第八章

真如《タタータ》の修行

Discipline of Suchness

最初の質問

あなたは以前にこう話しました。「もし探求者が実験で、自分は死にたいという強烈な決意をするなら、それは自分自身の中心に戻りたいということだ。数日中に彼の生命エネルギーは内側から収縮し始め、探求者はまず内側から、そして外側から自分の身体が死んでいるように見ることができる。その結果、死の恐怖は永遠に消える」と。そこで質問ですが、この状態で微細身《サブトルボディ》が肉体に安全に戻れるために、人はどんな特別な準備を、あるいはどんな特別な用心をする必要があるのですか？　それとも、微細身が戻るのは自力で起こるのでしょうか？　どうか説明してください。

いろんな意味において、人間は本質的にマインドを通して生きる。私たちが何かを物質的な出来事として知覚する時でさえ、実はそれが、結局は心理的な現象だとわかる。すべての身体的な表れは、マインドの中にその根源を持つ。この点について少し説明しよう。それならこの質問を理解するのは簡単になるだろう。

五十年前（一九七〇年当時より）まで、すべての人間の病気は、身体の病気として扱われていた。過去五十年間、病気について学べば学ぶほど、心理的な病気の割合が増加してきたのに比べて、身体的な病気の割合は減少してきた。今や最も偉大な心理学者でさえ、人間のすべての病いの五十パーセント以上は心理的なものだ、と認める準備ができている。それでなくても、身体的なものと思われていた病気の半分以上は、マインドによるものだ。マインドは人間の実存の、彼の存在のまさに土台だ。それは私たちの生の源泉、病気の源泉、そして私たちの死のまさに源泉だ。だから、とても多くの重要性が意志に与えられる。

もし催眠の実験を目撃したことがあるなら、心に留めておく価値があるものが少しある。催眠をかけられた人とは、単に意識的なマインドが眠っている人であり、無意識のマインドが目覚めている人だ。意識的なマインドが眠る時、その人は疑うことを止める。なぜなら、すべての疑いや懸念は意識的なマインドに限られているからだ。

もし人間のマインドを十の部分に分けるなら、その一つが意識的であるのに比べて、残りの九つは無意識であるのが明らかになるだろう。九つの部分は暗い無意識の中にある。ほんの小さな一片──マインドの十分の一だけが目覚めている。疑い、思考、思案はこの意識的なマインドのことだ。もし、この意識的なマインドが眠れば、その下に残っている九つの部分は、完全に受け入れやすいままになる。そこではどんな質問も尋ねられないし、どんな疑いも生じない。

催眠状態では、疑うマインドは眠りにつき、受容的で疑わないマインドが有効になる。その状態で、もし催眠をかけられた人の手に石の小さな破片を置いて、それは熱い石炭だと彼に言うなら、彼はまるで手が火傷をしたかのような痛みを感じて、叫ぶだろう。彼はすぐに、その石を投げ捨てるだろう——本物の熱い石炭が、彼の手に置かれた時にそうするように——。

この時点まで人は、それは彼のマインドの単なる考えが引き起こしたのに違いない、と思うかもしれない。しかし驚くべきことは、水ぶくれが彼の手に現われることだ——もし、熱い石炭がそこに置かれたら起こったような同じことが——。だから見たところでは、あなたが普通の石の破片を置いたとしても、その人のマインドは、それは熱い石炭であるというあなたの言葉を、全面的に受け入れたのだ。そして、身体にはマインドを否定する手段がない。だから身体はマインドに応じて振る舞う。よく覚えておきなさい。もしマインドが全面的に受け入れたら、身体はそれに従わざるを得ない。

この逆の実験もある。それは、さらにもっと驚くべきことだ。催眠をかけられた人の手に燃えさしを置いて、彼にそれはただの冷たい小石だと言えばいい。その人は、その燃えさしを持ち続けるだろうし、それでも彼の手には少しの水ぶくれも現われないだろう。マインドの許可がなければ、身体は何をするにも無力だ。

だから、ファキールは火の上を裸足で踊れるのだ——そこには何の奇跡もない。それはマインドの科学における、ほんの小さな実験だ。火の上で踊る十人のファキールたちがいる。彼らは自分たちに加わるように、公然と誰でも誘う。だからどんなごまかしの問題もない。あなたは彼らと一緒に踊るように歓迎されている。しかしそれが可能なのは、あなたがこの十人を見守ることで、火が彼らに影響を及ぼしていないのを、完全に確信する時だけだ。いったんあなたが、彼らが火傷をしないのなら自分もしないと確信すれば、あなたは催眠をかけられた人と同じ状態に達する。その状態では、あなたのマインドの一つの部分は疑っていないし、九つの部分は信じている——今やあなたは、火の中に飛び込むことができる。あなたの足は火傷をしないだろう。何らかの疑いがある人は飛び込まないが、疑いのない人は飛び込む。これが意味することは、もしマインドが火傷することに開いていないなら、火でさえあなたを火傷させることはできないし、もしマインドに火傷するための準備ができているなら、冷たい状態でさえ火傷の原因になり得る、ということだ。

催眠の実験は、マインドに関する非常に深遠な真実を見せる。例えば、私はかつて一人の少女に催眠の実験を施したことがあった。私は彼女の家の客だった。私たちはある部屋の中に座っていて、みんなで十人だった。その少女、私自身、そして彼女の母親を含めた他の八人は、彼女のちょうど真向かいに着席した。

その少女に催眠をかけた時、私は彼女に、母親は部屋から出て行ったと言った。それから私は、彼女に目を開けて部屋の中にいる人数を数えるように要求した。彼女にとってソファーに座っていた母親は存在しなかったため、彼女は九人と数えた。私が彼女に、ソファーに座っているのは誰かと数回尋ねたら、彼女の答えは「そのソファーは空です」だった。彼女の母親は、彼女を大声で呼んだ。彼女は部屋を見回した――彼女の母親が座っていたソファーを除いて――母親の声がどこから来たのかを見るために。彼女に関する限り、母親はソファーに着席していなかった。

もう一度、私は彼女に目を閉じるように求め、彼女の父親――彼は部屋にはいなかった――が来て、彼女の向かいのソファーに座った、と言った。それから私は、彼女に目を開けて部屋の中の人数を数えるように要求した。彼女は十人と数えた。私は尋ねた。「あなたは先ほど、あなたの向かいにあるソファーは空だと言った。なぜ、今それを数えているのだね?」。彼女は言った。「そのソファーは空ではありません。父がそこに座っています」。実際にソファーに座っていた彼女の母親は、彼女にとって存在しなかった。しかし、部屋にさえいなかった父親については――彼女は彼を数えた。彼女のマインドは、私の言葉を全面的に受け入れていた。

堅固なマインドは驚くべき可能性を保つ。人生で多くの敗北に直面する人にとっては、その事情よりもはるかに、彼らのマインドにその敗北を受け入れる用意がある、というところに原因がある。世界それ自体は、人々が出会う失敗とはほとんど関係がない――その原因の九十パーセントはその人々自身にある。人が失敗に遭遇するための準備が九十パーセントできている時に、もし世界がそれに十パーセントさえも協力しなかったなら、それは少しあんまりだっただろう。世界は十パーセントの貢献をする。

失敗を経験する人に適用する同じ原則は、成功を成し遂げ続ける人にも適用する。健康な人とたいてい病気のままでいる人、平安でいる人と途切れなく落ち着かない人――すべては同じ原則に基づいている。実は、あなたがそうありたいものは何であれ、それになるということだ。思考は対象物になる。思考は出来事になる。思考はあなたの人格を作る。本質的に私たちだけが、自分たちの生きる方法とレベルに責任がある。私たちだけが、自分たちの生きる生の基礎を作る。いったんこの真理が理解されたら、私があなたに説明していることが明らかになるだろう。

私は既にあなたに話してきた。自発的に死の中に入らない限り、死の恐怖から自由であることはできないと。もちろんいつか死は来るが、その時あなたは自発的にその中に入るのではない――あなたはやむをえず、それに直面する。どこかへ行くことを強いられた時、あなたは目を閉じて無意識になりかねない。もしあなたが完全に意識的なら、何かを強いられることはあり得ない。人はそうした強制的な状態にいる必要はない。自発的に死ぬことで、人は生きている間でさえ死を見ることができる。そのような死を見守ることは魅惑的な体験だ――普通の死の体験よりも、はるかに魅惑的だ。なぜならこの死は、あなた自身の自由な意志のものに見えるからだ。それでもあなたはこう尋ねるかもしれない。

「どうしたら自発的に死ぬことができて、死を見ることができるのですか？」

これも理解される必要がある。

二種類の機構《メカニズム》があなたの生の中で、あなたの身体で働いている――一つは自由意志であり、もう一つは不随意だ。意志を用いてのみ動く部分が、あなたの身体にいくつかある。例えば、私の手はただ私が動かしたい時にだけ動く。もし私が動かしたくないなら、それは動かない。しかしこの手の内部の血は、私の欲求で流れるのではない。私が流れてほしくないと思っても、それは流れ続ける。だから血の働きは不随意だ。同じことが私の心臓の鼓動、脈拍、胃の中での食べ物の消化の場合に言える。これらの機能のどれも、私の命令に従ってはいない。それらは不随意だ。

だから私たちの生物学的有機体は、二つの部分から成る。私たちの欲求に従って働くものと、私たちの欲求に依存しないで働く別のものだ。それでも、もし彼の意志力が増大すれば、今は欲求の範囲の外部にあるものが、欲求の一部になるだろう。同様に、もし意志力が減少するなら、今彼の欲求が届く範囲内にはもはや何もない。麻痺状態がそのいい例だ。

すべての麻痺の七十パーセント以上の事例は、本質的に心理的なものだ。実際、それは人が麻痺に襲われているのではない。ただ彼の足が、例えば彼の意志力の支配を超えているというだけだ。こう言うことさえ正しくない。どうやって足が、人の支配から外れるのだろうか？　正しく言うと、彼の意志力が及ぶ範囲、あるいは視野が狭くなっているということだ。そうした人の意志は、縮み上がっているという意味だ。まるで人の足が、縮まった毛布の下からはみ出ているようなものだ。その足は毛布の届く範囲を超えたままだ。同じように、麻痺した人の意志力は縮んでいて、その手足の制御を失っている。

それは何度も起こってきた。例えば、一度夜に家が火事になって、中にいた人々が外に飛び出すことがあった。しかし彼らは突然、長年麻痺して病気だった老人が、置き去りにされていたことを思い出した。その男を救う方法を見つける前に、彼らは家から走って出てくる彼を見た。彼らはショックを受けて、ぎょっとした。彼らは火事の事すべてを忘れて、彼に尋ねた。

「どうやって出てきたのだ？ どうやってうまく歩いたのだ？」。彼がどうやってうまく歩いたのかを彼らが尋ねた瞬間、その男は言った。「冗談を言っているのか？ どうやったら俺が歩けるというのだ？」。そして彼は倒れた。

火事によるストレスと恐怖で、その男の意志力の外周は、より大きく成長した——その足は毛布の届く範囲内に来た——そしてその男は外へ歩いた。外へ出てから、彼は突然気づいた。彼は本当にどうやって、外へ歩けたのだ？ そして彼の意志力の範囲はもう一度狭くなり、その足はもう一度毛布の下から出た！

脈拍数は、自主的管理下に置くことができる。これはヨーギだけの妙技ではない——あなたにもできる。それは非常に小さな実験だ。ちょっとあなたの脈拍数を測ってごらん。それから目を閉じて、あなたの脈がより速く打っていると単純に感じてみる。十分後に目を開け、確認してごらん。もしこの実験をしても脈拍数が増えない人には、めったに出会わないだろう。だから、医者があなたの脈を測る時、それは決して同じではない。彼があなたに触れる瞬間、あなたはわずかに不安になる。それが脈拍数を増やす原因になる。もしあなたが女医に検査されたら、これはさらに真実になる！

心臓の鼓動も制御できる――ほとんどそれを止めるところにまで。こうした効果に対する科学的実験が行なわれ、その事実は受け入れられてきた。約四十年前（一九七〇年より）、ブラフマヨーギという名の男が、自分の心臓の鼓動を完全に止めたことで、ボンベイ医科大学の医者たちの度胆を抜いた。彼はオックスフォード大学で、そして後ほどカルカッタ大学でも同じ行為を繰り返した。

この男は三つのことができた。一つ目は、血液の循環を完全に止めることができた――彼はそれを止めただけでなく、その流れを制御することもできた。彼は意のままにそれを流れさせたり、その動きを引き止めることができた。彼がその循環を止めた時は、静脈が切られた時でさえ一滴の血も出てこなかった。彼ができた三番目のことは、どんな種類の毒も飲み込み、それを自分の胃の中に三十分間保留し、その後それを自分の組織から投げ出すことだった。それでもこの実験は、結局後ほど彼の死の原因になった。

毒がまだ彼の胃の中にある間に、多くのX線写真が撮影された。胃液や血が吐き出されて、毒と混り合うことはなかった。彼が混合させない限り、それらは分離したままだった。その男はラングーンで死んだ。ラングーン大学で毒を飲み込む行為を実施した後、彼は車で家まで送られた。その車は事故に遭い、彼が家に到着する頃には、毒を飲んでから四十五分が過ぎていた。彼は毒の混入を、せいぜい三十分は保留できた。だから彼は気を失って家に到着した。彼は自分の意志力が及ぶ三十分間は、その毒を何とか保つことができた――彼の実践は三十分だけに限られていたので、それは限界を越えていた。次の十五分間に毒は彼の意志の限界に侵入して、彼の内部組織と混じり合った。

身体の中で、私たちの意志力の内側へ持って来れない部分はない。この力の外へ出て行けない部分もない。両方の事は起こり得る。自発的に死に入ることは、より深い実験だ。それは、自分の生命エネルギーを意のままに縮小させる実験だ。覚えておく必要があるものとは――もし意志が全面的に適用されるなら、エネルギーは必ず内側に縮小する。それ以外はあり得ない。

実際、生命エネルギーが外に広がる方法は、私たちの意志の結果でもある。例えば、私たちは自分に目があるから見えると思っている。科学者たちによると、その反対が原因だ。私たちが自分の身体のこの部分を通して見たいから、目はそこに現われたのだ。そうでなければ、私たちの目の皮膚と手のそれとの間には、基本的に何の違いもない。目も皮膚で形成されている。それが透明になっただけのことだ。眼の皮膚を透明にさせた同じ原理が、鼻の皮膚を匂いに対して敏感にさせた。同じ皮膚は鼻にある。ただそれが、匂いを嗅ぐことを専門に扱うようになったことを除いて――。私たちの耳に関する場合も同様だ。それらが音を聴く能力になったことを除いて――。

このすべては、私たちの意志の影響ゆえに起こった――集団的な意志が、何百万年もの年月に渡って主張した。個人の意志の結果として起こったのではない。同じ意志が、世代から世代へと実行され、結果を示した。

自分の指で読むことのできる女性がロシアにいる——盲人のための言語、点字ではない——彼女はどんな普通の本でも読む。目を閉じて、ただ彼女の指を印刷された文字の上に置くことによって。生涯に渡る実践の結果、彼女の指はとても敏感になったので、それは印刷物と空白の紙との微小な違いを見つけることができる。私たちの指は、それほど敏感ではない。

木を見る時、私たちは単に緑色を見るだけだ。一方、画家の目は、無数の方法で混ざり合った色合いの緑を持つ無数の緑の木を見る。だから普通の人にとって、緑は単なる一色であるのに反して、画家の目では緑色は一つではなく同種の多くの色になる。彼にとって一つの緑色と別の緑色との違いは、それが緑色と黄色、あるいは緑色と赤色の違いと同じくらい明白だ。それでも、人がそのような素晴らしい色合いを見るためには、特定の種類の感受性が必要になる。明らかに、人々は通常そのような感受性を所有していない。

音楽家は音楽の中に、私たちには感じ取れない微妙なニュアンスを感じ取れる。彼はそのニュアンスを感じ取れるだけでなく、二つの音符の間の隙間、空の状態を表現し始めさえする。本当の音楽は音から生まれるのではなく、むしろそれは音の間に存在する沈黙の瞬間から生じる。どちら側の音符も、単にその沈黙を作り出すための仕事をするだけだ。それがすべてだ。しかし人々は、この沈黙に関しては何もわからない。彼らにとって、音楽は雑音に過ぎない。

熟達した音楽家にとって、歌詞、あるいは音符は音楽に直接関わるものではない。彼にとって楽譜は、単にその間に存在する無音の状態を強調する目的にかなうものだ。そのように、絶え間なく実践するものは何であれ、持続的に決心するものは何であれ、表に現われ始めて結果を示す。


人間、鳥、動物、植物が生きる方法は、彼らの意志によって決定される。私たちが深く決意するものは、何であれ私たちがそうなるものだ。ラーマクリシュナの生に重要な物語がある。ラーマクリシュナはその生で、異なる宗教の六つか七つの霊的な修行を実践してきた。彼は、もしすべての宗教が同じところに導くのなら、それらの技法に従ってこの真実を確かめていいのではないか？と感じた。そこで彼はキリスト教徒、スーフィー、ヴィシュヌ崇拝者、シヴァ崇拝者、タントリカ等々の修行を経験した。彼が手に入れられたものは何でも、彼は試した。

それでも、彼が何をしていたのか誰も知らなかった。なぜならこれらの修行は、内面で実践されたからだ。外見上は、ラーマクリシュナに何が起こっていたのか、誰も知ることはできなかった。例えば、彼がスーフィーの修行に従っていた時、彼の内側で何が起こっていたかを、人はどうやって外側から理解できるだろうか？　そして彼自身、自分が没頭していたものについて、一言も決して言わなかった。それにも関わらず、これらを実践するうちに彼は特定の修行を終了した。それは彼に何が起こっていたのか、外側の人々でさえ見逃せなかったほどの、驚くべき結果を生み出したものだった。

ベンガルにサクヒ・サムプラダヤと呼ばれた宗派があった。この宗派では、探求者は自分がクリシュナの愛人か妻であると思っている。彼はクリシュナのガールフレンドのように生き始める。探求者が男性か女性かは問題ではない。この宗派の信者たちにとって、クリシュナは唯一の男性だ。探求者は彼の愛人、彼のラーダ、彼のガールフレンドになる。

六ヶ月間、ラーマクリシュナはこの宗派の修行を実践した。そして奇妙なことに、彼の声の調子は女性的になった。誰も、遠くから彼の声を聞き分けられなかった。彼の足どりは女性的になった。実際、男性と女性は同じように歩くことはない。彼らの生物学的構造は基本的に違う。女性は子供を身篭るので、腹部にその目的のための特別な場所を持つ——男性の場合それはない。そのため両者は違ったように歩く。女性が、たとえどれほど注意深く歩を進めても、男性のように歩くことは決してない。彼女は男性が走るようには決して走れない——無理だ。彼らの肉体的な構造が違っている。

しかし、ラーマクリシュナは女性のように走り始め、女性のように歩き始めた。彼の仕草、彼の声は女性的な質を帯びた。いくらかの努力でどんな男性も、女性のように歩いたり話したりできる、と考えることで、これらすべての変化はうまく釈明できた。それでも驚くべきことは、彼の胸が発達して、女性のような胸になったことだった。これさえも、多くの男性は老年期に胸を発達させるという指摘で、合理的に考えられる。しかし最も信じられないことは、ラーマクリシュナが女性と全く同じように、規則的な月経が始まったことだった。医学にとって、この現象は重大な関心と懸念を引き起こした。

六ヶ月間その修行を実践した後、ラーマクリシュナがその影響から回復して、彼の正常な状態に戻るには一年半を要した。ただ彼の意志力を行使することで、ラーマクリシュナは自分がクリシュナのガールフレンドだと思い込んだ。そして彼の人格はそれに応じて変わった。

ヨーロッパでは、聖痕が多くのキリスト教修道士たちの手に現われる。聖痕とは……。イエスが磔にされた時、釘が彼の手のひらに打ち込まれて血が出た。そこでそこには、イエスが磔にされた日、聖金曜日の朝に追従し、イエスと自分自身を同一化する多くのキリスト教修道士たちがいる。彼らはイエスと一つになる。磔の時間が近づく時、数多くの人々は彼らを見るために集まる。修道士たちは、まるで自分が十字架に縛られているかのように、自分の腕を広げて立つ。すると、まるで釘が彼らの手に打ち込まれたかのように、穴が彼らの手のひらに現われ、血が流れ始める。彼らはイエスと同一化するというような決意をすることで、いわば実際の磔を経験する。どんな手段も使われることなく穴ができ、釘が打ち込まれ、血が彼らの手から流れ始める。

私たちは、意志力が効力を持ち得る無限の可能性に気づいていない。自発的に死に入ることは、人の意志を働かせるすべての実験で最も深いものだ。普通、生のためになるように決意することは難しくない――私たちは本当に生きることを望んでいる。しかし、死を体験するために意志を使うことは非常に難しい。

生の完全な意味を本当に知りたい人は、少なくとも一度は死の体験を持つべきだ。死がどんなものかを見ることなしには、生が価値あるものだとは、決して本当に知ることはできない。唯一の方法は、彼らが莫大な価値のある何か――生の万能薬を持っていることに気づくことだ。それは死の体験を通り過ぎることによってのみ、知り得るものだ。この体験を通過できない人は、悲しげに欠乏したままだ。なぜなら、もし彼が一度自ら進んで、死がどんなものかを見るなら、死の恐怖は彼にとってもはや存在しないからだ。その時、死は全くない。

自分のすべての意志力をただ使うだけで、身体のすべての部分から意識を内側に引き寄せられる。目を閉じると、意識が内部で縮んでいるのを感じる。エネルギーが手と足から離れて、内側へ動いているのを感じる。エネルギーが頭から下降しているのを見る。エネルギーは、それが発生したところから中心に収束し始める――光線はすべての地点から引き戻り始める。

もし、この実験が強烈な感覚で続行されるなら、たちまち身体全体は死ぬようになる。たった一つの点だけが内側に残って生きる。内側の核が炎のように生きたままでいるのに比べて、身体全体は死んだようになる。この生きている中心は、今や身体から分離したものとして、非常にうまく体験できる。それはまるで光線が真っ暗闇に広がって、光と暗闇の区別が不可能になり、それからすべての光線が一点に引き戻るような、暗闇と光の明暗がはっきりと明白になるようなものだ。だから、内側の活性エネルギーが引き戻って特定の点に凝縮する時、身体全体がその点から分離しているのを感じ始める。今あなたに必要なもののすべては、少しの意志力だ。それは身体の外にある。その時ちょっと、身体から外へ出ることを考えてごらん。するとあなたは、自分の身体の外にいるだろう。今あなたは外側から、死体のように横たわっている身体を見ることができる。それでも細長い銀色の糸がまだ、あなたをあなたの身体の臍に結びつけたままでいる。これがまさに、身体に入ったり身体から出て行くための通路だ。

この物質、この凝縮されたエネルギーが身体から出てくるやいなや、それが独自の新しい形態をとるのを——それが大きくなって新しい身体になるのを見て、あなたは驚くだろう。これが微細身だ。それはぼやけた皮膜のようで透明であることを除けば、肉体の正確な複写だ。もし誰かがこの身体に触れたりすると、彼の手はそれに影響を及ぼすことなく通過するだろう。

そこで、意志を働かせる訓練における最初の原理は、すべての生命エネルギーを内側で一点に引き寄せることだ。このエネルギーが内側の核に凝縮されるようになる瞬間、それは身体から飛び出す。まさに身体から出て行こうとする欲望があれば、その現象が起こる。そして再び、まさに身体の中に戻ろうとする欲望があれば、それは中に戻る。これはあなたの側でのどんなことにも関わらない。唯一必要な行為は、すべてのエネルギーを内側の特定の点にただ引き戻すことだけだ。いったんそれが起こると、あなたの微細身は簡単に、肉体から外へ出たり中へ戻ったりできる。

もし探求者が一度この体験を通過すると、彼の生全体は直ちに変容される。その時彼が、その瞬間まで生として知っていたものについては、もはやそれを同じものと呼ぶことはできない。同じように、彼は死を、その時まで彼が見ていたように見ることはない。彼は自分が過去に追い求めていたものを追いかけるのは、少し難しいことに気づく。彼がそうしていたように物事と争うのは、彼にとって厳しいだろう。彼は自分が以前に無視したものを、もはや無視することはできない。

生は変わらざるを得ない。なぜならそれは生を、それがまさにそうあったように残すことは決してできない、という体験だからだ。だから、あらゆる探求者の瞑想は、いつか身体から外れた体験を通過する必要がある。それは不可欠の段階であり、一度体験したら、彼の未来に驚くべき結果をもたらす。

それは難しくなく、ただ堅固な決意だけを必要とするだけだ。堅固な決意をすることは厳しく、それはテクニックそのものではない。そのため、この実験に直接飛び込むことは少し難しい。人はまず、より小さな決心をもって、実験し始める必要がある。それらに成功するにつれて、彼の意志力は増大し続ける。

実際のところ、世界の様々な宗教的な修行は、本当に宗教的な修行ではない。それらは実際、人の決意を構築するための予備的なものだ。例えば、ある人は三日間断食をする――これは意志力を強くするための単純な訓練だ。断食には、本来ほとんど利点はない。本当に得るものは、彼が自分の誓いを完結した、自分の決意を持続した、という事実にある。別の人は十二時間、一つの場所に立つことを厳粛に宣言する。さて彼が十二時間立つことは無用なものだ。実際の恩恵は、彼がその決意をすることと、それの完結から生じる。

やがて人々は、これらのテクニックは人の決心を強くするための手段だ、という基本的な考えを忘れる。その人は立つことそれ自体で充分だと考える。だから彼は立ち続ける。ただ単に立つことは無目的であるという事実を、彼は見失う。基本的な考えは、立つと決定し、その決定に固執する内側の堅固さを実習することだ。

どんな手段でも、その人の決心を果たすために利用できる。たとえ小さな決意でさえ利用できる――大きな決意にさせる必要はない。例えばある人は、このバルコニーに立って六時間下を見ないことを決意するかもしれない。これくらいのことでもいい。問題は、その人は下の方を見ないことによって何かを得る、ということではない。問題は、彼は何かを決めてそれを果たし続けた、ということだ。

何かをすると決めてそうする時、内側のエネルギーはより強くなる。彼はますます中心に定まるようになる。彼はもはや、空気中を漂っている葉のようには感じない。一種の結晶化が、彼の内側で起こり始める。初めて、何らかの基礎が彼の生に造られる。

だから人は、より小さな決意をもって実験し始め、このようにエネルギーを内側に集めるべきだ。私たちはそうするための多くの機会に出くわす。例えば道沿いに運転する間、単に看板広告を読まないという決意をしてごらん。それが、誰にも危害を加えないのは明らかだ。だがあなたの意志を実習する機会になる。誰もそれを知る必要はない――それは、あなた自身の内側のプロセスだ。

あなたはこの決意で、三十分間でさえ、車の中に座ることは無駄ではないのがわかった、と気づくだろう。あなたは、自分は何かを得た、自分は三十分前にいた時よりも豊かだ、という感覚を持つことになる。だから問題は、どこであなたは実験するのか、あるいはどんな手段がその目的のために使われるかではない。私は一つの例を示しただけだ。要点は、自分の意志力を強くする助けになるなら、どんな実験にでも従っていい、ということだ。もし小さなもので続行するなら、それは良いことだ。

ある人は単に目を閉じることで、四十分間瞑想に入って行くように要求される。彼はそれができない。彼はたびたび目を開けて辺りを見回す。今、この人には意志がない。彼は中心に定まっていない。目を閉じることには大きな利点がある。それは危害を引き起こさない。しかしこの人は、四十分間目を閉じ続けることさえ、自分の決意を保てない。彼に他の多くは期待できない。

同じ人が、十分間深く活発に呼吸することを要求される時、二分以内に彼は自分の呼吸をゆっくり落ち着かせる。彼に深く呼吸することを思い出させる時、彼は一回か二回の弱々しい試みをして、再びゆっくりした呼吸に戻る。この人は全く中心に定まっていない。十分間深く呼吸することは、それほど難しくはない。実際のところ問題は、十分間深く呼吸することで何を得るのか、それとも何を失うのか、ではない。それでも確かなことは、十分間深く呼吸するという決意で、この人は中心に定まるようになるということだ。彼の内側の何かが結晶化するだろう。彼は何かに打ち勝つ。彼は自分の内側に働きかける、ある種の抵抗を打ち砕くことに成功するだろう。そして彼の気まぐれなマインドは弱まる。なぜならマインドは、その人に無理強いする方法がないことを自覚するようになるからだ。彼とうまくやる唯一の方法は、彼に従うことだ。

あなたは毎日車で行く。たぶんあなたは、道沿いの看板広告を読まないかもしれない。しかしあなたがそれを読まないと決める日、あなたのマインドは、その広告を読むことをあなたに強いるために出来るだけのことをするだろう。マインドの力は、あなたが優柔不断でいるところに存在する。あなたの決意が成長すれば、マインドは死にゆく。意志が強ければ強いほど、マインドは死ぬようになる。マインドが強ければ強いほど、意志は弱くなる。

マインドが過去において、看板を見るようにあなたに圧力をかけなかったのは、あなたがそれに挑戦しなかったからだ。今日あなたは挑戦する姿勢を取った。マインドはあなたが外側を見るための、あらゆる言い訳を見つけるだろう。あなたの意志を壊して、看板を読むことを強いるための数多くの方法を工夫する。それはその狡猾さのすべてを使う。これが物事のあり様だ。

私たちは、ただマインドによってのみ生きている。探求者は彼の意志によって生き始める。マインドで生きる人は、探求者では全くない。彼の決意によって生きる人だけが、本当に真の探求者だ。探求者とは、マインドが意志に変容されつつある人を意味する。

そこで、非常に小さな状況を選び取りなさい――自分自身のために選べばいい。それから昼間に二、三回実験しなさい。誰もそれについて知る必要はないが、孤立状態に入る必要もない。ちょっと内密にその実験を行ない、そして前へ進みなさい。例えば、「誰かが私を怒っている時、私はそれを笑い飛ばそう」という小さな決意をしてごらん。何回も続行したら、それぞれの実験は、怒っていた人にあなたが感謝するほどの、豊かな実りをもたらすだろう。

だから、このちっぽけな決意をするがいい。「誰かが私を怒る時はいつでも、私はただ単に笑おう、たとえ何であろうと」。十五日以内にあなたは、自分が違う人物になっているのに気づくだろう。あなたの実存のすべての質が変わったのだ――あなたはもはや、十五日前に生きていた同じ人間ではない。非常に小さな決定をして、それに従って生きるようにしてごらん。その決定を生きるプロセスで、より大きな決定に自信を持つようになる時、その先へ進んで少し高レベルの決意をしてみるといい。探求者が見つけるべき価値がある最終的な決意は、自発的に死と出会うというものだ。自分にはできるとあなたが感じる日、先へ進んでそうしてみるがいい。決意することで、死体のように横たわっている自分の身体を見る日、知るべきものがすべてそこにあるのを知る。その時は世界にあるどんな経典も、どんなグルもそれに追加すべき新しいものを持たない。

第二の質問

自殺する人も、自発的に自分自身を殺そうとしています。そして完全に死ぬまでは、彼も死のプロセスに気づいたままです。身体が冷たくなっていることや、生命エネルギーが縮小していること、その他のことに——。しかし彼は最終的な状態に達した後、身体に戻ることはできません。自殺は自発的に死ぬ実験と類似していませんか？

自殺は意志力の実験として使えるが、通常の自殺する人は、その理由のためにはしない。普通、自殺する人は、自分自身に責任があると感じて自殺するのではない。たいてい、他者が自分を自殺に追い立てていると感じる。特定の事情、特定の事件が彼に人生を終わるように強要している、と。もしその事情がそうでなかったら、自殺を試みなかっただろう。

この男性は、例えば誰かに恋をしていたが、彼の愛は報われなかった。今彼は、自分の人生を終わらせたい。彼の愛が報われていたなら、死を抱き寄せる必要は彼にはなかった。実際、自殺しようと思っているこの男性は、本当に死ぬための何かの準備をしているのではない。彼は一つの条件だけで、生を望んでいる。その条件が満たされなかったから、生を否定する。その男性は、実際に死ぬことには興味はない。本当は、生きることに興味を失っているのだ。

だから基本的にこの種の自殺は、強制されたものだ。従って、もし自分の人生をまさに終わらせようとしている人が、二秒間でさえそれを止められたら、おそらく彼は二度目の時にはしないだろう。ちょっといくつかの瞬間を遅らせることで、事足り得る。なぜならそれらの瞬間に、彼の精神的な決意は挫けるからだ――それは無理やりまとめられていたものだ。

自殺した人は、決意したのではない。実は、彼は決意から逃げている。普通、自分自身を殺してきた人は勇敢な人ではない。彼は臆病者だ。実際のところ、生は彼に自分の意志を働かせることを求めていた。それは彼にこう言っていた。

「以前あなたが愛したその女性……今決心して、彼女を忘れなさい」。しかしその男性には、その能力がなかった。生は彼に指摘していた。「あなたが以前に愛した人を忘れなさい。他の誰かを愛しなさい」。しかし、その男性には根性《ガッツ》がなかった。

生はある人に言う。「あなたは昨日まで金持ちだった。今日あなたは破産者だ。それでも生きなさい！」。彼には勇気がない。彼は決意して生きることができない。彼はただ一つの出口だけを見る。それが自己破滅だ。彼は堅固な決意を避けるためにこれをする。こうして死に出会うことは、彼の肯定的な意志の表明ではない。むしろ、否定的な意志の表れだ。否定的な意志は使いものにならない。

そのような男性は、次の生ではさらに弱い魂で生まれるだろう――彼がこの生で持っていたものよりも、さらにずっと無力な魂を持って――。なぜなら、意志を駆り立てるための機会を彼に提供していた状況から、逃げたからだ。それはまるで、子供が試験の時間が近づくにつれて、自分のクラスから逃げるようなものだ。

ある意味、彼も自分の決意を見せている。三十人の生徒たちは試験を受けているが、この子は逃げることに決めた。これは否定的な意志を示している。試験に姿を見せるという意志は、肯定的なものだ。それは、もがくことに立ち向かう意欲を意味している。しかしその少年は、もがくことから逃げた。

現実逃避者も、彼の決意を見せる。ライオンに直面した人が走って木に登る時、ある意味彼も自分の意志を使っている。しかしそれは、必ずしも彼を意志の人にさせることはない。なぜなら結局、彼は逃げるからだ。彼は逃げている。自殺的な傾向は、本質的に現実逃避的な傾向にある。そこに決意はない。もちろん、死は意志力を実習する目的のために利用できる――が、それは別問題だ。

例えばジャイナ教の伝統では、死もまた意志力を強くするために使われてきた。マハーヴィーラは、どんな探求者でもこの目的のために死を使いたいと思うなら、それを許した世界で唯一の人物だ。他の誰も許可を与えなかった。ただマハーヴィーラだけが、人は死を霊的な修行として使えると言った――しかしそれは、毒を飲むことで起こるような類の即死ではない。人は一瞬では、自分の意志力を構築できない。それには長い時間が必要だ。マハーヴィーラは言う。

「断食し続けなさい、そして餓死しなさい」

正常で健康な人間にとって、餓死するには九十日かかる。もし決意が弱いなら――それがほんの少しでさえ――食べ物への欲望は、次の日に再び生じるだろう。三日目までに彼は、自分自身に対して大変やっかいな事を引き起こしたことに、苦しみ始める。そして意志は、それから出て行くための方法を見つけ始める。

九十日間、空腹のままでいたいという願望を維持するのは、非常に難しい。マハーヴィーラが「空腹のままでいて死になさい」と言った時、誰にも、どんなごまかしをする余地もなかった。なぜなら九十日では……意志が少しも不足していない人でさえ、そのプロセスのずっと初期の段階で逃げるだろうからだ。だからごまかす方法はない。

もしマハーヴィーラが毒を飲んだり、川で溺れたり、山から飛び降りることで死ぬのを許可していたなら、それは即死の問題だっただろう。もちろん、私たちはみなしばらくは、何とか決意を充分に果たせる。しかしある瞬間にだけ勇敢さを見せればいいような戦士は、戦場では無用な存在だ。なぜなら、次の瞬間には臆病者になるだろうからだ。彼は自分が少し前には勇敢でいた時と同じくらいの決意で、臆病者になるだろう。

そこでマハーヴィーラはサンターラ、霊的な修行として、その人自身に死を引き起こすものを行なう許可を与えた。もし誰かが、自分自身に最終的なテストを通過させたいと思うなら、たとえそれが自発的に死と出会うことを意味しても、マハーヴィーラは許可を与えた。これは途方もなく重要で考えるに値するものだ。マハーヴィーラは、探求者がこの修行に従うことを認めさせた地球で最初の人物だ。それには二つの理由がある。

一つ目は、マハーヴィーラは誰も本当に死なないことを完全に確信していた。そのため彼は、死についてそれほど多く心配する必要はないと感じ、探求者がこの修行を続行しても何の害もないことに気づいていた。

二番目に、彼自身経験したことに加えて、もしある人が断固たる決心で五十日間、六十日間、七十日間、八十日間、九十日間、あるいは百日間、死を探求するなら、そのまさに卓越さが、彼を必ず変容させることもマハーヴィーラは確信していた。

私たちはみな、死の考えが自分たちのマインドを過ぎる時を、ほんの一瞬かそれ以上は体験している。人生で、少なくとも二、三回でも死にたいと思わないような人は、世界にはほとんどいない。もちろん、彼が死ななかったことは別問題だ。事実は、人が死にたいと思うような瞬間が来るということだ。しかしその時、彼はお茶を一杯飲んですべてのことを忘れる。妻は彼女の夫にうんざりして、首を吊ろうと思いつめる。その時、夫が映画の観覧券を持って家に帰って来る。それで片付いてしまう。女性はすべての考えを落とす。彼女はそれが退屈すぎるのに気づく。

かつて私は、隣人にベンガル人の教授と彼の妻がいた場所に、住む機会があった。私が住んだまさに最初の夜、向こう側から大きな物音がした。非常に長い夫婦喧嘩だった。私は壁を通してすべてを聞くことができた。夫は自殺すると嚇していた。私は苦境に立たされていた。周りには私を除いて他に誰もいなかったし、物事はかなり深刻に見えた。私は自分が行って助けるべきだろうかと思った。たとえそれが最初の夜であり、そのカップルが私にとって完全な見知らぬ者であったとしても、我々がお互いを知っているかどうかはどうでもいいと感じた。私は「彼らは私の隣人だ。もしその男が死ぬなら、私にも責任があるだろう」と独り言を言った。それでも、その男が実際に自殺するために出て来たら彼を止めに行こう、と思って私は待機した。

それからしばらくの間、すべてが静まり返った。私はその揉め事が二人の間で片付いて、両者は冷静になったのだと思った。しかしそれでも、何がどうなっていたのかを見に出て行くべきだろうと感じた。そこで私は外へ出た。私の部屋の隣の扉は開いていて、妻が中で座っていた。その相手は、既に出て行っていた。

私は彼女に尋ねた。「ご主人はどこへ行ったのですか?」

彼女は言った。「心配いりません。彼は以前、何度もこのようにいなくなりました。すぐ戻ってくるでしょう」

私は言った。「しかし、自殺するために出て行ったのですよ!」

彼女は言った。「あなたが心配する必要はありません。きっと戻って来ます」

そして本当に、約十五分後に夫は戻った。私はまだ外で待っていたので、彼に言った。「帰って来たのですね？」。彼は自殺するために出て行ったのを、私が知っているとは気づいていなかった。彼は言った。「雲が集まってきたのが見えませんか？　雨が降りそうです。私は傘を持って行きませんでした。だから帰ってきたのです」。自殺したい人は、もし彼が傘なしでいたらその考えを落とす！　これがそのありさまだ。

私たちはみな、何度も死ぬことについて考えるが、本当に死ぬためではない。その考えが生じるのは、私たちの生に何らかの問題があるからだ。自分の人生を終えることを考えるのは、私たちに決意が欠如しているからだ。ほんの少しの面倒事、少しの困難さ、それで人はすべてを終わらせることに飛びつく。

生の問題に直面できないために死に出会いたい人は、意志の人間ではない。それでも、もしある人が死の体験を直接的に、肯定的に持とうとし、肯定的な態度で死とは何かを知る途上にいるなら――生との争いがなく、生に敵対していないなら――その時は死においてさえ、この人は生を探求している。これは完全に異なることだ。

この問題に関わるさらにもう一つの、重要な要因がある。普通、私たちは自分の誕生を決めることはできない。たとえ最終的には私たちが誕生に影響を及ぼしていたとしても、それへの決定は無意識状態を通って起こる。なぜ自分たちは生まれるのか、どこに自分たちは生まれるのか、そして何の目的のために自分たちは生まれるのかを、決して知らない。しかし死は、ある意味、私たちによって決められるものだ。

死は、生における非常に普通でない出来事《イベント》だ。それは非常に決定的なハプニングだ。誕生に関する限り、私たちが決定できるものは明らかに何もない――それは、誕生すべきところ、誕生する目的、誕生の周囲の環境、等々だ。しかし死に関しては、どうやって死ぬつもりなのか、どこで死ぬつもりなのか、なぜ死のうとしているのかを確かに決めることができる。自分が死にたい方法を明確に決定できる。

だからマハーヴィーラは、この理由のためにも死に関する修行に従う許可を与えた。その理由とは、この技法《メソッド》を適用して死ぬ人は、自動的に彼の次の生を決定する者にもなる、ということだ。なぜなら自分の死の選択をやり遂げた人、自発的に死ぬための段取りをした人、そのような彼に対して、自然は次の誕生を選択するための機会も提供するからだ。これはそれについての別の側面だ。もし、尊厳と崇高さをもって、完全な知識をもって生の門から退出するなら、その時、別の門が大きく開くようになり、高い尊敬と敬意をもって彼を歓迎するだろう。

だから自分の次の生を決定したいと思う人たちは、まず自分自身の意志で死を通過すべきだ。これもまた、マハーヴィーラが許可を与えた理由だった。だから要点は、自殺することを望んでいる普通の人は、意志の人ではないということだ。

第三の質問

意志力を使うことで、どうしたら微細身は肉体から離れられるのかについて、あなたは話されました。目撃する修行に従う探求者の微細身は、あるいはタタータ、あるがままであること（真如）の修行に従う探求者のそれは、その意志を実習することなしに離れられるのでしょうか？

目撃する修行に従うためには、大変な決意が必要となる。タタータの修行に従うことは、さらに大変な決意が必要だ。それは、これまでで最も大変な決意だ。目撃者のように生きることを決定することは、それ自体で大変な決定となる。例えば、ある人は食べないと決める。彼は日中は空腹のままでいることを決意する。別の人は食べると決めるが、その代わりに食べる自分自身を見守る。彼は注意深く食べるだろう。これはもっと困難な決意だ。

食べ物を手放すことは、あまり難しくはない。実は、食べるものがたくさんある人たちには、一日か二日食べ物なしで過ごすことは簡単だということだ。だから裕福な社会では、ダイエットと断食の礼賛が人気になるのだ。例えばアメリカでは、ダイエットに関する考えが大変な人気になってきた。人々はすぐに、自然療法に惹きつけられる。

人々が充分に食べると、時たま彼らに断食の考えが浮かぶ。それは人をより軽く、より快活に感じさせるように見える。実際貧しい社会では、空腹のままでいることは、その人の意志力を使うようなものかもしれない。しかし裕福な社会では、好都合な事柄だ。実際のところ、もし食べ物が世界中で充分に入手可能なら、断食はあらゆる人にとって必要であるとわかるだろう。人々は時たま、空っぽの胃のままでいる必要がある。しかし、目撃することは非常に異なる物事だ。

このように理解してみよう。例えば、自分は歩かない、八時間同じ椅子に着席したままでいると決定する。さて、これは大したことではない。あなたは歩かないと決めた。だからあなたは歩いていない。別の誰かは八時間歩くと決める——これも大したことではない。それは、彼が歩くと決めたので歩いているからだ。しかし目撃することは、あなたは歩く、そして同時に「あなた」は歩いていない、ということも知る、という意味だ。目撃することの意味は何だろう？　それは、歩いているのは「あなた」ではない、と知ると同時にあなたは歩く、という意味だ。それは、「あなた」は歩くという行為を単純に目撃している、ということだ。これはよりはるかに微妙な決定、本当に至高の決定だ。

タタータ、真如は、最至高の決定だ。それは究極の決意だ。これより高い決定はない。自発的に死に入るための決意でさえ、本当はそれほど大きな決意ではない。タタータとは、物事をあるがままに受け入れるという意味だ。ある意味、自発的に死を決意することにさえ、受け入れを拒絶するという根がどこかにある。すなわち、私たちは死とは何かを知りたいのだ。私たちは、死が実際に起こるのかどうかを確かめたい。

タタータは、もし死が現われるなら私たちは死ぬ、もし生が残るなら私たちは生き続ける、という意味だ。私たちは生にも関わっていないし、死にも関わっていない。もし闇が訪れるなら、闇にとどまる。もし光が現われるなら、光とともに落ち着く。もし何か良いことがやって来るなら、それを受け入れる。もし何か悪いことが降りかかるなら、それに耐える。起こることが何であろうと、進んでそれを受け入れる――何も否定しない。これを、一つの例で説明させてほしい。

ディオゲネスが森を通り過ぎていた。彼は裸で歩き回っていた――彼は美しい身体の持ち主だった。人間は自分の醜さを覆うために、服を着始めたに違いないということが、まさにあり得るように思える。これは可能性が高いように見える。私たちは常に、自分の身体の醜い部分を隠すことに関心がある。しかしこの男ディオゲネスは、非常に美男だった。彼は裸で生きた。

だから彼が森を通り過ぎた時、奴隷を捕えて売り渡す仕事の四人の男が彼を見た。彼らは見積もった。もし彼らがこの男――見た目が良く、強靭で頑健なこの男を捕えたら、良い報酬を受け取るかもしれない。しかし彼らは非常に不安を感じて、命の危険にさらされることなく彼を捕まえる方法を、何も見つけられなかった。

どうにかして、彼らは彼の周りをうまく取り囲むことができた。ディオゲネスは真ん中に立っていて、穏やかで平静だった。彼は「あなた方は何をしたいのだ？」と尋ねた。その男たちは非常に驚いた。彼らは鎖を取り出した。ディオゲネスは自分の手を差し出した。怖れで一杯になり、そして震える手で、捕獲者たちは彼に鎖を付け始めた。

ディオゲネスは言った。「震える必要はない。さあ、私に鎖を付けさせてほしい」

彼は鎖を付ける彼らを助けた。その男たちは、ただただ面食らった。

彼にしっかりと鎖を付けた後、彼らは言った。

「お前はどういう男なのだ？　俺たちはお前を鎖に繋いでいるのに、お前は俺たちを助けているとは！　俺たちは、何らかの争いや面倒な事になるかもしれないと、恐れていたのだ」

ディオゲネスは言った。「あなたは私を鎖に繋ぐことを楽しんでいる。私は鎖に繋がれていることを楽しんでいる。どこでどんな面倒な事が必要なのだ？　それは素晴らしい！　さて私に言ってくれ、我々はここからどこへ行くのだ？」

その男たちは言った。「俺たちは奴隷売買の仕事をしている、とお前に言うのを非常にきまり悪く感じている。俺たちは今、お前を市場に連れて行って、お前を売りに出すつもりだ」

ディオゲネスは「けっこうだ、行こう」と言った。

彼はものすごく興奮して出発し、捕獲者たちよりも、さらに速く歩き始めた。

彼らは言った。「どうか、少しゆっくり行ってくれ。なぜ急ぐのだ？」

ディオゲネスは言った。

「市場に行こうとしているのなら、なぜ間に合おうとしないのだ？」

そこで、ついに彼らは市場に到着した。そこは非常に混雑していた。奴隷を買うために来ていた人たちは、ディオゲネスに目を向けた。彼らは、これほどの質の奴隷はめったに見たことがなかった。なぜなら彼は、まるで皇帝のように見えたからだ。大群衆が彼の周りに集まった。

彼は、奴隷が競売にかけられる台に立たされた。声を張り上げて競売者は言った。

「ここに売り物の奴隷がいる。前に進み出て、望みの買い値を言ってくれ」

ディオゲネスは言った。

「黙れ、この愚か者め！　これらの男たちに尋ねろ。私が前を歩いていたのか、それとも彼らだったのか？　彼らが私を鎖で縛っていたのか、それとも私が彼らに鎖を縛らせていたのか？」

彼の捕獲者は言った。「この男は正しい。好きなようにさせておいてくれ。俺たちは自分たちが彼を捕えたとは信じていない。そして本当に、彼はとても速く俺たちの前を歩いたので、俺たちは彼と歩調を揃えらえなかった――俺たちはほとんど、彼の後ろを走らねばならなかった。だから、俺たちが彼を市場に連れて来たと言うのは正しくない。真実は、俺たちがこの場所まで彼について来た、ということだ。そして、俺たちが彼を奴隷にしたと言うのは正しくない。実は、この男が奴隷になることに同意したのであって、俺たちが彼にさせたのではなかった」

ディオゲネスは言った。

「ナンセンスな話を止めろ、この愚か者め。そして私に独自の競売をさせてくれ！　ただ、この男の声はあまり大きくない。この大きな群衆の中では、誰も聞けないだろう」

そこでディオゲネスは、声を張り上げて言った。

「主人《マスター》が売られるためにここに来た。買いたい者は、誰でも前方に出てくるべきだ」

群衆から誰かが尋ねた。「お前は自分をマスターと呼ぶのか？」

ディオゲネスは言った。「そうだ、私は自分をマスターと呼ぶ。私は一人で鎖を付けた。私は一人で、進んでここに来た。自分自身の自由意志を売るために、ここに立っている。そして自分が去ることを選ぶ時は、いつでも去るだろう。私の意志に反することは何も起こり得ない。なぜなら起こるものが何であろうと、私はそれを自分の意志とするからだ」


ディオゲネスは言う、「起こるものが何であろうと、私はそれを自分の意志とする」

この男は本当にタタータ、真如に達していた。それが意味するものは、起こるものが何であろうと、彼はその準備ができている、ということだ。彼は全く何も抵抗しない。あなたはどうやっても、彼を負かすことはできない。彼は既に負かされた人だからだ。彼を打てないのは、あなたが彼を傷つけることを彼は快く許すからだ。彼が快く服従するため、あなたは彼を征服できない。そのような男には何もできない。あなたが何をしようと、彼は抵抗しないからだ。これは本当に、偽りなき至高の決意の実証だ。

だから、タタータは究極の意志だ。タタータを達成した人は神を達成した。だから問題は、目撃する訓練に従う探求者やタタータの訓練に従う探求者が、意志の訓練に従うことで達成する探求者と同じものを達成するかどうか、ということではない。それは何の問題もなく、彼によって既に達成されている。

意志の訓練は最も初歩的だ。目撃する訓練は中間の種類のもの、そしてタタータは究極のサダーナ、究極の訓練だ。だから意志の実習で始め、目撃を通して航海をし、そして最後にタタータ、真如に到着する。その三つの間に対立はない。

第四の質問

目撃することと、タタータの違いをどうか説明してください。

目撃することにおいては、二元性が存在する。目撃者は、自分の体験から離れている自分自身に気づく。もし棘が彼の足を刺すなら、目撃している人は言う、「棘は私に刺さっていない。それは私の身体に刺さったのだ――私はただ、それを知る者に過ぎない。突き刺すことは、一つの場所で起こった。その一方でその気づきは、どこか別のところに存在する」

だから目撃するマインドにおいては二元性が、出来事を体験することと実際上の出来事との間に分離がある。従って、非二元性《アドヴァイタ》の状態へと、昇りつめられない。そしてこれが目撃者、見守る者でいるレベルで止まる探求者が、ある種の二元論に制限されたままでいる理由だ。彼は結局、存在を意識と無意識に分割する。意識とは知る人を意味し、無意識は知られるものを意味する。やがて彼は、存在をプルシャとプラクリティに分割して、終わらざるを得ない。

これらの両方の言葉、プルシャとプラクリティは非常に重要だ。おそらくプラクリティの本当の意味は、あなたには思いつかなかったかもしれない。プラクリティは「自然」という意味ではない。実際、英語にはプラクリティに対する言葉がない。プラクリティとは、すべてが在るようになる前に存在の中にあったもの、プラ - クリティ、という意味だ。プラクリティとはスリシュティ、あるいは自然という意味ではない。なぜならスリシュティとは、創造の後に存在するものという意味だからだ。プラクリティという言葉は、創造の前にあったものという意味だ。

プルシャという言葉もまた、非常に意味深い。そのような言葉と同等のものを、世界の他のどんな言語の中にも見つけることはきわめて難しい。これらの言葉はすべて、非常に特別な体験から生まれたものだからだ。あなたは『プル』の意味を知っている。プルとは都市という意味だ。例えば、カンプール、ナグプールだ。だから『プル』は都市を示す。そして都市に住む人がプルシャだ。人間の身体は街のような、都市のようなものだ。そこに住んでいる誰かがいる――彼はプルシャだ。だからプラクリティはプルであり、そこで生きる人――分離していて、結合していない人が、プルシャだ。

そこで目撃者は、プルシャとプラクリティの分離まで来る。彼はそれらを二つの実体――意識と無意識として別々にする。そして、知る者と知られるものとの間に距離が作られる。

タタータはさらにもっと注目すべきもの――究極のものだ。タタータの意味は、そこに二元性はない、ということだ。そこには知る者もいないし、知られるためのどんなものもない。あるいは、別の言葉で言えば、知る者が知られるものだ。今やそれは、棘が私を傷つけていて私はそれに気づいている、あるいは棘と私はお互いから離れている、ということではない。

それは、もし棘が私を突き刺していなかったなら良かっただろう、あるいはもし棘が抜けたなら良いだろう、ということでさえない――違う、この類のものは何もない。今や、すべてが受け入れられる。棘の存在、それの刺すこと、刺されていることへの気づき、痛みの体験――すべてだ。そしてそれらは、同じものの異なる部分だ。従って、私は棘だ。私は刺すというまさにその出来事だ。私はこの出来事への気づきだ。私自身は、このすべてのまさに認識だ――私はこれのすべてだ。

だからそこにはこの「私」を、まさに実存を超えて行くものはない。私はこう考えることはできない。「もし棘が、私を突き刺していなかったら良かっただろう」と――どうしたら考えられるだろう？　というのも、私とはまさにその棘であり、突き刺すことであり、突き刺されつつあるのを知ることでもあるからだ。私はこう考えることもできない。「もし棘が私に突き刺さっていなかったなら、良かっただろう」と。それは私自身の、まさに実存から私自身を別々に引き裂くことに等しいからだ。

タタータは、存在する究極の状態だ。その状態では、在るものは何であれ、在る。それは在るものについての、究極の受容の状態だ。それはどんな区別も含まない。しかし人は、まず目撃者であることなしに、タタータに到達できない。けれども、人は目撃のレベルに止まることができる。もし彼がそう望んでいて、タタータに到着しないことを選ぶなら――。同じように、意志を使わずに、人は目撃の状態に達することはできない。たとえ意志力を得ても、そこに留まることを望んで目撃の地点に来ることを望まないかもしれない。

決意の堅固さを達成するところに止まる人は、もちろん非常に力強くなるだろうが、知恵を達成することはできない。それゆえに、決意する能力は誤用され得る。それの達成のために知恵は必要ないからだ。人は確かに多くの力を得るだろうが、だからこそ、それを乱用できる。すべての黒魔術は意志力の産物だ。それを実習する人は多くの力を得るが、完全に知恵が欠如している。彼は最終的にはどんな識別力もなしに、その力を使うことができる。

意志の人は、力に満ちあふれるようになる。彼がそれを何に使うのか、すぐ予測するのは難しい。彼は明らかにそれを悪用できる。力は本来中立だ。それでも、それは必要だ――人がそれを善のために使おうと、悪のために使おうとだ。私が見たところ、弱いもののままであるよりもむしろ、もし自分の力を悪の目的のために使うなら、その方がましだ――今、凶悪な行為を犯している人は、いつかその同じ力を、正義のために使うかもしれない、という単純な理由からだ。悪を為せない人は善を為すことも決してない。だから私は、無力で弱虫でいるより、力強くいる方がいい、と言うのだ。

だから力の人は、悪の道と同じくらい善の道にも踏み出すことができる。善性の進路に従う方がいい。なぜならもし正確に従ったら、それは目撃する状態をもたらすからだ。もし悪の進路に従うなら、あなたは目撃者としては終わらないだろう。むしろ、あなたは自分の意志力の範囲で、単にぶらつくだけだろう。その時あなたは、暗示療法《メスメリズム》や催眠術《ヒプノティズム》、タントラやマントラ、魔術やブードゥー教に入るだろう。ありとあらゆるものが現われるだろうが、それらは魂に向かう旅へ導くことはない。

これは道を見失うことになる。その力は本当に存在するが、道に迷うことになる。もしその力が善性の進路で用いられるなら、それがあなたの内側に目撃者をもたらすのは確実だ。そして究極的にその力はその人自身を知り、達成するために使うことができる。これが、私が善性の進路と呼ぶものだ。悪の進路とは他人を支配すること、所有すること、奴隷にすることを意味する。これが黒魔術の何たるかだ。その人自身を達成する目的のために、私は誰か、私は何かを知るために、そして確かに生きるためにその力を利用することが、善性に入ることだ。それは目撃者になる方向へと真に導く。

もし目撃する状態に達しようとする衝動が、自分自身を知ることで満足されるなら、探求者は第五身体に達してそこで止まる。けれども、もしその衝動がさらに強められるなら、人は自分が独りではないことを、彼はすべてを含んでいることを発見する。それは太陽や月、星、岩、土、花が彼のすべての部分だ、ということであり、彼のまさに存在が、実在がその残りのすべてになる、ということだ。もし探求者がそのような強烈な感覚をもって進むなら、彼はタタータに達する。

タタータ、あるがまま(真如)は、宗教の究極の開花だ。それは至高の成就だ。それは完全な受容だ。起こることが何であろうと人は開き、それに快く同意する。ただそのような個の人だけが、完全に静かになれる。なぜならほんの少しの憤りでさえ、落ち着きのなさを長びかせられるからだ。もしわずかな不満でさえ抱えているなら、彼の落ち着きのなさと緊張は残り続けるだろう。「それは起こるべき方法では起こらなかった」という最もわずかな考えでさえ、緊張は存続し続ける。

至高の沈黙の体験、緊張からの最も大きな自由の体験、そして究極の解放のそれは、ただタタータの状態においてのみ可能だ。けれども、ただ意志の人だけが、やがては目撃する状態に達することができる。目撃することへより深く入って行くことだけが、タタータの状態に連れて行くことができる。何が目撃者でいることかをまだ知らない人は、完全な受容とは何かを知ることは決してできない。

自分を突き刺している棘から自分が分離していることを自覚しなかった人は、棘は彼の一部であるということを知る準備がまだできていない。実際、棘と分離していることを体験するようになる人は、棘とも一つであると感じる、次の段階を踏むことができる。

だからタタータは基本的な原理だ。世界中で発見されたすべての霊的な訓練の中では、タタータが最も偉大だ。だから仏陀の名前の一つにタターガタ（如来）というのがあるのだ。このタターガタという言葉の意味について、いくらか理解するのは良いだろう。それはタタータの意味を理解する上で役立つだろう。


仏陀は、タターガタという言葉を自分のために使った。例えば「タターガタは言った……」と言うように。タターガタの意味は、『かくの如く来て（＝如来）、かくの如く去る』だ。ちょうどそよ風が何の目的もなく、何の意味もなく来ては離れて行くように。ちょうど、微風があなたの部屋に入っては出て行くように――何の理由もなく。だから、来たり離れて行ったりする人はそよ風のように動機なしで、欲望なしでいるような人だ。そのような存在が、タターガタと呼ばれる。しかし、誰がそよ風のように来ては去るのだろう？

タタータに達した彼だけが、そよ風のように通り過ぎることができる。来たり去ったりすることに何の違いもない彼だけが、そよ風のように動くことができる。もし来る必要があるなら、彼は来る。もし去る必要があるなら、彼は去る——ディオゲネスがしたのも同じことだ。人々が彼を鎖に繋ぐか繋がないかは、彼にとっては何の違いもない。ディオゲネスは後ほど言った。

「奴隷でいる傾向がある人だけが、奴隷になることにびくびくする。誰も私を奴隷にできないのなら、なぜ自分が奴隷として連れられるかもしれないと怖れることがあるだろう。自分は奴隷に変えられるかもしれないという不安を、わずかでさえ抱いている人、彼だけがその恐れの中に残るだろう。そんな恐れを持つ人は全くの奴隷だ。私はたまたま、自分自身の支配者であり主人《マスター》であるから、あなたが私を奴隷にすることは決してできない。鎖の中でさえ私は主人であり、そしてあなた方の牢獄の中でも、そのようなままでいるだろう。あなたがどこへ私を放り投げるかには、何の違いもない。私はそれでも、支配者であり主人のままだ。私の主人であることは全面的であり完全だ」

だから、旅はこれから成る。意志から目撃へ、そして目撃からタタータへ。

第五の質問

あなたは英語の中には、プラクリティに相当する言葉がないと言いました。体質 *constitution* という言葉は、プラクリティの意味と同じではないのですか？

違う、それは同じ意味ではない。その意味での体質とは、ある個人が作り上げたもの、彼の心理的構造を意味する。この意味での体質とはその人の組織を、そのようにその人が身体的に、また心理的に作り上げたものを意味する。プラクリティは非常に異なる何かだ。普通、私たちはプラクリティを「その人の体質はそのようなもの……」という意味で使う。しかしこの種の使い方は正しくない。プラクリティとは創造の前にあったもの――あらかじめ創られていたもの、を意味する。そしてプララーヤの意味は、創造以後――創造の後に続くもの、創造の終わりだ。だからプラクリティは創造が起こる前にもあったもの、創造される必要がなかったもの――常にあったもの、始まりのないもの、を意味する。それは既にあるものだ。スリシュティは創造されたという意味――生じたものだ。

ヨーロッパの言語に、プラクリティを表わす言葉はない。これらの言葉はキリスト教に影響されているからだ。ヨーロッパには「創造」と「創造者」のような言葉がある。インドの言語にはプラクリティという言葉が存在する。たとえ誰も、それをサーンキャ学派の人たちが、ヴァイシェーシカ学派の人たちが、ジャイナ教徒たちが使うような意味で使わなくても――。この言葉は彼らに属するものだ。彼らの見るところでは、永遠に存在してきたもの、決して創造されなかったもの、がプラクリティだ。それは、あなたが何かを創造する以前にさえ既に存在している。

例えば、あなたが家を建てる時、それのデザイン、構造物が、その体質 *constitution* だ。しかしそれを造るのに要する材料――土、空気、熱――は、すべてプラクリティだ。それから現われるものは、単なるそれの構造物*structure*だ。だが、構造物を造る以前にさえ存在していたもの――あなたが造らなかったもの、誰も造らなかったもの、創造されないもの、常に在ったもの――それがプラクリティと呼ばれる何かだ。どんなヨーロッパの言語にもプラクリティに相当する言葉はない。

第六の質問

タタータとは、ただ気づいていることと同じですか?

実際のところ、タタータとあなたが「ただ気づくこと*just awareness*」と呼ぶものとの間には、わずかな違いがある。目撃することもまた、それとわずかな違いがある。「ただ気づいて」いることは、目撃することとタタータの間を結び付けるものを作り上げる、と言える。目撃することからタタータへと動く時、あなたは「ただ気づくこと」の状態を通り過ぎる。

目撃している状態では、「私は~」と「あなたは~」という確固とした感覚が存在する。ただ気づくことがある状態では、ただ「私が在る状態*I am-ness*」の感覚だけが残る。「あなた」の感覚は消える。そこにはただ、「在ること am-ness」の感覚だけがある。

タタータにおいては、「在ること」の感覚の他に、「私が在る状態」、「私の存在」、そしてあなたの「あなたという状態 you-ness」、「あなたの存在」――それらは「たった一つの在ること is-ness」を構成するもの、一つの存在を構成するもの、という感覚がある。それらは一つであり同じものだ。ただ気づくこと、ただ「在ること」の感覚が存在する限り、世界は私の「在ること」という状態の外側に留まる。それは私がいない世界、私の「在ること」の限界を超えて存在し、分離している世界だ。

タタータは無限だ。それは単純に「在るもの being」だ。だからもし私がタタータを意味するなら、それはただ気づくことではない。それはただ「在るもの」を意味する。その在るものは、多くのより広い含意を持つ、それが正しい表現だ。あなたが「ただ気づくこと」と言う瞬間、あなたは明らかに何かを除外している。「ただ just」という言葉は、省略を示している。あなたが「ただ意識すること」と言う時、あなたは「ただ」という言葉を使うことで、定めた範囲内に入らないものを除外している。でなければ、なぜあなたは意識の前に「ただ」を加えたのだろう?

私たちはこう言えばいいでしょうか、「単に気づくことだけ only awareness」、と？

そうだ、「単に気づくことだけ」と言うことで間に合うが、またそれの前に「only 単に～だけ」を加える必要はない。「気づくこと」で充分だ——それなら問題はない。

第八の質問

あなたはこう語りました。内側へ引き戻ることを意識的に回復させることで、あるいは死の時に、すべての生命エネルギーは、もう一度種に変わる目的のために縮小してセンターに戻る、と。どのセンターにエネルギーは縮小するのですか？　それはアギャ・チャクラ、臍に集中するのですか？　それとも、どこか別の場所ですか？　どれが最も重要なチャクラなのですか？　そしてなぜ？

これは、少しよく考える必要がある。すべてのエネルギーは、もちろん死が起こる前に縮小する。人が新しい旅に乗り出す前、そうしなければ身体中に分散されているエネルギーはある地点に戻る。

これは、人が家から移動する時と同じだ――彼は自分の重要な所持品をすべて集める。彼がそこで暮らしていた時、ありとあらゆる物は、浴室から居間まで、その家のあらゆる部分に広げられていた。そこで移動の時に、彼は自分の所有物を整理する。ガラクタを捨て、重要なものを梱包し、新しい旅に出発する。

まさに私たちが一つの生、一つの身体を捨てて、別の生、別の身体の旅を始める時――同じように広がっていた意識は引っ込み、そしてもう一度種になる。今までそれは、ある現実性として機能した。今それは、もう一度潜在性になる。なぜなら今それは、種のように新しい身体に入るからだ。ちょうど木が死ぬ前に種を後に残すように、身体も同じく死と出会う前に種を後に残す。私たちが精子や卵子と呼ぶものは、死の時に身体が残した種だ。これらは死より優先して、死を見越して解放される種だ。精子は、あなたの身体に本来備わったすべてのプログラムを含んでいる。あなたの身体の正確な複製を含んでいる。身体が出発しようと準備する時、それは小さな種を後に残す。この現象は一つのレベル――肉体で起こる。同様に、意識は集まって、別の身体にある種に入るための種となる。

すべての旅は、種で始まり種で終わる。覚えておきなさい、始まりは終わりでもあることを。旅の周期はそれが出発したところで終わる。私たちは種から始まり、再び種として終わる。そこで質問は、「死の瞬間に、どのセンターで意識は収縮するために集まって種になるのか」だ。もちろん、それはまさにあなたが、生涯を通して生きてきたセンターに集まる。それはあなたの生において、最も役立ったセンターに集中する。なぜならそれは、あなたの最も活動的なセンターだったからだ。こう言った方がいい。それはまさにあなたのすべての活性エネルギーが機能したところだった、と。

例えば、もしある人が自分の生涯をセックスに取りつかれて生きたなら、もしセックスを超えたものを何も知らなかったら、もしセックスが、彼が生きたすべてだったら――彼はセックスを楽しむために富を築き、セックスの追求で高い地位を求めた。彼は自分がより以上にセックスに溺れられるように、健康を望んだ――もしセックスが、彼の生で機能している最も優勢なセンターだったら、そこがすべてのエネルギーが死の瞬間に収束するところだ。その時彼の新しい旅は、セックス・センターから始まる。なぜだろう？――それは彼の次の誕生が、同じくセックスに取り付かれたセンターの中で進行する旅になるからだ。この人の意識は、死ぬ瞬間にセックス・センターに集まるだろう。そしてそこが、彼の生が終わりを迎えるところだ。彼の生命エネルギーは彼の性器を通って去る。この人が違うセンターを通して生きたなら、エネルギーはそのセンターに集中して去っただろう。

その人の生が駆け巡ったセンターが、彼の出発するセンターだ。彼が生涯長くとどまった場所が彼の出発する場所だ。従って、ヨーギはアギャ・チャクラから去ることができ、愛する人は彼のハートのチャクラから去ることができる。光明を得た人の生命エネルギーは、サハスラーラ、第七チャクラから去るだろう――彼の頭蓋骨は、彼がそこから出発するように壊して開けられる。

その人が出口にするところは、その人が自分の人生をどのように生きたかについての、決定的な証拠だ。死んだ身体を見れば、身体から去った意識がどのチャクラを通ったか、どの扉を通ったかを言うことができる。そのようなテクニックが、過去に発見された。すべてのチャクラは出口のためであると同様に、入口のための扉でもある。魂は別の身体に入るために、死んだ身体を出るために使った同じ扉を使う。魂は前の死の時に出た同じ扉を通って、母親の子宮にある新しい細胞に入る——それが、魂が知っている唯一の扉だ。

従って、父親と母親の精神状態は、性交の時の彼らの意識状態と同様に、どんな種類の魂が子宮に入るのかを決定する。なぜなら、ただそのタイプの意識、その種の魂だけが、性交の間、父親と母親の心《マインド》に最も近いセンターに合った子宮を探すために、引き寄せられるからだ。もし瞑想へ深く入ってきた二人の個人が、性的な喜びへの欲望を持たずに、魂に誕生を与える実験として愛を交わすなら、その目的のために最も可能性の高いチャクラを利用できる。

これが、高次の魂が長い間待たねばならない理由だ——なぜなら、彼らにはより高い質の子宮が必要だからだ。それは見つけるのが非常に難しいものだ。そのため、多くの優れた魂は、数百年もの間再び誕生できないのだ。同じ事が、多くの邪悪な魂の場合にも言える。普通の魂はすぐに生まれる。彼らは即座に、どんな困難もなく誕生する。毎日多数の適当な子宮が、利用可能だからだ。およそ十八万人の誕生が、毎日起こっている——死んでいる人々の数を除いて。毎日およそ二十万の魂が同数の子宮に入る――しかしこれは、普通の魂にだけ当てはまるものだ。

大変な困難の後にこの地球に生まれた多くの魂は、他の惑星に誕生することを強いられてきた。地球は彼らに、再び誕生を与えられなくなった。これはまるで、インド生まれの科学者が、アメリカで適当な仕事を見つけることになった、というようなことと同じだ。彼は私たちの土地で生まれて、私たちは彼に食べ物と水を、世話と栄養を提供するが、彼の予備知識と研修にふさわしい一つの生きた機会も提供していない。明らかに、彼はアメリカに職を捜し求めることを強いられる。

今日、世界のすべての異なる地域の科学者たちのほとんどは、アメリカに落ち着いてきた。これはそうならざるを得ない。同じように、たとえ私たちが魂をこの地球で進化するように助けるとしても、私たちは彼らの次の誕生に適した子宮が、手に入るようにしていない。当然、彼らは他の惑星に、誕生の機会を捜し求めることを強いられる。

第九の質問

もし私たちが真に科学者を作り出す才能を備えているなら、彼らが利用できるような適切な類の仕事をさせる能力もまた私たちに授けられている、ということがどうしてないのですか？

いや、その二つの間にはどんな必然性もない。問題は、科学者を作り出すことが一組の必要条件に依存しているのに比べて、彼に適切な仕事を提供することは、何か別の一組の要因に依存していることだ。科学者を誕生させることは、彼の魂がその前世を通してどう生きたかによる。もしカップル間の愛を交わす瞬間が、魂が知性の扉を通って接近できるようなら、その魂は適切な子宮を見つけて、そして生まれるだろう。

それでも、科学者のための仕事を用意することは、どのようにすべての社会が提供するか、それがどう機能するかによる。私たちの科学者はアメリカで一万ルピーを稼ぐかもしれないが、インドでは千ルピーだ。そのうえ、彼はアメリカで実験室や研究施設を持てる。インドだったら、千年も待つかもしれない。アメリカでは、彼の発見が官僚的な迷路の中で失われたり、積み重ねられた書類の中で腐敗することはないだろう――それらは彼に、ノーベル賞をもたらすだろう。ここインドでは、彼の上役はその上に蓋をして、決して日の目を見るようにはさせない。そしてある日、彼の仕事がいずれ一般大衆に知られるようになるなら、その好機は、政治家かそれとも彼の上司のどちらかが、それを自分の功績だと主張するかもしれない、ということになる――彼は決して自分自身の業績への信望を獲得しないかもしれない。だからすべては、あらゆる物事に依存している。

この地球に誕生して高次の意識を達成する多くの個人たちは、他の惑星での誕生を求めざるを得ない。実際のところ、他の惑星からの情報をこの地球にもたらした人々は、基本的に他の惑星の人々だ。科学者たちが、約五万の惑星に生命がいるかもしれない、と認めるようになったのは今日だけだ。ヨーギたちは大昔からこれを知っていた。それでも過去においては、それを実証するためのどんな手段もなかった。しかし他の惑星に属していた魂が、地球に誕生してその情報をもたらした時、彼らの仮説は確認された。同様に、この地球の情報を他の惑星へ送り届けた者たちもまた、異なる種類の魂だ。そうした人々は地球で生まれることができなかった。

死の瞬間に、人間の意識は完全に一体になる。その結晶化した形の中に、それは彼のすべての条件付け、傾向、欲望――すべての本質、それを彼の全人生の芳香、あるいは悪臭と呼ぶかもしれないもの――を引き寄せ、次の旅へと進む。たいてい、この旅は自動的だ――そこにはどんな選択の要素もない。それはまるであなたが水を注ぎ、それが地中の小さな穴の中へ流れるようなものだ。同様に、通常の進路では、子宮は意識が入るためにすぐ近くで利用できる穴のような働きをする。

従って、大部分の通常の事例では、人間は何度も何度も同じ社会に、同じ国に生まれる。ごく稀にこれは変化する。適切な子宮が手に入らない時にだけ、変動が起こる。だからこの二百年で多くの偉大な魂が、そうでなければインドに生まれていたはずの魂が、ヨーロッパに誕生せざるを得なかったのは、実に驚くべきことだ。

アニー・ベサント、ブラヴァッキー夫人、リードビーター、オルコット大佐――これらはみな、無理にヨーロッパに誕生させられたインドからの魂だ。例えばロブサン・ランパは、ヨーロッパに生まれたチベットの魂だ。このすべての理由は、彼らの母国では子宮が手に入らなかったということだ。そのため彼らは、他の場所でそれを探すことになった。

普通の人間はすぐに生まれる。これは、もし自分の家から移動するなら、明らかに同じ地区で別の家を探す、というようなものだ。もしあなたが、ここで家を構えることに失敗したら、ただその時だけあなたは他の場所で、別の近所に探しに行く。もしボンベイで適当に見つけられないなら、あなたは市外で家を捜し回るかもしれない。もしそこで成功しなければ、その先に動いて他の場所を見るかもしれない。しかし、いったん家を見つけたら問題は終わる。この現象は見事に利用された。いかにこの原理が用いられたかを知るために、二つのことを考慮するのは良いだろう。私たちが今それを見てみるのは必要だ。なぜなら現在の時代状況では、特別な重要性があるからだ。

それの最も驚くべき適用はインドで、カースト制度を通して為された。その適用は大変価値あるものだった。インド人は、すべての社会を四つのカーストに分割した。その考えは、もしバラモンが死んだなら、彼の魂はバラモンとして再生すべきだ、というものだった。もしクシャトリヤが死んだなら、彼の魂はクシャトリヤとして再生すべきだ。

明らかに、もし社会が固定した区分に分割されるなら、クシャトリヤが死んだ時、彼の魂は同じ地区で次の住居を探す可能性が大きくなる。それはクシャトリヤの女性の子宮に入る。その人物の魂が二、三回クシャトリヤとして生まれ続けるなら、それはクシャトリヤらしくなる。あなたはそのようなクシャトリヤを、そのような戦士を、ある人に規則的な軍事訓練をさせることでさえ、作り出すことはできない。同様に、もし魂が十回か二十回バラモンとして生まれるなら、それが理由で広がるその種の純粋なバラモン的な質は、人をグルクル――バラモンの教師によって運営される宿泊設備のある学校――に入れることで、あるいは彼を教育することで作ることは決してできない。

驚くべきことは、教育をたった一つの、生涯にとって有益な手段として、私たちが考案したことだ。過去において何人かの人々は、無数の生のために続けられる教育の体系を、苦心して作り出してきた。それは全く注目すべき実験だったが、それは衰退に行き着いた。それは頽廃し、腐敗するようになった――その考えとその適用が間違っていたからではなく、その基本的な経典、主要な原理が失われたためにだ。そして自分自身をその体系の管理者であると主張する人は、それを保証する経典を一つも持っていない。どんなバラモンも、どんなシャンカラチャリヤも、彼らの権利や権威を主張できる何かの経典を、何らかの理解を保有していない。彼らは、バラモンはバラモンであり、スードラはスードラだ、と述べる自分たちの経典から引用するだけだ。しかし経典は役に立たない。ただ科学的な原理だけが作用する。

だから、この国がした最も信じられない実験は、終わりなき生のために魂の誕生を計画する実験だった。その意味は、彼らがその人の未来の生のために彼を準備しただけでなく、彼らもまた、その先の生のために自分の意識の向きを変えてその進路を行くために、統制された体系的な努力をした、ということだ。なぜなら、バラモンがスードラの家族に誕生するかもしれないし、適切な環境が不足していて、過去生で獲得したものを次の生へ持ち運べない可能性があるからだ。これは大変な困難の原因になり得る。彼がバラモンの家庭に生まれることで十日間で成し遂げられたものを、スードラの家庭では十年間でも不可能かもしれない、ということも考えられるからだ。

だから、人間の進化に関するそうした高度な概念と広範囲にわたるヴィジョンは、インド人社会におけるはっきりした四つの分割を基礎としていた。人々は、人が一緒に生きるための同じ性質の子宮を見つけ続けられるように、同じ地区に誕生させるという考えを作り出してきた。

マハーヴィーラと仏陀の二十四の誕生のすべては、クシャトリヤの伝統の中で起こった。彼らのすべての成長は、特定の指揮管理の中で起こった。それぞれの誕生で、彼らには明確に限定された訓練が与えられた。そのため、連続した誕生で彼らに与えられた訓練と指揮管理の間には、どんな隔たりも存在しなかった——壊れていない連続性が維持された。だから私たちは、そのような驚くべき個人たちを生み出すことができたのだ。今、そうした度量の人々を生み出すことは、非常に難しくなってしまった。彼らがこの地球上に出現することは、今や単なる偶然の事柄に過ぎない。そうした体系的な計画を通して、そのような人々を誕生させることは本当に難しくなってしまった。

死ぬこと 生きること

二〇十四年七月二日 初版第一刷発行

講　話■OSHO
翻　訳■スワミ・ボーディ・デヴァヤナ（宮川義弘）
照　校■マ・アナンド・ムグダ
マ・ギャン・シディカ
装幀・題字■マ・シャンタム・アティルパ（鹿野良子）
発行者■マ・ギャン・パトラ
発行所■市民出版社
〒一六八―〇〇七一
東京都杉並区高井戸西二―十二―二〇
電　話〇三―三三三三―九三八四
FAX〇三―三三三四―七二八九
郵便振替口座：〇〇一七〇―四―七六三一〇五
e-mail：info@shimin.com
http://www.shimin.com
印刷所■シナノ印刷株式会社
Printed in Japan
ISBN978-4-88178-196-8 C0010 ¥2350E

●OSHOについて

OSHOの説くことは、個人レベルの探求から、今日の社会が直面している社会的あるいは政治的な最も緊急な問題の全般に及び、分類の域を越えています。彼の本は著述されたものではなく、さまざまな国から訪れた聴き手に向けて、35年間にわたって即興でなされた講話のオーディオやビデオの記録から書き起こされたものです。OSHOはロンドンの「サンデー・タイムス」によって『二十世紀をつくった千人』の一人として、また米国の作家トム・ロビンスによって『イエス・キリスト以来、最も危険な人物』として評されています。

OSHOは自らのワークについて、自分の役割は新しい人類が誕生するための状況をつくることだと語っています。彼はしばしば、この新しい人類を「ゾルバ・ザ・ブッダ」――ギリシャ人ゾルバの世俗的な享楽と、ゴータマ・ブッダの沈黙の静穏さの両方を享受できる存在として描き出します。

OSHOのワークのあらゆる側面を糸のように貫いて流れるものは、東洋の時を越えた英知と、西洋の科学技術の最高の可能性を包含する展望《ヴィジョン》です。

OSHOはまた、内なる変容の科学への革命的な寄与――加速する現代生活を踏まえた瞑想へのアプローチによっても知られています。

その独特《ユニーク》な「活動的瞑想法《アクティブメディテーション》」は、まず心身に溜まった緊張《ストレス》を解放することによって、思考から自由でリラックスした瞑想の境地を、より容易に体験できるよう構成されています。

●瞑想リゾート／OSHOメディテーション・リゾート

ＯＳＨＯメディテーション・リゾートは、より油断なく、リラックスして、楽しく生きる方法を、直接、個人的に体験できる場所です。インドのムンバイから南東に約百マイルほどのプネーにあり、毎年世界の百カ国以上から訪れる数千人の人びとに、バラエティーに富んだプログラムを提供しています。

www.osho.com/resort.

●より詳しい情報については：http://www.osho.com

数ヶ国語で閲読できるウェブ・サイトにはメディテーション・リゾートのオンライン・ツアーや、提供されているコースの予定表、書籍やテープのカタログ、世界各地のＯＳＨＯインフォメーション・センターの一覧、ＯＳＨＯの講話の抜粋が含まれています。

Osho International New York E-mail ; oshointernational@oshointernational.com

http://www.osho.com/oshointernational

●「新瞑想法入門」　発売／市民出版社（Meditation: The First and Last Freedom）

もし瞑想についてもっとお知りになりたい場合は、「新瞑想法入門」をご覧下さい。この本の中で、ＯＳＨＯは彼の活動的瞑想法や、人々のタイプに応じた多くの異なった技法について述べています。また彼は、あなたが瞑想を始めるにあたって出会うかもしれない、諸々の経験についての質問にも答えています。

この本は英語圏のどんな書店でもご注文頂けます。（北アメリカの St. Martin's Press や英国とその連邦諸国の Gill & MacMillan から出版されています。また、他の多くの言語にも翻訳されています。

ご注文は http://www.osho.com　又は、日本語版は市民出版社までお問い合わせ下さい。（tel 03-3333-9384）

日本各地の主なOSHO瞑想センター

OSHOに関する情報をさらに知りたい方、実際に瞑想を体験してみたい方は、お近くのOSHO瞑想センターにお問い合わせ下さい。

参考までに、各地の主なOSHO瞑想センターを記載しました。尚、活動内容は各センターによって異なりますので、詳しいことは直接お確かめ下さい。

◆東京◆

・**OSHOサクシン瞑想センター**　Tel & Fax 03-5382-4734
マ・ギャン・パトラ　〒167-0042　東京都杉並区西荻北1-7-19
e-mail osho@sakshin.com　http://www.sakshin.com

・**OSHOジャパン瞑想センター**
マ・デヴァ・アヌパ　Tel 03-3703-6693
〒158-0081　東京都世田谷区深沢5-15-17

◆大阪、兵庫◆

・**OSHOナンディゴーシャインフォメーションセンター**
スワミ・アナンド・ビルー　Tel & Fax 0669-74-6663
〒537-0013　大阪府大阪市東成区大今里南1-2-15 J&Kマンション302

・**OSHOインスティテュート・フォー・トランスフォーメーション**
マ・ジーヴァン・シャンティ、スワミ・サティヤム・アートマラーマ
〒655-0014　兵庫県神戸市垂水区大町2-6-B-143
e-mail j-shanti@titan.ocn.ne.jp　Tel & Fax 078-705-2807

・**OSHOマイトリー瞑想センター**　Tel & Fax 078-412-4883
スワミ・デヴァ・ヴィジェイ
〒658-0000　兵庫県神戸市東灘区北町4-4-12 A-17
e-mail mysticunion@mbn.nifty.com　http://mystic.main.jp

・**OSHOターラ瞑想センター**　Tel 090-1226-2461
マ・アトモ・アティモダ
〒662-0018　兵庫県西宮市甲陽園山王町2-46　パインウッド

・**OSHOインスティテュート・フォー・セイクリッド・ムーヴメンツ・ジャパン**
スワミ・アナンド・プラヴァン
〒662-0018　兵庫県西宮市甲陽園山王町2-46　パインウッド
Tel & Fax 0798-73-1143　http://homepage3.nifty.com/MRG/

・**OSHOオーシャニック・インスティテュート**　Tel 0797-71-7630
スワミ・アナンド・ラーマ　〒665-0051　兵庫県宝塚市高司1-8-37-301
e-mail oceanic@pop01.odn.ne.jp

◆愛知◆

・**OSHO 庵瞑想センター** Tel & Fax 0565-63-2758
スワミ・サット・プレム 〒444-2326 愛知県豊田市国谷町柳ヶ入２番
e-mail alto@he.mirai.ne.jp

・**OSHO EVENTS センター** Tel & Fax 052-702-4128
マ・サンボーディ・ハリマ
〒465-0058 愛知県名古屋市名東区貴船 2-501 メルローズ 1 号館 301
e-mail: dancingbuddha@magic.odn.ne.jp

◆その他◆

・**OSHO チャンパインフォメーションセンター** Tel & Fax 011-614-7398
マ・プレム・ウシャ 〒064-0951 北海道札幌市中央区宮の森一条 7-1-10-703
e-mail ushausha@lapis.plala.or.jp
http:www11.plala.or.jp/premusha/champa/index.html

・**OSHO インフォメーションセンター** Tel & Fax 0263-46-1403
マ・プレム・ソナ 〒390-0317 長野県松本市洞 665-1
e-mail sona@mub.biglobe.ne.jp

・**OSHO インフォメーションセンター** Tel & Fax 0761-43-1523
スワミ・デヴァ・スッコ 〒923-0000 石川県小松市佐美町申 227

・**OSHO インフォメーションセンター広島** Tel 082-842-5829
スワミ・ナロパ、マ・ブーティ 〒739-1733 広島県広島市安佐北区口田南 9-7-31
e-mail prembhuti@blue.ocn.ne.jp http://now.ohah.net/goldenflower

・**OSHO フレグランス瞑想センター** Tel & Fax 0846-22-3522
スワミ・ディークシャント、マ・デヴァ・ヨーコ
〒725-0023 広島県竹原市田ノ浦３丁目 5-6
e-mail: info@osho-fragrance.com http://www.osho-fragrance.com

・**OSHO ウツサヴァ・インフォメーションセンター** Tel 0974-62-3814
マ・ニルグーノ 〒878-0005 大分県竹田市大字挟田 2025
e-mail: light@jp.bigplanet.com http://homepage1.nifty.com/UTSAVA

・**OSHO インフォメーションセンター沖縄** Tel & Fax 098-862-9878
マ・アトモ・ビブーティ、スワミ・アナンド・バグワット
〒900-0013 沖縄県那覇市牧志 1-3-34 シティパル K302
e-mail: vibhuti1210@gmail.com http://www.osho- okinawa.jimdo.com

◆インド・プネー◆

OSHO インターナショナル・メディテーション・リゾート
Osho International Meditation Resort
17 Koregaon Park Pune 411001 (MS) INDIA
Tel 91-20-4019999 Fax 91-20-4019990
http://www.osho.com
e-mail：oshointernational@oshointernational.com

＜OSHO 講話 DVD 日本語字幕スーパー付＞

■価格は全て税別です。※送料／DVD 1 本 ¥260　2～3 本 ¥320　4～5 本 ¥360　6～10 本 ¥460

■ 大いなる目覚めの機会 — ロシアの原発事故を語る—

死者二千人を超える災害となったロシアのチェルノブイリ原発の事故を通して、災害は、実は目覚めるための大いなる機会であることを、興味深い様々な逸話とともに語る。その緊迫した雰囲気と内容の濃さで定評のあるウルグアイでの講話。「危険が差し迫った瞬間には、突然、未来や明日はないかもしれないということに、自分には今この瞬間しかないということに気づく」OSHO

●本編 87 分　●￥3,800（税別）● 1986 年ウルグアイでの講話

■ 禅宣言 2 —沈みゆく幻想の船—

深い知性と大いなる成熟へ向けての禅の真髄を語る、OSHO 最後の講話シリーズ。あらゆる宗教の見せかけの豊かさと虚構をあばき、全ての隷属を捨て去った真の自立を説く。「禅がふさわしいのは成熟して大人になった人々だ。大胆であること、隷属を捨てることだ——OSHO」

●本編 2 枚組 194 分● ￥4,380（税別）● 1989 年プネーでの講話

■ 禅宣言 —自分自身からの自由—

禅の真髄をあますところなく説き明かす OSHO 最後の講話シリーズ。古い宗教が崩れ去る中、禅を全く新しい視点で捉え、人類の未来に向けた新しい地平を拓く。

●本編 2 枚組 220 分● ￥4,380（税別）● 1989 年プネーでの講話

■ 内なる存在への旅 — ボーディダルマ 2 —

ボーディダルマはその恐れを知らぬ無法さゆえに、妥協を許さぬ姿勢ゆえに、ゴータマ・ブッダ以降のもっとも重要な＜光明＞の人になった。彼はいかなる気休めも与えようとせず、ただ真理をありのままに語る。傷つくも癒されるも受け手しだいであり、彼はただの気休めの言葉など一言も言うつもりはない。どんな慰めもあなたを眠り込ませるだけだ。（本編より）

●本編 88 分　●￥3,800（税別）● 1987 年プネーでの講話

■ 孤高の禅師 ボーディダルマ—求めないことが至福—

菩提達磨語録を実存的に捉え直す。中国武帝との邂逅、禅問答のような弟子達とのやりとり、奇妙で興味深い逸話を生きた禅話として展開。「“求めないこと”がボーディダルマの教えの本質のひとつだ」　●本編 2 枚組 134 分　●￥4,380（税別）● 1987 年プネーでの講話

■ 二つの夢の間に —チベット死者の書・バルドを語る—

バルドと死者の書を、覚醒への大いなる手がかりとして取り上げる。死と生の間、二つの夢の間で起こる覚醒の隙間——「死を前にすると、人生を一つの夢として見るのはごく容易になる」　●本編 83 分　●￥3,800（税別）● 1986 年ウルグアイでの講話

■ からだの神秘 —ヨガ、タントラの科学を語る—

五千年前より、自己実現のために開発されたヨガの肉体からのアプローチを題材に展開される OSHO の身体論。身体、マインド、ハート、気づきの有機的なつながりと、その変容のための技法を明かす。　●本編 95 分　●￥3,800（税別）● 1986 年ウルグアイでの講話

＜OSHO 既刊書籍＞ ■価格は全て税別です。

秘教

神秘家の道—覚者が明かす秘教的真理

少人数の探求者のもとで、親密に語られた、珠玉の質疑応答録。次々に明かされる秘教的真理、光明と、その前後の自らの具体的な体験、催眠の意義と過去生についての洞察、また、常に真実を追求していた子供時代のエピソードなども合わせ、広大で多岐に渡る内容を、縦横無尽に語り尽くす。

＜内容＞●ハートから旅を始めなさい　●妥協した瞬間、真理は死ぬ
●私はあなたのハートを変容するために話している　他

■四六判並製　896頁　¥3,580（税別）送料¥390

探求

探求の詩(うた)—インドの四大マスターの一人、ゴラクの瞑想の礎

神秘家詩人ゴラクの探求の道。忘れられたダイヤの原石が、OSHOによって蘇り、ゆっくりと、途方もない美と多彩な輝きを放ち始める——。小さく窮屈な生が壊れ、あなたは初めて大海と出会う。ゴラクの語ったすべてが、ゆっくりゆっくりと、途方もない美と多彩な輝きを帯びていく。

＜内容＞●自然に生きなさい　●欲望を理解しなさい　●愛—炎の試練
●内なる革命　●孤独の放浪者　他

■四六判並製　608頁　¥2,500（税別）送料¥390

インナージャーニー—内なる旅・自己探求のガイド

マインド（思考）、ハート、そして生エネルギーの中枢である臍という身体の三つのセンターへの働きかけを、心理・肉体の両面から説き明かしていく自己探求のガイド。頭だけで生きて根なし草になってしまった現代人に誘う、根源への気づきと愛の開花への旅。

＜内容＞●身体——最初のステップ　●臍——意志の在り処　●マインドを知る
●信も不信もなく　●ハートを調える　●真の知識　他

■四六判並製　304頁　¥2,200（税別）送料¥390

究極の錬金術Ⅰ，Ⅱ—自己礼拝 ウパニシャッドを語る

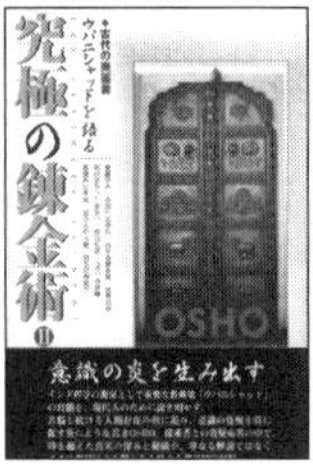

苦悩し続ける人間存在の核に迫り、意識の覚醒を常に促し導く炎のような若きOSHO。探求者との質疑応答の中でも、単なる解説ではない時を超えた真実の深みと秘儀が、まさに現前に立ち顕われる壮大な講話録。「自分というものを知らないかぎり、あなたは何のために存在し生きているのかを知ることはできないし、自分の天命が何かを感じることはできない。——OSHO」

第Ⅰ巻■四六判並製　592頁　¥2,880（税別）送料¥390

第Ⅱ巻■四六判並製　544頁　¥2,800（税別）送料¥390

瞑想

新瞑想法入門—OSHOの瞑想法集大成

禅、密教、ヨーガ、タントラ、スーフィなどの古来の瞑想法から、現代人のために編み出されたOSHO独自の方法まで、わかりやすく解説。技法の説明の他にも、瞑想の本質や原理が語られ、探求者からの質問にも的確な道を指し示す。真理を求める人々必携の書。（発行／瞑想社、発売／市民出版社）

＜内容＞●瞑想とは何か　●初心者への提案　●自由へのガイドライン
●覚醒のための強烈な技法　●師への質問　●覚醒のための強烈な技法　他

■A5判並製　520頁　¥3,280（税別）送料¥390

＜OSHO 既刊書籍＞ ■価格は全て税別です。

ヨーガ

魂のヨーガ — パタンジャリのヨーガスートラ

「ヨーガとは、内側へ転じることだ。それは百八十度の方向転換だ。未来へも向かわず、過去へも向かわないとき、あなたは自分自身の内側へ向かう。パタンジャリはまるで科学者のように人間の絶対的な心の法則、真実を明らかにする方法論を、段階的に導き出した――OSHO」

＜内容＞● ヨーガの純粋性 ● 苦悩の原因 ● ヨーガの道とは ● 正しい認識 ● 内側にいしずえを定める ● 実践と離欲 他

■四六判並製 408 頁 ¥2,300（税別） 送料 ¥390

神秘家

愛の道 — 神秘家カビールを語る

儀式や偶像に捉われず、ハートで生きた神秘家詩人カビールが、現代の覚者・OSHO と溶け合い、響き合う。機織りの仕事を生涯愛し、存在への深い感謝と明け渡しから自然な生を謳ったカビールの講話、初邦訳。
「愛が秘密の鍵だ。愛は神の扉を開ける。笑い、愛し、生き生きとしていなさい。踊り、歌いなさい。中空の竹となって、神の歌を流れさせなさい――OSHO」

＜内容＞● 愛と放棄のハーモニー ● 静寂の調べ ● 愛はマスター・キー 他

■ A5 判並製 360 頁 ¥2,380（税別） 送料 ¥390

アティーシャの知恵の書（上）（下） — あふれる愛と慈悲・みじめさから至福へ

チベット仏教の中興の祖アティーシャは、受容性と慈悲の錬金術とも言うべき技法を後世にもたらした。「これは慈悲の技法だ。あなたの苦しみを吸収し、あなたの祝福を注ぎなさい。 いったんあなたがそれを知るなら、人生には後悔がない。人生は天の恵み、祝福だ」――（本文より）

上巻 ■ 四六判並製 608 頁 ¥2,480（税別） 送料 ¥390
下巻 ■ 四六判並製 450 頁 ¥2,380（税別） 送料 ¥390

ラスト・モーニング・スター — 女性の覚者ダヤに関する講話

「世界とは、夜明けの最後の星のよう……」（本文より）
過去と未来の幻想を断ち切り、今、この瞬間から生きること――スピリチュアルな旅への愛と勇気、神聖なるものへの気づき、究極なるものとの最終的な融合を語りながら、時を超え、死をも超える「永遠」への扉を開く。

＜内容＞● 全霊を傾けて ● 愛は幾生も待機できる ● あなたの魂を受けとめて 他

■四六判並製 568 頁 ¥2,800（税別） 送料 ¥390

＜「シャワリング・ウィズアウト・クラウズ」姉妹書＞

シャワリング・ウィズアウト・クラウズ — 女性の覚者サハジョに関する講話

光明を得た女性神秘家サハジョの「愛の詩」に関する講話。女性が光明を得る道、女性と男性のエゴの違いや落とし穴に光を当てる。愛の道と努力の道の違い、献身の道と知識の道の違いなどを深い洞察から語る。

＜内容＞● 愛と瞑想の道 ● 意識のふたつの境地 ● 愛の中を昇る 他

■四六判並製 496 頁 ¥2,600（税別） 送料 ¥390

＜「ラスト・モーニング・スター」姉妹書＞

＜OSHO 瞑想 CD＞

ダイナミック瞑想

全５ステージ
60 分

◆デューター

¥2,913（税別）

生命エネルギーの浄化をもたらす OSHO の瞑想法の中で最も代表的な技法。混沌とした呼吸とカタルシス、フウッ！というスーフィーの真言《マントラ》を、自分の中にとどこおっているエネルギーが全く残ることのないところまで、行なう。

クンダリーニ瞑想

全４ステージ
60 分

◆デューター

¥2,913（税別）

未知なるエネルギーの上昇と内なる静寂、目醒めのメソッド。OSHO によって考案された瞑想の中でも、ダイナミックと並んで多くの人が取り組んでいる活動的瞑想法。通常は夕方、日没時に行なわれる。

ナタラジ瞑想

全３ステージ
65 分

◆デューター

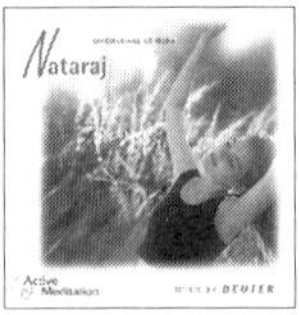

¥2,913（税別）

自我としての「あなた」が踊りのなかに溶け去るトータルなダンスの瞑想。第１ステージは目を閉じ、40 分間とりつかれたように踊る。第２ステージは目を閉じたまま横たわり動かずにいる。最後の５分間、踊り楽しむ。

ナーダブラーマ瞑想

全３ステージ
60 分

◆デューター

¥2,913（税別）

宇宙と調和して脈打つ、ヒーリング効果の高いハミングメディテーション。脳を活性化し、あらゆる神経繊維をきれいにし、癒しの効果をもたらすチベットの古い瞑想法の一つ。

チャクラ サウンド瞑想

全２ステージ
60 分

◆カルネッシュ

¥2,913（税別）

７つのチャクラに目覚め、内なる静寂をもたらすサウンドのメソッド。各々のチャクラで音を感じ、チャクラのまさに中心でその音が振動するように声を出すことにより、チャクラにより敏感になっていく。

チャクラ ブリージング瞑想

全２ステージ
60 分

◆カマール

¥2,913（税別）

７つのチャクラを活性化させる強力なブリージングメソッド。７つのチャクラに意識的になるためのテクニック。身体全体を使い、１つ１つのチャクラに深く速い呼吸をしていく。

ノーディメンション瞑想

全３ステージ
60 分

◆シルス＆シャストロ

¥2,913（税別）

グルジェフとスーフィのムーヴメントを発展させたセンタリングのメソッド。この瞑想は旋回《ワーリング》瞑想の準備となるだけでなく、センタリング《中心を定める》のための踊りでもある。３つのステージからなり、一連の動作と旋回、沈黙へと続く。

グリシャンカール瞑想

全４ステージ
60 分

◆デューター

¥2,913（税別）

呼吸を使って第三の目に働きかける、各 15 分４ステージの瞑想法。第一ステージで正しい呼吸が行われることで、血液の中に増加形成される二酸化炭素がまるでエベレスト山の山頂にいるかのごとく感じられる。

ワーリング瞑想

全２ステージ
60 分

◆デューター

¥2,913（税別）

内なる存在が中心で全身が動く車輪になったかのように旋回し、徐々に速度を上げていく。体が自ずと倒れたらうつ伏せになり、大地に溶け込むのを感じる。旋回を通して内なる中心を見出し変容をもたらす瞑想法。

ナーダ　ヒマラヤ

全３曲
50 分 28 秒

◆デューター

¥2,622（税別）

ヒマラヤに流れる白い雲のように優しく深い響きが聴く人を内側からヒーリングする。チベッタンベル、ボウル、チャイム、山の小川の自然音。音が自分の中に響くのを感じながら、音と一緒にソフトにハミングする瞑想。